读客文化

华杉读书笔记

跟着华杉读经典，本本通透又简单！

华杉 著

江苏凤凰文艺出版社
JIANGSU PHOENIX LITERATURE AND
ART PUBLISHING

图书在版编目（CIP）数据

华杉读书笔记 / 华杉著 . -- 南京：江苏凤凰文艺
出版社，2023.9（2025.11 重印）
ISBN 978-7-5594-7489-6

Ⅰ . ①华… Ⅱ . ①华… Ⅲ . ①随笔 - 作品集 - 中国 -
当代 Ⅳ . ① I267.1

中国国家版本馆 CIP 数据核字 (2023) 第 017214 号

华杉读书笔记

华杉　著

责任编辑	丁小卉
特约编辑	贾育楠　　吕富利
封面设计	汪文景
责任印制	刘　巍
出版发行	江苏凤凰文艺出版社
	南京市中央路 165 号，邮编：210009
网　　址	http://www.jswenyi.com
印　　刷	河北中科印刷科技发展有限公司
开　　本	880 毫米 × 1230 毫米 1/32
印　　张	16.25
字　　数	370 千字
版　　次	2023 年 9 月第 1 版
印　　次	2025 年 11 月第 4 次印刷
标准书号	ISBN 978-7-5594-7489-6
定　　价	99.90 元

江苏凤凰文艺版图书凡印刷、装订错误，可向出版社调换，联系电话：010-87681002。

我的读书方法论

我每天早上六点前起床，然后看书写笔记，一直没有断过。所以我来跟大家聊聊"我如何读书"这个话题，也就是"我的读书方法论"。大家都愿意读书学习，但是怎样读、怎样学呢？有人说"百战归来再读书"，我想就这些话题和大家分享一下，我是如何读书学习，再把它用在工作里，再从工作里继续学习的。

1. 读书学习，也可能是一种玩物丧志。

读书学习，是人人都赞同的事，很多人也投身其中。但是，学习需要有一个"学习学"，读书也要有方法论。如果不先掌握"学习学"，或者读书没有方法论，那读书学习，不仅收获不到效果，而且还会成为一种玩物丧志。我写这篇文章，分享我的读书方法，也是因为见了太多的玩物丧志式的学习和读书，所以有了一种责任感，要把有效的读书学习方法分享给大家。

什么叫玩物丧志式的读书呢？这有一个典故，宋代大儒谢良佐，向理学大师"二程"之一的明道先生程颢拜师。程颢问他最近读什么书，谢良佐说："《史书》。"程颢顺手拿出一本书，抽取其中一段，谢良佐诵读如流，把程颢提到的一大段整个背诵了下来，一字不差。程颢再抽出一本书，从中翻开一页，谢良佐仍然一字不差地背了下来。之后，他恭敬地站立着，本以为自己的博闻强识能得到程颢的称许，不料程颢冷冷地说了四个字："玩物丧志！"谢良佐登时面红耳赤，汗如雨下。

为什么呢？读书追求背诵，还要求"倒背如流"，那是为了表演，不是为了真正地去知行合一。

王阳明也说过这个问题，他说："哪个要你背得？是要你晓得。你若背得，未必晓得。你若晓得，不必背得。"

读书不是为了徒事讲说，而是学以润身，学到自己身上去。如果只是为了去给人表演背诵或讲说而读书，荀子称之为"口耳之学"，在《劝学》里，他说："小人之学也，入乎耳，出乎口；口耳之间则四寸耳，曷足以美七尺之躯哉？"耳朵听进来，嘴巴马上说出去显摆，口耳之间只有四寸长，并没有学到身上去。

孔子也有一句话批评这种情况："道听而途说，德之弃也。"道听途说，不是小道消息的意思，而是说，你在路上听来一句善言，还没有自己践行，还在路上，就拿去说给别人听了，那就是把那句话所代表的品德，丢弃在路上了。就像我们今天在社交媒体上看到一句话，觉得很好就马上转发，但是自己并没有践行，这就是玩物丧志。还有更过分的，是把原创者的名字删去，假装成自己创作的作品发布，那就是欺世盗名了。

与道听途说做法相反的，是子路的做法。《论语》记载："子路有闻,未之能行,唯恐有闻。"子路听到什么道理,就要马上去实践。如果还没来得及实践,唯恐又听到下一条。这一句,非常生动,我们好像看见子路在那儿捂着耳朵:"您别说!您别说!我上一条还没来得及做到呢!"

这就是学习的本质,就是知行合一。如果你没有做到,学它干吗呢?我们读书学习,要字字句句切己体察,放到自己身上琢磨,放到具体事上研习,才能叫学而习之,才能真正把道理琢磨透,把本事学到手,从而用到具体事情上,进步在自己身上。

还有些人,到处听课,也是把那些课当玩物,自欺欺人、自我麻醉,搞得自己很忙,上很多课,而且上不同的课,听不同的说法,当看戏一样。这些人最喜欢的,就是"被颠覆",一说某某老师的讲解颠覆了自己之前的认识,就兴奋得不得了。我写了一本《华杉讲透〈孙子兵法〉》,经常有读者跟我说:"哇!华杉老师!你的书颠覆了我之前对《孙子兵法》的认识!"我看他兴高采烈的样子,心想:如果有人颠覆了我过去的认识,对我而言肯定不是一件轻松和高兴的事,而是心情沉重,沉痛!为什么呢?因为知行合一,我的认识决定我的行为,如果过去的认识被颠覆了,证明我过去半辈子对某一事物的认知都是错的,那是多么大的人生悲哀!我该怎么办?

人们喜欢被颠覆,喜欢听新的东西,那是因为他的行为与认知无关,没有做到知行合一,都是"玩物丧志",口耳之学。既然耳朵听来的目的是用嘴巴讲说,听课就一定要听"新的东西",一说有新东西,就兴奋。那旧的你都会了吗?人的一生,如果能遵循几句"老生常谈",知行合一,就是圣人了。一味追新逐异,都是"伪学习"之病。

有些同学除了喜欢认知被颠覆，还喜欢颠覆老师，听谁的课他都要挑战。在学校听课，总有些同学，一到课间就到处跟同学"分享"："我看这老师没什么水平，哪个哪个地方他讲得就不对。"老师上课讲错知识固然不对，但你上了一堂课，老师讲得对的地方不关注，没学到，倒是记了一大堆你认为讲得不对的，收获很大吗？

有一次我的一位好朋友，请我去他公司讲课。我刚讲完，他发言说："大家快提问题！华老师可是不容易被问倒的！上次××来，被我们的人问得下不了台啊！"我说你们这是听啥课？这是学习吗？

后来，这位好友带公司预备干部来我公司观摩，说是要学习华与华的运营管理。观摩之后座谈，大家提的问题，没有一个是请教我的，没有一个是在我分享的方法上深入讨论的。所有提问，都是他们就在华与华发现的"问题"向我提出质疑，要我进行论证答辩。

这就是"玩物丧志"。我也成了他们的"玩物"。

既然这种学习是"玩物丧志"，老师成了"玩物"，那么，玩物式学习就有了巨大市场。有市场，就有供应，"超级玩家"老师就横空出世了。这也不是什么新生事物，而是历朝历代永不落幕的"学习秀"。王阳明为此痛心疾首地写了一篇《拔本塞源论》，就专门讲这种情况。他说伪学习者们拔掉了学问的根本，塞住了学问的源头，百家争鸣，争奇斗艳，他说：

> 于是乎有训诂之学，而传之以为名；有记诵之学，而言之以为博；有词章之学，而侈之以为丽。若是者纷纷籍籍，群起角立于天下，又不知其几家。万径千蹊，莫知所适。世之学者，如入百戏之场，欢谑跳踉，骋奇斗巧，献笑争妍

者，四面而竞出，前瞻后盼，应接不遑，而耳目眩瞀，精神恍惑，日夜遨游淹息其间，如病狂丧心之人，莫自知其家业之所归。时君世主亦皆昏迷颠倒于其说，而终身从事于无用之虚文，莫自知其所谓。

意思是说：于是呢，就有了解释字义的训诂之学，传授课程以图虚名。圣人一句话，他左右训诂，解释得跟谁都不一样，说前面的人都解错了，该像他那么解。同学们一听崇拜得不得了：这个老师学问太渊博了！这个老师有新东西！不像其他老师说的都一样！我学到新东西了！

又有了记诵圣学的学问，说着说着就背诵一大段原文，满口圣人之言以充博学。

又有了填词作诗的学问，以文字铺陈华丽为美。

类似的学问纷纷扰扰，在世上群起争斗，不知道有多少家。他们流派甚多，也不知道该听谁的。世上的学者如同进入了一个一百场戏同时表演的剧场，只见欢呼跳跃、争奇斗巧、献媚取悦的戏子从四面八方涌来，前前后后，令人应接不暇，使人头晕目眩，精神恍惚，日日夜夜浸淫其间，像丧心病狂的人一样，不知道自己的本心在哪里。当时的君主也沉迷于此类学问，做些无用的虚文，都不知道自己在说些什么。

王阳明这段描述，非常生动经典。放到今天，情形还是一模一样。正如他所说，学生们如同进入一个同时演一百场戏的剧场，而同学们正是喜欢这样的剧场。这就是"玩物丧志"。王阳明大声疾呼，要救天下人于伪读书、伪学习。他喊了五百年，也没起什么作用。而且他的学问也被今天的人用作欢呼跳跃、争奇斗巧、献媚取悦的材料，同样搞得人头晕目眩，精神恍惚，甚至丧心病狂。所以，"为往圣继绝学"，王阳明的事业需要人继承，我这篇文章，也可当作一篇《新拔本塞源论》。

2. 读书学习，可能是一种焦虑症症状。

前面说有的读书学习可能是"玩物丧志"，是娱乐活动；还有一种读书学习，则是一种焦虑症症状，我称之为"恐慌性学习"。他因为觉得时代变化太快了，自己要被淘汰了，进而焦虑，恐慌，所以拼命读书，拼命学习。

这种焦虑非常普遍，我经常听见一些大专家、大教授讲："同学们，在互联网时代，可能你之前学的东西全都作废了，没用了，你怎么办？"我听了这话，心里就想：这位老师，可真是个心理"恐怖分子"！

而恐慌性学习呢？往往就变成"前沿性学习"，总是想要去学习最前沿的知识，怕自己被淘汰。殊不知这又落入了学习圈套——追逐前沿，丢失本源；追求细碎，丢失整体。这种学习，就成了拔本塞源的无效劳动。

比如，在我讲课的时候，有同学问我："华老师，在移动互联网时代，传统营销方式不管用了，我们该怎么办？"我说："你的口气好大啊！"她疑惑了，就提这么一个问题，怎么就口气大了呢？我接着说："你说这话，就好像传统营销方式你都会似的！在传统营销时代，你本来就没掌握传统营销方式，现在那些方法作废了，不是正有利于你吗？"

又有人问有关营销的问题:"华老师!现在不知道跟'90后'怎么沟通,怎么办啊?"我回答说:"跟'80后'沟通你会吗?跟'70后'沟通你会吗?过去也不会,现在着什么急?再过两年,你又该焦虑怎么跟'00后'沟通了。"

所以这些同学,他们根本不知道自己在问什么,对自己说的每一个字,他们都不知道是什么意思,但是他们非常积极地到处听课学习,逢人就要人家给他开书单。他们提的问题,也不是什么具体问题,因为他们并没有一件具体事情要解决、要讨论,所以也没有什么具体东西需要学习,他们只是觉得"我不学习怎么行"!怕落后,怕失去功利,其实没什么想法,就是百分之百纯焦虑。

3. 读书学习,第一是立志。

读书学习,怎样才能不焦虑,不会玩物丧志呢?就是要有志向。学习第一是立志。有志向,你才有目的,才能专注,才能只关注老师讲得对的,不关注老师讲得不对的。王阳明说:"持志如心痛,一心在痛上,安有工夫说闲语、管闲事?"

孔子说:"吾十有五而志于学,三十而立,四十而不惑,五十而知天命,六十而耳顺,七十而从心所欲,不逾矩。"这是孔子一生求学的六个阶段。

第一个阶段,是"十又五而志于学"。十五岁开始有志于求学。

第二个阶段,是"三十而立"。一般人在这里就理解错了。把"而立"理解为能自食其力,或在社会上有独立地位,不再靠父母,能自立。这是想当然的解释。

孔子说的"三十而立",还是立志的立,十五岁有志于学,又过了十五年，三十岁时那志才立住。立志很难的，多少人一辈子都立不了志。我们身边有多少人，过了四十岁还不知道自己的志向，只知道多挣钱。从经济上说，他可能已经能自立了，但这并不是孔子所说"三十而立"的立。张居正说："学既有得，自家把捉得定，世间外物都动摇我不得。"这叫志有定向。

志向是一切的基础，你如果想要将一件事情搞明白，想把一件事情做好，你只要肯下功夫，总能把它弄明白，总能做好。但是，你如果只是想挣钱，则想什么办法也挣不到，而且想的办法越多，就越挣不到。

第三个阶段，"四十而不惑"。又修了十年，对事物当然之理，表里精粗，了然明白，无所疑惑。外界一切言论事变，我都知道怎么回事，对其深刻处、究竟处、相互会通处，我都洞然明白。就像今天这社会发生什么事，谁说什么话，他怎么回事，你都一眼看明，这叫不惑，俗称"明白人"。到四十岁成了明白人。

第四个阶段，"五十而知天命"。此处还是讲守志之难啊！四十岁成了"明白人"，但内心还是不够强大，你越往前进，遇到的困难越大，你还是扛不住。发生各种各样的事，你是明白人，你不惑，又如何？做明白人只会给你带来痛苦。要再往前进，就得"知天命"。给自己注入天命的"原力"。

天命，是人生一切当然的道义与职责。我不管你怎样，我只凭着自己的良知，凭着大是大非，去做，去行。天命在我，我是听天所命。平定宸濠之乱后，在暗无天日的朝政中，在巨大的政治压力下，王阳明正是凭着天命良知，一往无畏，战胜了所有困难。

第五个阶段，"六十而耳顺"。大风大浪过来了，世面见多了，外界的一切相反的意见与言论，一切违逆不顺的反应与刺激，既然我自己能立，能不惑，又能以天命处之，所以都不觉得刺耳。我知道他是怎么回事，也知道他为什么这样，我能心平气顺地去帮助他，教化他。孔子说过："不患人之不己知，患不知人也。"不怕别人不理解我，就怕我不理解别人。到了六十岁，才做到听到难听的不觉得刺耳，这容易吗？

第六个阶段，"七十而从心所欲，不逾矩"。这是所谓从"必然王国"到"自由王国"了。纵己之心之所至，不去检点管束自己，也无处不合规矩法度。这就是中庸之道，生知安行，不勉而中。什么叫生知安行呢？就是生而知之，安而行之。如果越了规矩法度，他自己就不舒服，不得劲儿，不安心，会马上自动调整过来，人生进入自动巡航，无论遇到什么人，处理什么事，都恰到好处，分毫不差。

可见孔子终身学习，只是在一件事情上修行，就是修养自己，以匡济天下。结果活得跟"丧家之犬"一样，他匡济天下的志向没有实现，但是，他传道授业，传诸后世，成为万世师表。他的志向和事业，在他死后还在延续。

要有一个志向，才有学习的目标和范围。我们在小学的时候，教室挂着一个标语"学海无涯苦作舟"，大家应该都有印象，督促大家要刻苦学习。其实这句话是一个误会。这句话的原话是庄子说的，现在说名言都只说上半句，我们看了下半句才知道意思是反的。"学海无涯苦作舟"的原文是："吾生也有涯，而知也无涯，以有涯随无涯，殆已。"这句话是说，知识是无边无际的，而人生是有限的，用有限的生命来追求无限的知识，就容易迷失自我，失去方向。所以读书首先得有一个范围，你得明确你要读哪些方面的书。《大学》里面讲"止、定、静、安、虑、得"。"知止而后有定，定而后能静，静而后能安，安而后能虑，虑而后能得。""知止"就是知道停止，我们的毛病就是不知止。停止什么呢？止于至善是知止。张居正解释就像回到了家一样，就是你知道要去哪儿，你这个心里面就有定了。定是什么呢？就是我要干什么，我志有定向。志有定向之后就能够静下来，能安心，安而后能考虑，考虑后才能有所得。所以立志是读书的前提，有了志向，才有了读书的方向和范围。

有一次我跟一位著名企业家一起出席一个商业活动，我俩坐在邻座，先后登台演讲。我讲完下台，他对我说："我发现你的心特别定。"我说："是啊！止定静安虑得，我知道我在做什么，每天都看到进展，我没有什么不定的啊！"他说："那是因为你没有上市公司。"

他的话是什么意思呢？有上市公司，就有资本市场的压力，每个季度都要交一张答卷，就会变得短视和急功近利，而且有儒家说的一个大毛病——"期必"，"期必"又叫"将迎意必"，是期待结果必然会怎样。将迎意必，就是时刻期待着准备迎接主观臆断的必然结果。这个必然结果，就是报表的各项财务数据，就是"市值管理"，那么就不能只顾耕耘，不问收获，就没有了"战略自由"，就永远不能"从心所欲，不逾矩"。

但是，这种市值管理，全部都是短期行为，短期"混"出来的东西，也必须由长期来还，都是竭泽而渔，饮鸩止渴，这样的事也很多了。

学习就是耕耘，不能问收获。人生即学习，学习本身是人生的目的，学习不是为了长本事挣钱，而是为了让自己更有智慧，免于愚蠢。有这个态度，就不会焦虑，可以读书了。

4. 读书要有日日不断之功。

做任何学问，关键在于下日日不断之功，滴水穿石。读书也是一样，不要今天有时间多读，明天没时间不读，一定要每天读。

这是曾国藩说的，是我们学习需要特别注重的一方面，曾国藩讲得很细，把所有的情况都设想到了。他说你做任何学问，一定要下日日不断之功，不能说今天忙，把今天的功课放到明天做；也不能说今天时间多，我多弄一点，把明天的也弄了，这样明天就可以歇了，这都不行；你也不要说我这几天要出门，回来再做，你出门总得住旅馆吧？把你的功课带着，晚上在旅馆做。总之，你必须一天也不能断，这样才能够不疾而速。

《基业长青》和《从优秀到卓越》的作者吉姆·柯林斯，曾经提出一个"20英里法则"。什么是20英里法则呢？说是在美国西部大开发的时候，从东海岸到西海岸有两种走法：第一种走法是天气好我就多走一点，刮风下雨我就找个地方躲起来不走；第二种走法是不管风和日丽还是刮风下雨，反正我每天要求不多，每天把20英里完成。第一种走法可能永远到不了，走一半可能就放弃了，另一种每天走20英里则能够最快到达彼岸。所以一定要讲究日日不断之功，曾国藩说，我们每个人治学，就只选一样，但一定是每天都不能断的。

我在五台山听到一个住持帅父说，你要拜佛很简单，就是每天早上起来时，每天晚上睡之前，念两分钟阿弥陀佛，念一分钟就念一分钟，若不能念一分钟，念十遍也行，但是一定要日日不断。曾国藩也讲过这个道理，他每天至少读三十页，今天忙读不了三十页，读十页也行，只要是日日不断，就进步得很快。这是第二个方法论，就是日日不断之功。

这个日日不断，滴水穿石的道理，我比较彻底地做到了知行合一。除了读书，也体现在写作上。我每天早上五点多起床，五点到七点是写作时间，七点吃早餐，七点半出门去公司上班。早起必然早睡，我晚上不出门，九点半就睡觉。有人说太早睡不着，不存在，你先早起，自然接下来就要早睡，就当跟别人有时差就是了。从2014年开始，知行合一到今天，用于我的写作，日日不断，滴水穿石，每天早起在家里写作，出门就在酒店写，出国也写。有一次做个小手术住院，就在病房里写。每年因头天晚上喝大酒喝断片之类而意外中断的不会超过5天。目前我完成了多少写作呢？先是写《华杉讲透〈孙子兵法〉》，花了183天，然后写《华杉讲透〈论语〉》，412天；《华杉讲透〈孟子〉》，248天；《华杉讲透〈大学〉〈中庸〉》，这本第一遍写得不满意，写了两遍，180天；《华杉讲透〈王阳明传习录〉》，189天。这中间我还写了《超级符号就是超级创意》和《华与华方法》两本专业书。

我这一滴水穿石，就发现这些石头太不经滴了，滴答滴答，一块石头就滴穿了。滴答滴答又把一块石头滴穿了。我就想起《资治通鉴》，文言文三百万字，我翻译讲解了五百多万字。如果把这活儿给干了，一百年也很难有第二个人来挑战我了。

我为什么要翻译《资治通鉴》呢，因为目前市面上的白话文版《资治通鉴》，主要是两种：第一种是出版社找二十几个教授一人分一部分翻译的，这种书一方面是教授们水平参差不齐，另一方面是译得像白开水，把原文的气韵全吹散了；第二种就是柏杨版，但书中对传统文化的态度有失偏颇，我不喜欢。所以我要重译《资治通鉴》。从2018年1月30日开始，预计2500天完成。今天是我翻译《资治通鉴》第1001天，已经翻译了220万字，再有1499天，330万字就完成了。一边翻译一边出版，现在已经出版了7本，估计全部36本。

华与华兄弟还有一块出版业务，所以我写的书，也都是在我们自己的公司——读客文化出版。一般来说，编辑总是要找作者催稿，到我这儿呢，反过来了，读客编辑路上遇到我都躲着走，因为我写得太快了，我的书稿在他们那儿堆成了"堰塞湖"，他们编辑的速度远远跟不上我写作的速度。而我呢，根本没花什么时间，就是每天早起而已。

5. 读书时间从哪里来？

时间是不可再生、不可逆转的资源，也是最公平的，时间的结束——死亡——更是人世间最平等的一件事，有人富，有人穷；有人生，但是没有人能不死。所谓光阴似箭，人们各种忙啊！读书的时间从哪儿来呢？

与其问时间从哪儿来，不如问时间到哪儿去了。华与华有一个管理活动，就是每人发一本小册子，叫《时间去哪儿了》，全是时间表，一天24小时，15分钟一格，让你记录一下自己的时间都去哪儿了，连续记录两个星期，自己做一个统计分析，你就会发现，自己的有效工作时间少得可怜，时间都是东混西混中溜掉了。

人生就是一段时间，规划人生就是时间管理。而时间管理，就是读书学习的基础课、基本功。

怎样管理时间呢？有一个广为流传的工具，叫时间管理四象限法则，把事情分为重要而紧急、重要不紧急、不重要但紧急、不重要也不紧急四类，然后集中做重要而紧急的事。这个法则，符合所有不会管理时间的人的想象，而真正能管理时间的人，一看就知道这正是时间管理失控的结果，只有不会管理时间的人，才会搞出这种东西。

好的时间管理，应该没有什么紧急的事。如果总是在处理紧急的事，就会导致更多紧急事务的出现。你看一个人每天日理万机在解决问题，实际上他制造出来的问题远远超过他所解决的，他就会越来越忙，直到崩溃为止。这样的忙，真不是什么光荣的劳动。

我的时间管理原则有六条：

第一条原则是少举事。这也是曾国藩说的，出现在他写给弟弟曾国荃的信里，和前面讲下日日不断之功是同一封信。当时曾国荃打下天京城，平定了太平军，衣锦还乡。曾国藩就写了一封信给他，说你这些年打仗辛苦，身体搞坏了，学问荒废了，回家之后，就是休养身体和读书学习两件事，要做好这两件事呢，首要的就是少举事。

少举事，什么意思？就是少给自己立项，包括慈善事业，你衣锦还乡，家乡一定有很多人找你啊，今天这里要修一座桥，明天那里要捐一条路，你不要觉得这是为家乡作贡献，就去参与，因为这样，一来消耗你的精力，二来又容易生是非，不要以为你捐钱就是好事。

这话太深刻了，我们平时是不是一听见什么事情是好事，是善事，就去参与呢？开始时把自己都感动了，到后来却是一地鸡毛，不了了之。

我的原则很清晰，我知道自己有什么事，但凡不是我的事，都不关我的事，我岂止是不参与，我连听都不要听，因为听一下，也耽误我的时间，消耗我的心神。孔子说："非礼勿视，非礼勿听，非礼勿言，非礼勿动。"我的"礼"，就是我的志向，我的工作，我的学业，我的家庭，我的朋友，其他一概不看、不听、不说、不动。

除了不参与别人的事，兴趣爱好也必须少！有人介绍自己，说"兴趣爱好广泛"，这个兴趣爱好广泛，是学习的大敌！因为你什么都要弄一弄，那就必然什么都弄不好！王阳明年轻的时候，也是兴趣爱好广泛，能下棋，会写诗。后来，他恍然醒悟，棋也不下了，诗也不写了，因为太耗时间。他一心扑在自己的哲学研究上，所以他留下的诗作较少。

少举事，减少兴趣爱好，才能把你的时间从源头上聚集起来，才能学有所成。

第二条原则是"节拍时间"。尽量固定自己的日程，到什么时间干什么事。少举事之后，留下的科目很少了，把这很少的科目，都安排成固定的循环，这就不需要什么"重要紧急四象限"了，一年之中，每天干什么都特别清楚。

"节拍时间"这个词，我是跟丰田学来的，它的原意，不是讲个人的时间安排，而是讲团队的工作时间安排，让整个团队，都按同一个节拍跳舞，那每个人的时间都没有浪费，大家的工作安排都严丝合缝，没有等靠要的浪费。这就是丰田说的"Just in time"。

我每一分钟都活得Just in time，我有什么重要紧急的事呢？你说那事很紧急，必须处理，我干脆把它放弃不要了，接受损失，自愿买单！我也不让它干扰我的节拍，因为我的节拍创造的价值，比任何所谓紧急的事创造的价值要大得多。

第三条原则是铁石心肠。没有什么抹不开面子的事，我的时间我做主，决不允许任何人打乱我的时间。

这一条，太普遍，也太重要了。我们每个人都有这个体会，"有朋自远方来，不亦乐乎"，大家聚一聚，对不对？我的原则很简单，有朋自远方来，之前约过我没有？之前没有约，不参加！为什么呢？因为我有我的节拍时间，每一分钟我都计划好了，突然来约，就是要改变我的计划。我有什么理由要改呢？

很多人觉得这种事拗不过面子，那是把自己看得太重要了，他如果事先没约你，那就并不是来看你的，你没那么重要。他该办的事办完了，发现还有点空，就找你填个空。嘴上虽然很热情，你必须得来！但只要你不去，一分钟之后人家就把你忘了，马上找下一个备胎。

曾经有朋友觉得我这样做太"绝情"，但是，后来，他们都不得不承认其实我更"深情"，至少是"专情"。比如，有同学向我抗议，说我同学来了都不参加聚会。我就问他每年同学正式聚会他参加没有？他从来没参加过，我却每次三天聚会从头到尾都在，而他每次都说忙，没时间来。那是提前几个月都通知的，为什么会没时间呢？

有的人，有一种"时间计划坏习惯"，就是随意拿别人当备胎。有一位也算名人的朋友，通过别人介绍要约我"交流"。我真不愿意没事跟人瞎"交流"，但碍于介绍人的面子，查查自己的日程表，安排了两周后的某个时间。可到了事前一天，他发微信给我，说不巧第二天"有个重要会议"，顺延到下一天如何？我可以说是很不爽了，永远不会再留时间给他。这样的事情发生过不止一次，有人跟你约时间的时候，只是先约上你，到时候再随时根据他自己的"重要紧急四象限"来进行调整。作为一个有"时间计划好习惯"的人，我不能降低自己要求，去顺应他人。别说我纯粹是为朋友面子奉献，就算他是我客户，我也要考虑不做这个客户，因为管理时间不靠谱，危害我的

"最根本利益"——人生。

另一个糟糕的时间习惯，是"每一顿饭都要跟别人吃"。这种观念非常普遍，所以很多人甚至都不跟家人吃饭了，每顿饭都要去找人"谈出点事情来"。我也接到过这样的邀请，说"一起吃饭聊聊看看有什么好做的"，我心想你是没事做啊，俺可是有事做的人！不仅不想聊有什么好做的，我连听都不想听！

在曾国藩给曾国荃的那封信里，他还说了一条："晚上不出门。"晚上不出门，回家吃饭，饭后读书，这是最好的时间安排。

后来，我看巴菲特的演讲，说他为什么不住在曼哈顿，要住在奥马哈。他说如果住在曼哈顿，每天都有人来跟你通报交流信息，你连思考的时间都没有，所以一定要住在奥马哈，没人打搅，才能自己安静地思考。

如果我们忙到连思考的时间都没有，哪有时间读书啊？所以，饭局和喝茶聊天是读书的大敌，要想读书，就要去除一切非必要的邀约见面。

巴菲特住在奥马哈，他怎么获取信息呢？他是固定的时间，专程出去转一圈，列好名单，依次拜访企业和企业家，然后，再回奥马哈消化处理信息，独自思考，止、定、静、安、虑、得。

第四条原则是专时专用。做事不能一心二用，对时间也不要想一举多得。一段时间内，就做一件事情。就像前面我讲过，我每年都参加正式的同学聚会，说去哪儿玩，就去哪儿玩。我保证有时间！

这样的聚会，我每年可不止一次，我同时还是两个高尔夫球队的队员，每个季度都会有两三天一起出去打球的安排。我也跟队友们约定一个规矩，不管到哪个城市打球，谁也不许约当地朋友见面。因为我们一起出来，是集体活动，聚会交流，你再去约见当地朋友，打搅别人，也破坏了我们的集体活动。比如我们去深圳打球，你不要说你有老朋友要见面，我们每个人在深圳都有一大堆朋友，不是只有你有。如果大家都跑了，那我们到底是来干吗的？忘了初心本谋，那工作人员的安排，晚宴的酒菜，全都浪费了，对不起人，也对不起那一桌菜！

专时专用，开会就是开会，读书就是读书，打球就是打球，无论做什么事，都全身心投入。也是一个"敬"字，开会要敬那会，读书要敬那书，打球要敬那球，吃饭要敬那饭。我有的朋友是教徒，吃饭前要先祷告——感谢主赐给我们食物，这也是敬。

第五条原则是时间一定要大块大块地用，充足地用，不要零零碎碎地用。现在都讲碎片时间，认为碎片时间就是碎片人生了，可活成个碎片，有什么意思呢？时间的使用，就是排兵布阵，集中优势兵力打歼灭战。大块大块地用时间，做到极致，就是一生只做一件事，唯精唯一。

忙啊忙，有的人可能是真忙，我也忙过。不过，以我的观察，99%的人忙，都不是真忙，主要是两个原因：一是水平低，老搞不定，有人一天能搞定的事，换一个人一个月他也做不出来，或者说一辈子也做不出来，他能不忙吗？二呢，是不能止于至善，安分守己，犯了"两多症"——想得太多，要得太多。忙得不得了，忙着作死。

第一种水平低的忙，要停下来，重新学习，因为你干的工作，其实你根本不会。很多人都不会干自己的本职工作，只是他不知道而已。不会干，他怎么也能生存呢？因为客户也不知道他不会，就乌龙对乌龙，大家相互糊弄而已。郭德纲说："相声这东西，没有什么说得好不好，只分会与不会。"这话我深有同感，就像我做广告，我就知道，广告这东西，没有什么谁做得好，谁做得不好，只分会与不会；会的人，做的东西都一样；不会的人，做的东西也都一样。

第二种忙呢，是被欲望牵引，总想做大做强，想胜过别人。治这个病，儒家有两剂药，一是要立志，二是不外慕。立志，要有志向，一心要把什么事情做好，就会去学习，不会给自己搞很多事。不外慕，就是不羡慕别人，不管他有多大事业多少钱，我也不羡慕他，更不愿意成为他，因为我有我的追求。

如此，就能立志定心，把时间大块大块地投入读书学习了。

第六条原则是不追热点。这一条在今天特别特别重要！因为互联网时代，动不动刷屏，热点太多了。追热点就像街上有人打架你围观，还参与评论，这样最浪费时间。比如比尔·盖茨离婚了，满屏都是，每看一眼都是浪费时间，如果你还去点击阅读各种分析和八卦文章，那你真是不可救药，不可能有时间读书学习了。

不追热点，不看热闹，是读书人的基本素质。《世说新语》讲东汉"割席绝交"的故事：管宁和华歆在同席读书的时候，忽然有坐轿子的官员从门前过去。管宁仍然照常读书，华歆却忍不住放下书本跑出去看。管宁看他这样不专心读书，又羡慕做官的人，便割断席子，彼此分开座位，并面色严肃地对华歆说："从现在起，你不再是我的朋友了。"

两耳不闻窗外事，一心只读圣贤书。只关心自己内在的修为，不关心所谓"外部环境的变化"。如果你觉得自己一刻也不能脱离对国际国内大事的关注，不妨看看笛卡儿的人生准则。

笛卡儿说，我的人生准则就这几条：

（1）服从本国法律和习俗，遵守中庸之道，不走极端，效法周围熟悉的榜样。

（2）在行动上尽可能坚定果断，一旦选定某种看法，哪怕它十分可疑，也毫不动摇地坚决遵循。

（3）永远只求克服自己，不求克服命运。只求改变自己的愿望，不求改变世间的秩序。始终相信，除了我自己的思想，没有一件事情可以由我做主。就算我被平白无故地削除了封邑，我也不会像为什么我没有当上中国皇帝那样懊恼。

（4）不管别人的行业好不好，我只继续从事我已经选定的这一行。

最后，笛卡儿总结说："我的人生准则只有一个目的，就是继续教育我自己。"

如果你也像笛卡儿一样，把教育自己当成最重要的人生目标，就可以开始读书了。

6. 每本书一定要读完。

有了时间，也端正了态度，我们可以开始讨论怎么读书了。

曾经有朋友问我，说："哎呀华杉！你的记忆力真好！你读书都记得，我读了都不记得，为什么呢？"

我回答说："我知道你为什么不记得。"

"你知道？"

"因为你没读完，只是翻一翻。"

他沉吟半晌，说："哎呀，真是！有的书确实没读完。但是，我也有一些书是读完了的，但我还是记不住，为什么呢？"

"因为你只读了一遍。"

德国心理学家艾宾浩斯研究人的记忆规律，提出了一个关于时间间隔和记忆量的艾宾浩斯遗忘曲线：假设刚记完的时候，记忆量是100%，20分钟后，就已经只剩下58.2%；1小时后，剩下44.2%；8～9小时后，剩下35.8%；1天后，剩下33.7%；2天后，剩下27.8%；6天后，剩下25.4%。

实际上，我们刚读完一本书的时候，记忆量哪有100%呢？

所以，读书有两个原则，一是你一定真读书，把它读完；二是重要的书要反复读，每隔几年重读一遍。

每本书一定要把它读完，曾国藩给自己定了一个原则，叫作"一本未完，不动下一本"。我们很多人都是读很多书，买更多书，但是买的书大部分没读过，有的可能一本都没读完，至少是大部分没读完。这又是一个读书之病，有时候我们经常在微信、微博上看到有人晒书，一堆20本，这个星期读这些，过了一个星期又读那些，读完了吗？天知道读完了没有。把读书变成了作秀。所以一本未完不动下一本，这点非常重要，你就保证每本都读完。

我基本上是每本都读完，这个是有点像强迫症一样。我一本书翻开之后不读完我就心里难受。但是，我也没有像曾国藩那样一本未完不动下一本，因为有的大部头书要一年半载才能读得完，大半年每天都对着同一本书就有点枯燥了。我一般会两三本书同时读，就像上学的时候，一天有不同的课程，语文、数学、英语换着来。我一般是一本历史、一本哲学、一本财经类，三本书同时推进。读累了，或者不想读书的时候，就读小说当休息。连小说都不想读的时候，就读诗，成本最低。

再说说一本书必须反复读的问题。书读一遍，等于没读，为什么呢？其实也跟上学一样，课本你只浏览过一遍，考试能考过吗？还有一个重要的原理，就是人读书，只能读懂他本来就懂的东西。书是一面镜子，我们用它来照我们自己的经验而已。如果自己不懂的东西，书上写得再明白，你也看不懂。就像一个小孩子，他能背诵《孙子兵法》，可他又知道他背诵的是什么吗？读书对我们的作用，一是帮助我们整理自己已有的知识；二是在那些我们将懂未懂的地方拉我们一把；三呢，读书实际上是一个往大脑里录入数据的过程，数据多了，才能运算，触类旁通，融会贯通。

所以呢，重要的书，必须每隔几年重读一遍。书还是那书，但是你变了，读到的东西就完全不同。孔子说："行有余力，则以学文。"这是一个知行合一的过程。

7. 读书是向作者学习，要掌握他的思想，重要的作者，最好读完他的全集。

我个人的习惯，读书往往是读作者。其实你看一本书，你觉得很有教益，这是因为融入了作者的思想。因为这本书是他毕生所学思想精华，人家不知道下多大的功夫写出这么薄薄一本来。这个时候，我就习惯去把他的书全部找来看，读他的全集。经常有很多某某全集，为什么出全集呢？因为市场有需求，有愿意读全集的读者。我很看重曾国藩，还有王阳明，这两个人的全集我就一定要读。除了全集，还要读他的传记，包括传记小说。最好呢，还有一些关于他的纪录片、电影、电视剧。这样不同渠道的，全面的信息录入，既有一手资料，又有别人的评论，能让你更深刻地理解他的思想。

8. 读书不可有胜心，老去找那作者还不如我的地方，去纠作者的错。

这个在前面说读书不要玩物丧志时已经讲过，但是还要再强调一下，就是王阳明说的，做学问不可有胜心，老想胜过前人。前人的学问已经完备，他非要另立一说以胜之。

在读书学习的时候，很多人不是为了自己学到什么，而是老去想纠别人的错误。大家有没有这种体会？像我们听老师上课，出来后同学交流，说我觉得老师今天讲的某个地方不对，是不是有很多同学一出教室第一句话就是这个？好，你听老师一堂课你没有学到什么，反而纠了人家一堆错，有什么意义呢？跟同学辩论的时候，不是想着大家一起把问题搞清楚，而是辩论也是要胜过你。平时开会也是，一开始辩论，这个会就没结果了，因为大家都慢慢为自己的立场和面子而战，而不是为了把这个事搞明白，把工作搞好而辩论。包括上课向老师提问题，你会发现很多同学不是真有问题要问，他就是为了表现自己。一旦有了胜心，读书就很难吸收了。

在读古人书的时候，有些人还想胜过古人。我们经常看一些老师解读《论语》等，都指出古人很多的错误出来，他在解读这个书的时候就怀有胜过古人的心，我读古书多，我看到这种情况特别普遍，比如说《孙子兵法》，有《十一家注〈孙子兵法〉》。第一个写《孙子兵法》注本的是曹操，后面还有其他的人。到了唐朝有个人叫杜牧，杜牧好多诗大家都很熟悉，如："清明时节雨纷纷，路上行人欲断魂。借问酒家何处有，牧童遥指杏花村。"中唐时期社会比较乱，战争比较多，杜牧也喜欢谈兵法，他很认真地注了《孙子兵法》，他注的是最丰富，贡献最大的。但他有个毛病，一上来就说"曹说非也"，意思是曹操说得不对，应该是怎样怎样，乱说一通。那肯定是人家曹操对了，他是写诗的，曹操才是打仗的。他注《孙子兵法》的时候就是怀着要战胜曹操的心，前面写了一大堆"曹说非也"。后面注的人就开始骂他："杜说非也，曹说是。"杜牧说得不对，曹操说得对。后来，《十一家注〈孙子兵法〉》这个书很有意思，就看到十一个人在那里吵架，但实际上吵不起来，被骂的人都死掉了，永远也没有办法从坟墓里起来辩论。

更有甚者，有人看注解时发现原文和理解有不一致的地方他就说这个书印错了。这种现象非常普遍，可能80%的人都这样。我看《大学》《中庸》的时候找到一个现代的注本，是某高校孔子研究学院的一位专门研究"四书"的教授写的注本。我一读他的注本，就发现他把朱熹骂得狗血淋头，写两句就说朱熹写得没有道理，或者说"朱说非也"，朱熹的注解大概有四分之一都被他批驳了。"四书"就是朱熹合辑刊刻的，结果他说朱熹的注解四分之一都错了。如果是这样的话，那就没有学"四书"的必要了，学别的吧，何必学朱熹选的教材呢？弄了半天还说人家注的都是错的，所以这里面就是一种胜心。就像有人去听讲座，听完就说今天大师讲得也不行。其实这就是一种胜心，一说别人不行就感觉我胜过他了，这是很大的一个毛病。

9. 读书一定是首先读经典。

有句话叫"时间有限，只读经典"，我不想说"只读"那么绝对，不过我自己，确实是只读经典。如果读现在的通俗读物，往往是因为我读相关经典有困难，把通俗读物作为补充材料阅读。比如我读罗马史，吉本的《罗马帝国衰亡史》能把人给读晕了。但是，如果读了盐野七生的《罗马人的故事》，再来读《罗马帝国衰亡史》就会好很多。但是，读盐野七生，并不能替代你读原典。读同一主题的两本不同的书，比把同一本书读两遍要吸收得多些。而要搞清楚一个主题，两种著作还不够，还需要更多。

关于伯罗奔尼撒战争史，我读过两本，一本是修昔底德的原著《伯罗奔尼撒战争史》；另一本是美国人唐纳德·卡根写的《伯罗奔尼撒战争》。现代人写的书，前后梳理得更清楚，但是，修昔底德的原著，有大量各城邦外交辩论的会议记录，这是无可替代的。

有的朋友认为，过去的书思想过时，新书观点才是前沿。有这种看法，是因为读书太少。今天的前沿，思想都来源于上百年前的思想，还是要读经典，你才知道它的根源在哪里。比如现在最前沿的人工智能、机器学习、机器繁殖等概念，你觉得很新吗？实际上，这些理论和词语，都是美国科学家维纳在1948年出版的《控制论》里提出来的。控制论的英文不是control，是cybernetics，这个cyber，就是现在说的"赛博"，cybernetics和space两个词的组合，cyberspace，就是赛博空间，就是元宇宙了。维纳怎么想到人工智能、机器学习、机器繁殖呢？《控制论》这本书的副标题，是"或动物与机器的控制和通信的科学"，他是从巴甫洛夫的刺激反射原理想到的，他想，刺激反射的回路在生命体中有，能不能把这个回路移植到机器上呢？这就是他的出发点。我们现在讲大数据营销，也是从巴甫洛夫的刺激反射原理来的。巴甫洛夫否定弗洛伊德的心智研究，他说什么叫心智，都是你自己在说，有实验吗？有数据吗？只有肌肉和腺体的反射是真的，这就发展出行为主义，代表人物是斯金纳。而另一位行为主义宗师华生，则把行为主义带到营销和广告业。今天的大数据营销，就是通过统计刺激信号和行为反射的对应关系，来预测消费者的行为，全部由机器进行，没有心智的思考。

所有的营销传播理论，就是心理学的两条线，弗洛伊德和巴甫洛夫，从弗洛伊德到荣格，研究心智、原形，发展出品牌，包括华与华的超级符号；从巴甫洛夫的刺激反射，则发展为行为主义，走向大数据营销。只有阅读足够的经典，你才能把几百上千年人类智慧进步的脉络梳理出来。

10. 读书要放在具体的事情上进行琢磨，读书时读自己，不是读别人，书是镜子，是尺子，是为了照自己、量自己，不是为了照别人、量别人。

我们说读书是读自己，不是读别人。我在发表读书笔记的时候经常有一些粉丝会感觉很有共鸣，然后转发一堆评论，说华老师说得很对！我一看就知道他是在读别人，不是在读自己。什么意思呢？比如他说现在这个社会风气不行，老人倒了都没人扶，这个大家都有共鸣，这个时候就是在读别人。他读到了社会不行，读到了现在的人不行，却没有读自己。读自己的时候就想你自己扶不扶。很多人你问他扶不扶的时候，他马上就说，万一是讹我的怎么办？道理马上就转过来了。所以，都是把道理用在了别人身上，没有把它用在自己身上。这样去读书，读下来还是没有收获，没有进步。所以读书是读自己，不是读别人，一定是观照自己，去看、去修正自己，而不是拿把尺子量别人。我们都拿镜子照社会，拿尺子量别人，表面上看跟书很有共鸣，实际上却没学到。因为尺子都量别人了，都帮别人读，不是帮自己读了。

11. 读书是为了改变自己的气质，不光是为了知识，更是为了修养。

我们在读书上面看到的都是学习知识，从小教室里面就挂着"知识就是力量"的宣传语。现在我们知道知识就是生产力，而且我们每个人都觉得自己缺知识，要不停地汲取新的知识。但是往往我们都忽略了自己最缺乏的，特别是现在到了我们这个年纪，最缺乏的是修养。我们这代人比较粗鄙，比较粗鲁，你必须认识到自己的粗鲁。

曾国藩在给他弟弟的信里面说，唯有读书能改变气质，而且擅长看面相的大师还说，读书能改变你的骨相。你是帝王将相、富贵之相。你的修养到了以后，你的诚意到了之后，叫什么呢？面有德容。曾国藩称之为面质润泽。我们看到高僧的面相就不一样，那就是面有德容，气质自然散发出来，就能够感化人，就能够带动人，就能够影响人，所以叫作"大而化之"。我们现在把这个词都理解错了，认为是大大咧咧的意思。"大而化之"是指德行之大能够感化别人，甚至感化天地，天人合一都要被它而化。

所以说，不是光为了知识而读书，还要为了修养而读书。这就是《大学》里面说的"格物、致知、诚意、正心、修身、齐家、治国、平天下"。自己的修养到了，你把自己家人搞好了，然后你再搞好你们的公司，搞好你们的国家，进而带动全天下。

12. 读书不要贪多，要有明确的范围。

我们讲这么多读书的方法和理念，能够达到那么宏大的效果。我们怎么样能够做到呢？所以我说有一点算一点，不要求全。你就从那一点点开始去做，其实我们读不了书往往因为我们贪多。你拿一本书一篇一篇看，能怎么着？你说今天我还有好多书没看，我得赶紧看了。所谓的赶紧看就是没看，就是自欺欺人，翻翻就放到一边了。这是读速度，你贪多的结果就是一本都没有读。本身没贪多，我一年读一本也行，但是我真正把这本吃进去了，那我反而能够取得进步。

读书也不要急躁、不要贪快。有的书比较难啃，读的时候翻着翻着就走神了，走神的过程还在翻，我就很注意这点。若我走神，我就翻回来，从我走神的地方再重新读，这样我能够保证我一本书不读则已，一旦我读到，就能学到里面的东西。

最后讲讲我的阅读范围。

在公司里，有一张《华与华先贤图》，是我阅读学习的宗师，具体有哪些人呢？

孔子、孟子、曾子、子思、朱熹、王阳明、孙子、克劳塞维茨、若米尼、J. F. C. 富勒、科斯、彼得·德鲁克、约瑟夫·熊彼特、迈克尔·波特、弗洛伊德、荣格、坎贝尔、巴甫洛夫、维纳、华生、索绪尔、皮尔斯、罗兰·巴尔特、拉斯韦尔、古斯塔夫·勒庞、麦克卢汉、尼尔·波斯曼、沃尔特翁、亚里士多德、康德、黑格尔、海德格尔、维特根斯坦、怀特海、丰田英二、大野耐一、今井正明。

其中迈克尔·波特和今井正明二人还在世。这些宗师分为以下几类。

第一类是先秦诸子、兵家代表及理学、心学集大成者，这是我的"童子功"，是思想的底子，文化的母体，也是我写作的范畴，之前出版的"华杉讲透"系列，不论是《华杉讲透〈孙子兵法〉》《华杉讲透〈论语〉》《华杉讲透〈孟子〉》《华杉讲透〈大学〉〈中庸〉》《华杉讲透〈王阳明传习录〉》，还是现在正在陆续出版的"讲透

《资治通鉴》"系列，都是我从小到大就浸淫于其中的结果，可以说，代表着我本人。

第二类是西方战略家，其中克劳塞维茨、若米尼和富勒是我最熟悉的三位，今天华与华知胜大厅里悬挂的标语，战略重心、决胜点、关键动作、时间节点，就是若米尼的思想。

第三类是经济学家、企业管理学家、企业战略学家，科斯、德鲁克、熊彼特、迈克尔·波特，构成了华与华的企业理论和企业战略方法论。

第四类是心理学家，弗洛伊德、荣格、坎贝尔、巴甫洛夫、维纳、华生，这些人的思想，构成了营销传播理论在心理学的两条线索。

第五类是符号学家，索绪尔、皮尔斯、罗兰·巴尔特，特别是索绪尔和皮尔斯，是两位开山祖师。华与华方法是超级符号方法，符号学当然是必修。不过，我们的范畴又远远超出了索绪尔、皮尔斯研究的范围，因为我们是"行为主义符号学"，研究不是现象和原理，更主要是应用。

第六类是传播学家，拉斯韦尔、勒庞，是我们传播学的基础。

第七类是媒介环境学家，媒介环境学属于传播学的范畴，但是被单列出来了，麦克卢汉、尼尔·波斯曼、沃尔特翁，这是对华与华方法影响巨大的学派，也是在我写的书中引用最多的。

第八类是西方哲学家，这是我现在阅读的重点，亚里士多德、康德、黑格尔、海德格尔、维特根斯坦、怀特海，这几位是主要的。又分为两类，亚里士多德、康德、黑格尔是大哲学，让我建立起思维的哲学框架；海德格尔、维特根斯坦、怀特海则主要是语言哲学，是我建立华与华传播学的基础。

最后一类是三位日本人，丰田英二、大野耐一、今井正明，丰田的生产方式和持续改善让华与华在企业管理上以丰田为宗师，基本上是向日本学习。为什么呢？德鲁克说，日本企业是把本国文化传统和西方管理思想结合得最好的典范。那日本的本国文化传统是什么呢？就是从我们这儿学的儒家思想。所以日本企业管理，我一看就懂，一学就会。

我常说，华与华方法是集中、西、日之正道，就是以上这些大师的道。

这个阅读范围里没有包括文学，并不是我没读，事实上我都读了，大部分该读的都读了。我经常跟同事们说，你们演讲，动不动就引用名著名言，那名著你读过没有？没读过别瞎引用！比如你说"幸福的家庭都是相似的，不幸的家庭各有各的不幸"，托尔斯泰的《安娜·卡列尼娜》你读了吗？你PPT上写"这是一个最好的时代，也是最坏的时代"，狄更斯的《双城记》读了吗？你言必称"荷马史诗"，《荷马史诗》读了吗？但丁的《神曲》读了吗？都读完了吗？我全都读过。

我儿子大学三年级，各种实习、社会实践都非常优秀。我常跟他说，不要着急社会实践，难得大学时光，要多读书，读书，就是录入人类历史文化和总智慧的大数据，脑子里有数据和没数据就不一样，数据量大和数据量小也不一样。

要问我有什么爱好，就一个——读书。要问我人生有什么遗憾，就一个——读书太少！

目录

一 军政谋略

二 传记类

三　历史类

四　哲学思想

五　管理及经营之道

六　传播学与营销

七　语言文学

八　经济发展／商业发展

九　小说

十　社会科学

十一　艺术设计

十二　宗教

十三　辞典与工具书

一

军政谋略

《战争论》[德]卡尔·冯·克劳塞维茨

战略是任何时刻都不能停止的工作

　　"战略是为达到战争目的而对战斗的运用，只和战斗有关。战斗的实施者是军队，所以战略要研究和军队相关的所有问题。战略是为目的服务，要规定一个适应目的的目标，并把达到目标的一系列行动和目标联系起来。战略必须到战场上去，现场处理问题和修改计划。所以战略是任何时刻都不能停止的工作"，它不是一个"制定一执行"的东西，而是需要不停地修改。因为一切结果都是可能的，而不是肯定能得到的，要得到，还需要命运和幸运。"如果事先的假设恰好符合实际，计划得当，行动又无比协调，那就是天才。"

愚笨的人总是追求新奇的方式，所以容易上当受骗

　　战略使用的手段和方式都极为简单，并且因为经常反复使用，已为人们所熟悉。天才的作用不是表现在惹人注目的、新发现的行动方式上，而是将一切做得恰如其分。愚笨的人总是追求新奇的方式，今天觉得这个过时了，明天又担心自己要被新潮流抛弃了，所以容易上当受骗。

天才所做的并非不符合理论和规则，而正是最好的规则

天才擅长某种活动的高超的方法和精神力量。天才所做的并非不符合理论和规则。那些片面而贫乏的理论，将它所不能解释的一切归之于超越规则的天才的领域，这是不对的。

因为天才不需要理论，甚至自称颠覆理论，打破规则。但是理论需要天才。天才所做的，正是最好的理论和规则。理论家的任务，就是整理阐明天才是怎么做的和为什么这么做。如果一个人既是天才又是理论家，那么，伟大的方法论就产生了。

批判中常见的弊病是，把某种片面体系当成金科玉律

克劳塞维茨论批判：批判中常见的弊病是，把某种片面体系当成金科玉律，滥用到令人无法容忍的地步。滥用名词、术语和比喻，殊不知一切属于一定理论体系的名词术语一旦被从原有体系中抽离出来，就已经失去了其原有的正确性。

压倒性的投入，才是决定性的

一倍优势的兵力在战争天平上有比最伟大的统帅还大的重量。但是，人们真的认识到兵力优势是决定性的吗？非也！看各国战史就知道了。战史中记录着各种天时地利和神机妙算，却不怎么记录兵力数量。这就像营销案例大谈策略创意，却不谈投资了多少广告费，而对后者压倒性的投入，才是决定性的。不仅能压倒市场，也能帮助平庸的策略创意取得胜利。

诡道没什么用，在战略这个棋盘上，是不存在诡诈的灵活性的，只

能采取直接的行动

所谓"兵者，诡道也"，在《孙子兵法》里是很重要的一句话。但诡道没什么用。克劳塞维茨说，在战略这个棋盘上，是不存在诡诈的灵活性的，只能采取直接的行动。所谓佯动，成本太大，比直接行动更危险。

预备队的对比是决定胜负的主要依据

《孙子兵法》"以正合，以奇胜"，就是预备队决胜。奇兵的奇，念jī，不念qí，奇数偶数的奇，又称"余奇"，即多出来的部分，指预备队。战斗时，正兵合战，胜机出现时投入预备队决胜。《战争论》也有类似说法：预备队的对比是决定胜负的主要依据。一旦我们的预备队兵力比敌方少了，就可以认为胜负已定。

组织要尽量扁平，减少层次

一个10万人的军队统帅，他的权限在分成8个师时比分成3个师时大。每增加一级新的权限，他的上级和下级的权力都会缩小。每个指挥官都认为他对他的部队有一定的所有权，你抽调他的一部分兵力，他总是要反对的。总之组织要尽量扁平，减少层次，不过也有限度，就是军团指挥官指挥8～10个单位，次一级的指挥官指挥4～6个单位。

先胜后战的胜是取得成果，战是实现胜利

"在战略上是不存在胜利这个概念的。所谓战略成果，一方面是为战术胜利做好有效的准备；另一方面是指利用战术上已取得的胜利

扩大成果。"对应《孙子兵法》，则先胜后战的胜是取得成果，战是实现胜利。

"等待"是军事行动的一个基本组成部分

迄今为止任何理论还没有把"等待"作为一个独立的概念提出来，但在实际生活中它已经不断地成为行动的依据了，虽然这往往是不自觉的。"等待"是军事行动的一个基本组成部分。

必须对敌我双方的各种力量和关系进行总的计算，才能算出胜算大小并制定战略

《战争论》的这一段，可对应孙子兵法《始计篇》的"五事七计"，必须对敌我双方的各种力量和关系进行总的计算，才能算出胜算大小并制定战略。拿破仑说：这是一道连牛顿也会被吓退的代数难题。而克劳塞维茨说，不管怎么算，最终的判断都不可能是纯客观的，而是领导者个人。

要找到整件事情的重心，才能解决问题

每件事情都有一个战略重心，你要找到整件事情的重心，才能解决问题。所以华与华给每个项目每年做计划，都是四个科目：战略目标、战略重心、关键动作、时间节点。

任何统帅没有胆量是绝不可能成为伟大统帅的

克劳塞维茨给普鲁士王太子讲军事课。他说，理论应该教人小心谨慎还是坚决大胆呢？请殿下根据您自己的勇气、敢作敢为的精神和

自信心的大小进行选择吧！不过请不要忘记，任何统帅没有胆量是绝不可能成为伟大统帅的。

不要在文义上比对，而是要切己体察，事上琢磨

我们说，"三十六计，走为上计"。我们又说，马上行动，是最大的战略。人们说的好多话，怎么都自相矛盾呢？有学生问王阳明这个问题。王阳明说：你不要在文义上比对，而是要切己体察，事上琢磨。那看似不同的话，是立于不同语境、不同角度的，是因病发药，病不一样，药就不一样，什么时候吃什么药，还得自己知行合一，不是是药就可以吃的。

投入最大化原则

"投入最大化"就是尽可能地投入我们所能投入的全部资源，要投入最大化，不要投入产出比最大化。"投入产出比最大化"不存在，追求它只会让你减少投入，从而导致投入不足，白白浪费前期投入。投入最大化不是战略思想，是一种英雄的性格，是这种性格成就了英雄。

战略容易，战斗很难

战略容易，战斗很难。"如果人们懂得如何战斗，如何取胜，那么需要说明的问题也就不多了。"战略只需要精准的判断力，战斗呢，不仅需要专门的知识，还需要处理各种偶然和突发事件的能力，还需要运气。

军事艺术或品牌营销的原则本身都是极其简单的，全部的困难在于：在实施中始终遵循既定的原则

军事艺术或品牌营销的原则本身都是极其简单的，全部的困难在于：在实施中始终遵循既定的原则。在实施既定目标时，我们会产生成千上万的疑虑，胆怯的心情会支配我们，从犹豫不决，到半途而废。

所以，执行实施的困难总是很大的，在旁观者和统帅看来是可能和容易做到的事情，在实施中往往会变成困难和不可能做到的。这时候，你如果相信下级的怨言，你就会很快屈服。你如果仍能坚定地追求自己的目的，你就会达到目的。

战斗越往前发展，积累的偶然和意外就越多，策略组合越来越不起作用，最后只剩勇气还起作用

战斗越往前发展，积累的偶然和意外就越多，策略组合越来越不起作用，最后只剩勇气还起作用。我们能克服困难的原因在于敌人的困难也一样多，我们犯的错误会和他们的错误抵消，所以取胜的关键在于我们的勇气要超过他们。但还有一种能力是优秀统帅需具备的，就是正确而迅速地判断并形成习惯，由此他才具备指挥大的战斗时最光辉的特性——果断。

制定原则并不难，难的是始终坚持按原则去做

最近被一本叫《原则》的书刷屏。我想起克劳塞维茨的话："制定原则并不难，难的是始终坚持按原则去做。"我就经常因为坚持原则被他人视为另类。因为中国人不爱讲"原则"，爱讲"原则上"，

"原则上不行"，言下之意就是这个可以有。结果就是原则不是用来遵守的，是用来突破的；没事的时候把原则当座右铭，有事的时候就随机应变。

我们要永远承认自己的无知，随时准备修正

科学的概念并不主要存在于系统和成熟的学科之中，它们往往并未成体系，而是只有一些素材。研究现象的实质，指出它们与构成它们的那些事物的本性之间的联系。我们并不回避做出富于哲理的结论，但是当它们犹如一丝细线，不足以引出和说明问题时，宁愿扯断它们，只用实际经验中的现象来说明问题。反过来，竭力追求系统的连贯性和完整性，反而成了空洞的高谈阔论。也就是说，从逻辑上我们始终遵循归纳法而不是演绎法，只能被证伪，而不能被证实。我们要永远承认自己的无知，随时准备修正。"知之为知之，不知为不知"，知行合一为知。

所有的事都是一件事，一即一切，一切即一，不谋全局者不足谋一域

"研究问题，我们首先考察各个要素，其次考察各个部分和环节，最后再究其内在联系考察整体。"但是，所有的事都是一件事，一即一切，一切即一，不谋全局者不足谋一域，这就要求我们每个人都必须是多技能工。

无论形势多么"客观"，事态的发展都有其偶然性

无论形势多么"客观"，事态的发展都有其偶然性。再加上开始

时的计算并没有任何坚实的基础，而人的主观本性又不愿意受理智和逻辑推理的束缚，却被一厢情愿吸引，就成了赌博。人的勇气和冒险是主观能动性的因素，而理论又不能不理会人性，所以人只能一味自负地追求绝对的结论和规则了。

经营企业，是企业家的欲望本能、冒险的游戏和纯粹理性的三位一体

"战争的三位一体，盲目的本能、自由的精神活动、纯粹的理智。三种倾向就像三个不同的立法，根植于战争的本性，而理论家的任务就是在这三个倾向之间保持平衡。"这和我们经营企业一样，是企业家的欲望本能、冒险的游戏和纯粹理性的三位一体。所以，我们的药方，也要从个人的修养、经营的技术和社会的博弈三个方面下手，这就是我构建华与华方法和写作华与华文库的框架。

洞察力——统帅的思维能力

1. 统帅一方面了解所有国家关系，另一方面又清楚地知道自己手中的手段能做什么。2. 这些关系错综复杂，界限是模糊的，需要考虑的因素是大量的，而且大部分只能根据盖然性的法则来估计，所以统帅必须拥有一种随时都能感知真相的洞察力。3. 这里要求的是综合能力和判断力，二者上升为令人称奇的洞察力，具有这种能力的人能迅速触及和澄清千百个模糊的概念。4. 从"认识到"到"能行动"，从掌握知识到形成能力，促使人们行动的最强动力总是来自情感，而最有力的支持力量则来自性情和头脑的"合金"，这一"合金"就是果断、坚定、顽强和刚毅。5. 这种思维能力更多是检验性的，而不是新

创立的，也就是说，他的头脑里存储了大量的案例和数据，所以才能迅速触及信息并检验归类。这种思维能力更多是全面的，而非单方面的；更多是冷静的，而非头脑发热一时兴起的。

《战争指导》 [英] J. F. C. 富勒

当你把一个敌人击败之后，最好还是让他有再度站起来的机会

从古往今来的战史来看，我们会发现朋友与敌人经常调换位置。所以，当你已经把一个敌人击败之后，你最好还是让他有再度站起来的机会，因为在下一次战争中，你可能需要他的帮助。

调研是为了证实或打消假设

拿破仑说："我之所以能够对于一切事变都有应付的准备，那是因为当我采取任何行动之前，必定已经作了长时间的沉思。我对所有可能发生的情况几乎都完全预先考虑过。我并非能够突然灵机一动，在某种环境中做出他人所料想不到的事情。实际上，那都是经过深思熟虑的。"

可以说拿破仑的方法是"调研是为了证实或打消假设"，正因为有了预想敌人行动后各种可能性的若干套计划，拿破仑的侦察骑兵任务与别人不同。他们被派往若干指定的方向，去证实或打消拿破仑的假设。所以，拿破仑的侦察，实际不是侦察而是探查。与其说是发现敌军的位置，不如说是发现敌方的意图。

出口导向的经济必然是残酷的经济

大量的生产必须配合大量的消费，而后者必须有足够的购买力。这就是老福特提高工人工资，让他们都能买得起汽车的智慧。但如果市场全部在国外，企业不需要国内消费来支撑，那么工人的待遇就绝对得不到改善。而如果要扩大国内市场，拉动内需，就势必要提高工资。

法国大革命的征兵法案开启了人民战争，是对部落时代的返祖

法国大革命的征兵法案开启了人民战争，是对部落时代的返祖，原始部落就是军事集团。人命的成本极大地降低，拿破仑夸口说，他可以吃得消一个月损失三万人，人打光了再征兵就是了，现在人命比尘土还便宜。欧洲的国王们完全不知道如何应对法国制度革命形成的这种压倒性的军事力量。

你不能同时解决所有问题，而是要通过解决战略重心问题，让其他问题不再成为问题

任何工作，你都要有迅速找到它的战略重心的能力。你不能同时解决所有问题，而是要通过解决战略重心问题，让其他问题不再成为问题。服务客户也是一样，客户的很多要求，大多是来源于他的思考和焦虑，并不是战略的重心，如果你被客户的思维和指挥棒牵着走，最终你会对他无用，他害了你，你也害了他。你要把客户"绑架"到你的战略上，通过聚焦解决战略重心问题来解决所有问题，这样才是对双方负责的态度。

写作是更高级的思考，写作就是复盘，写作就是思想升华

毛奇在他的一生当中，都有把问题写在纸上的习惯，他对它们加以分析，然后一次、两次加以重写，直到获得满意的答案为止。我也有这样的习惯，写作是更高级的思考。当你写作，思想就会升级。华与华各小组的案例总结也要写作，写作就是复盘，就是思想升华。

列宁说："对于一切武装起事而言，防御的意义即为死亡。"

列宁说："对于一切武装起事而言，防御的意义即为死亡。"法国大革命时丹东的名言："大胆！大胆！再大胆！"我注《孙子兵法》时写过"造反兵法"：不管什么形势，任何时候都要以最快速度直取首都，想要先建立根据地，那是不会成功的。徐敬业讨武则天、太平天国，都是案例。

用若米尼提出的政策高于战略来解释，希特勒的政策理论是人种理论

长假是读书的好时期。我重新读完富勒的《战争指导》，发现富勒对"二战"双方的战略水平都持批评态度，比如希特勒侵苏时，他认为没有扮演乌克兰和波罗的海国家"解放者"的角色，苏联的卫星国和反对势力失望地发现希特勒不过是新的更糟糕的压迫者。这个问题，要用若米尼提出的政策高于战略来解释，希特勒的政策理论是人种理论，雅利安人是"优等民族"，就是来奴役"劣等民族"夺取生存空间的，所以他不可能解放乌克兰和波罗的海国家，也就不可能采取"统一战线"的战略了。如果用那样的战略，德国人就不知道为什么而战。所以希特勒不是战略失败，在政策上就已经失败了。

《战略论：间接路线》 ［英］李德·哈特

作战随时都要考虑战后和平问题

希特勒与拿破仑一样，对于大战略的较高层次，缺乏适当了解。作战随时都要考虑战后和平问题。要做到这一点，这个人不仅应该是战略家，还应是一个领袖和哲学家的综合体。因为（战略往往和道德对立——兵者，诡道也——但是大战略具有与道德暗合的趋势）在任何变化中，都始终不忘其最后目标。

所有的战争原则都可化为一个词：集中。集中是有计划的分散的结果

关于集中优势兵力打歼灭战，《战略论》说得最透：所有的战争原则都可化为一个词：集中。即集中力量对付敌人的弱点。要对付敌人的弱点，就要先使敌人分散；要使敌人分散，你就要先分散一部分去引诱他。所以程序是：你分散—他分散—你集中。集中是有计划的分散的结果。

胜利者每每产生保守的思想或者吃得太多，遂成为下一次战争的失败者

"二战"时法军输给德军，弱点并不在数量上或素质上，而在于理论的落后。他们的思想远不如对方那么先进，根本不曾跳出"一战"的模式。历史上这样的例证实在是不胜枚举：胜利者每每产生保守的思想，遂成为下一次战争的失败者。

胜利者的另一个问题是吃得太多，以至于自己消化不了。希特勒

曾经如此接近成功，但他的政策只能让人畏威，而不能让人怀德，所以他最终无法征服欧洲。

不能只聚焦于战争胜利这一眼前目标，要对战后有大战略

"二战"获得"伟大胜利"，不过李德·哈特批评同盟国领袖是短视的，只是聚焦于战争胜利这一眼前目标，没有制定战后的大战略，只固执地要求德国无条件投降，没有帮助德国主和派推翻希特勒讲和。

《竞争战略》 [美]迈克尔·波特

总成本领先的主要实现路径是独特的经营活动组合

迈克尔·波特的研究非常了不起，但是"三大通用战略"的提法过于简化。总成本领先的主要实现路径出现在他的另一个理论，即一组独特的经营活动的组合。因为经营活动不同，所以成本结构不同，不是每一项活动的成本都比别人的低，而是有些别人从事的活动，他没有从事。而一些别人没有从事的活动，他投入很大。比如华与华就是总成本领先的公司，我们投入行业最多的广告费，但是不投标、不比稿、不设AE部门。因此我们少花的钱至少是广告费的三倍。

战略陷阱是一个哲学问题，所有的困扰和苦难，都来源于一个原因，就是追求利益最大化、追求取得最大胜利的最佳方案

迈克尔·波特分析了若干战略陷阱，每一个都很常见，具体面

对时也都很难判断。其实，这是个哲学问题，所有的困扰和苦难，都来源于一个原因，就是追求利益最大化、追求取得最大胜利的最佳方案。如果不追求利益最大化，而是追求利益最小化，不求大胜，追求不败，不求最佳方案，求最不坏的方案，则万事大吉。

办公部门运作方式的变化是企业重要的技术趋势

迈克尔·波特提出"办公或管理技术"，他说："办公部门运作方式的变化是当今众多企业发生的重要的技术趋势，但很少有企业投入大量的资源来支持这种技术趋势。"华与华极其重视办公和管理技术，但并不一定是新技术，我认为晨会、晚会就是办公和管理的核心技术。最高技术是形成员工自治的事业社区，而最落后的办公技术，就是"围着老板转"，这不仅是技术落后，更是一种残暴的企业文化。

重要的书一定要反复读，并在实践中体察

重要的书一定要反复读，只读一遍，等于没读。作者写书的时候，深思熟虑才能写出他的思想精华。而我们作为读者，也想摄取他的全部思想和经验，但这显然是不可能的。所以，唯有反复读，并在实践中体察，才能尽量多地学到真经，实现知行合一。

《战争艺术概论》 [瑞士] A. H. 若米尼

在战略之前，要先定政策

若米尼把战争艺术分为六个层次：战争政策、战略、大战术、

战争勤务、工程艺术、基础战术。他特别强调在战略之前，先要定政策。这个我深有体会，企业经营也是，第一定你的对内对外政策，第二才是战略，第三是大战术，第四是勤务，若米尼定义为军队调动艺术，我们可理解为资源调度，第五是战术模块。

军事会议只有在其意见与总司令完全一致的情况下，才能起到有益作用

军事会议只有在其意见与总司令完全一致的情况下，才能起到有益作用。因为只有在这种情况下，总司令才会更加坚定自己的决心，才会相信部下均已彻底领会他的意图，一定竭尽所能来保证其意图得到实现。这是军事会议的唯一价值。如果会议不能统一意见，反而讨论出分歧，就只会产生不幸的后果。

假如拿破仑以顾问的身份拿出他的作战计划征询会议意见，一些人会说他疯了，另一些人会说计划有创意，但执行不了。即便计划通过了，但如果不是拿破仑去负责执行，那最终还是百分之百失败。

战局的目的决定作战目标，但要懂得在目标代价太大或目标已不能达成目的时修正或放弃目标

目的与目标分属两个层次。战局的目的决定作战目标。工作中我们常遇到把目标当目的的情况，而不懂得在目标代价太大时，或在目标已不能达成目的时，修正或放弃目标，迅速做出其他选择。

行军的学问属于战略学问题

若米尼说："旧式战争是两军对垒，有条不紊地进行，'现代'

战争是运动战。"拿破仑说："每天行军40公里，再作战，而后宿营休息。"所以，现在行军的学问属于战略学问题了。在《孙子兵法》中有载，"知战之地，知战之日，则可千里而会战"。可见，军事学家向来就是把行军当战略问题。难怪李德·哈特说《孙子兵法》的战争理论最为前沿。

《竞争论》[美]迈克尔·波特

战略定位的本质是选择能与竞争对手有所差别的活动

"如果世上真有一个理想的定位，那就不需要战略，企业面对的规则也很简单，抢先发掘并抢占这个定位。战略定位的本质是，选择能与竞争对手有所差别的活动，而且最终是经营效率决定绩效。"

不能容忍有模糊地带，要不断地探求真因，找到真因，才能制定对策

战略定位就是选择和组合一套独特的经营活动，创造独特的顾客价值和总成本最低。管理的过程就是对整个经营活动进行持续改善和调适，其乐无穷！

迈克尔·波特也谈到他从事研究工作的秘密武器："把想法放进现实事务，厘清自己思考的模糊地带，提出新的问题，并持续探索。"信哉斯言！就是不能容忍有模糊地带，要不断地探求真因，找到真因，才能制定对策！

《权力论》 [英]伯特兰·罗素

舆论是万能的，其他一切权力形态皆导源于舆论

罗素认为，私人经济权力的根本依据是舆论。国家制定的关于私人的规章，构成法律的重要组成部分。这一部分法律，和其他部分一样，只有得到舆论的支持才能生效。舆论是万能的，其他一切权力形态皆导源于舆论。

人是受自己的想象力的贫乏支配的

巴佐特在《英国宪法》一书中说："君主政体之所以是有力量的政体，最充分的理由是：它是易于理解的政体。人民群众理解它；他们很难理解世界上任何其他地方的其他任何政体。人们常说，人是受自己想象力支配的，但更确切的说法是，人是受自己的想象力的贫乏支配的。"

《君主论》 [意]尼科洛·马基雅维利

想要防止自己的周围布满谄媚者，只有一个办法，就是让人们知道，讲真话你也不会降罪于他们

马基雅维利在《君主论》中提到，想要防止自己的周围布满谄媚者，只有一个办法，就是让人们知道，讲真话你也不会降罪于他们。但是，一旦人们可以对你讲真话，他们对你的尊重也就随之减少了。所以，明智的君主采取第三种办法，就是选择一些有识之士，授予他们讲真话的特权，并仅限于君主咨询的事。

看一个君主是否明智，要看他身边的大臣是否既有能力又忠诚

人们如何看待一个君主呢？就是看他身边的大臣，大臣如果既有能力又忠诚，则人们认为这个君主是明智的。君主如何鉴别大臣呢？就是看他考虑问题的时候，考虑自己的利益是否多于君主的利益。

《统治史》 ［英］塞缪尔·E.芬纳

历史和考古是两个学问

作为一个"政体"的寿命，芬纳将中国历史从秦朝开始算起，到清朝结束，是2133年。他说如果从西周算起，则是3088。我不知道他为什么算周朝，却不计入商朝。如果算帝制整体，从秦朝开始可以，算中华文明，起点还应从尧舜算起，有五千年文明。有人不承认夏朝，说没有考古学证据；如果说没有考古学证据，只能证明考古技术还比较落后，不能说你没找到证据，就否定它的存在。历史和考古是两个学问，历史的意义，也是象征大于事实。

中华文明是全球唯一延续不断的文明，五千年一脉相承，同一片土地，同为中华儿女，同一套法理和礼俗社会，对它的改变，不要抱任何幻想。相反，其他如埃及、希腊、罗马，土地还是那块土地，人却换了好几茬了。另一个特例是以色列人，他们保存了自己独特的文明，两千年后重新复国，原地满血复活，更是奇迹。

保持你想做的和你能做的之间的平衡，这就是止于至善

《统治史》中提到，五贤帝时代是"人类境况最幸福繁荣"的时期。芬纳说，在各国统治史中，有一点变得越来越清楚，就是在一个国家的某些阶段，它想要做的和能够做的刚好能够达到平衡。国家越大，这种情况就越明显。我认为，中国是在唐朝达到这种平衡，古罗马则是在安敦尼王朝时期。我想，企业或者个人，也是要有这种平衡感，保持你想做的和你能做的之间的平衡，这就是止于至善。

《西塞罗文集》[古罗马] 马库斯·图留斯·西塞罗

演说家希望法官产生的情感活动要在演说者本人的脸上先表现出来

当你在自己所承担的案件中采用那些方法时，在你的双眼中，你的面部表情中，在你那个指示性的手指上通常表现出如此巨大的心灵力量，如此巨大的心灵冲动和如此巨大的心灵痛苦；你那无比庄严、无比高尚的词语汇成如此巨大的洪流，你那思想如此完美，如此正确，如此新颖，如此不带幼稚的夸张色彩，以至于我觉得你不仅点燃了法官，也使自己燃烧了起来。如果演说家希望法官产生的情感活动没有在演说者本人的脸上表现出来，那么他也不可能使听众痛苦、憎恨、厌恶、恐惧，使听众流泪和同情。

引言要细致、敏锐、思想丰富、措辞明确

引言要细致、敏锐、思想丰富、措辞明确。演讲词的第一概念和好感就在于引言，吸引听众靠引言。引言是为了展示自己，这种展示

的重要性和必要性在于，演讲词要求的不是显示力量，而是愉悦听众，让自己完全四处满溢，让自己整个地腾空飞起。演说词的引言无须从外部寻找，而是从事件内部获得。因此，只有对整个案件进行深入的探索，只有在找到所有的材料根据，并对它们进行安排之后，才能从辩护词的最深层发掘引言。引言在开始的时候最为重要，这时候法官对一切都处于期望之中，他们的注意力集中，而且在此时更富于理解力。在演说开始部分进行的证明或批驳会比在中间部分进行更为显明。但是也不要一下子完全展开，只是轻轻触碰一下承审法官，好在他已经倾向于我们之后，再让演说的其他部分向他猛扑过去。

词语才是最终的刺激信号，激发受众的观念和行为反射

克拉苏斯说到他的演讲与安托尼乌斯的区别，其中一条是他总是更加费心、更为注意地选择词语，而不是内容，因为担心词语或许稍许平庸，那就有负听众默默的期待。这怎么理解呢？我认为词语比内容重要得多，因为词语才是最终的刺激信号，激发受众的观念和行为反射。比如"爱干净，住汉庭！"成功了，都说"干净"这个定位最适合经济型酒店，都知道起作用的是那六个字的词语组合，而不是"干净"。比如"掌握关键保鲜技术，洽洽每日坚果"成功了，又说"保鲜"这个定位高明，这又外行了，这四个词语，最不重要的就是"保鲜"，是"掌握""关键""技术"这三个词释放的信号发挥了作用。人们总是以逻辑思考，不知道发挥作用的是修辞。

如果没有词语照亮，任何思想也不可能闪烁光辉

如果没有构想出，并且明确地形成思想，便不可能找到必要的词

语修饰；如果没有词语照亮，任何思想也不可能闪烁光辉。

有些人拥有密不可分的双重智慧、行动和语言

古希腊人称这种思考、表达方式和语言能力为智慧，从事这种研究的人有非常杰出的才能，高度拥有空闲和自由的时间，既教授正确的行为，又教授如何优美地说话。他们既是生活的导师，又是语言的导师。有些人拥有密不可分的双重智慧、行动和语言，在国家管理方面享有盛誉。

写作与演讲，本质是修辞学

写作与演讲，或者说广告文案撰写与客户提案，本质是修辞学，祖师爷就是亚里士多德和西塞罗。在电影《至暗时刻》里，丘吉尔为了准备决定大英帝国命运的演讲，他就求助于西塞罗，到书房去找西塞罗的书。最终，丘吉尔用演讲打败了内阁里的投降派，发动了英国的战争动员。

想读的书多到到死也读不完

西塞罗说，即使给他双倍的寿命，他也不会有时间去读抒情诗人的作品。信哉斯言！想读的书、该读的书、需要多读几遍的书都太多！到死也读不完！总之是还没把这世界搞清楚，死期就到了。

《政治学》 ［古希腊］亚里士多德

好政体的标准不在于满足经济供应，而在于促进一国的善德、善行和善业，实现全体公民的最大幸福

好政体的标准不在于满足经济供应，而在于促进一国的善德、善行和善业，实现全体公民的最大幸福。亚里士多德在此书中论述了君主政体、贵族政体、平民政体、寡头政体、僭主政体、共和政体等不同政体。想想这是公元前三百多年的著作，古希腊的政治文明已经达到如此高度。

《旧制度与大革命》 ［法］托克维尔

在所有欧洲国家当中，长期以来，法国即是其中一个政治生活完全消失的国家

在所有欧洲国家当中，长期以来，法国即是其中一个政治生活完全消失的国家。在法国，个人已彻底失去了处理事务的能力、审时度势、揆情度理的习惯和人民运动的经验，更糟糕的是，"人民"这一概念也基本上丧失了，因此，全体法国人为什么会突然落入一场他们完全没有意识到的恐怖的革命，就是很容易想象的了，而让人奇怪的是，那些最受到革命威胁的人却走在了革命的最前列，开辟和扩展着通向革命的道路。人民被残酷的命运折磨得冷酷无情，变得既可以忍受一切，又可以让所有人都陷入痛苦之中。

国王政府在废除了各省的自由之后，在法国四分之三的地区庖代了一切地方权力，从此开始，事无巨细，一揽包收

国王政府在废除了各省的自由之后，在法国四分之三的地区庖代了一切地方权力，从此开始，事无巨细，一揽包收。另外，在这之前，巴黎仅仅是首都，现在却已成为国家的主宰，甚至可以说就代表了整个国家。法国这两个极为特殊的事实，能够很好地解释，为什么仅仅一次骚乱，就可以彻底摧毁君主专制。

在无数个世代中，有一些人的心总是紧紧地迷恋着自由，他们迷恋的是自由的诱惑力、自由自身的魅力，与自由的物质利益没有任何关系

在无数个世代中，有一些人的心总是紧紧地迷恋着自由，他们迷恋的是自由的诱惑力、自由自身的魅力，与自由的物质利益没有任何关系。这即是在上帝和法律的唯一统治下，可以自由自在地言论、行动、呼吸的快乐。如果失去了自由，无论其他什么东西都不会让他们感到慰藉；如果得到一点自由，他们对所受到的屈辱就会毫不计较。如果谁要在自由中求取自由本身之外的其他东西，谁就只配接受被奴役的命运。另外一些民族在兴旺发达时会对自由感到厌倦，他们任由别人从其手中夺取自由，唯恐一加反抗，就会损害自由给他们的那些福利。这些人倘若要保持自由所缺少的是什么呢？那就是对自由的热爱。

法国的文人们都认为，应该用简单且基本的、从理性到自然法中得到的法则，取代一直统治着当代社会的复杂的传统习惯

法国的文人（如卢梭）每天谈论的都是社会的起源与社会的原始形式，公民的原始权利与政府的原始权力，人和人之间自然的与人为

的相互关系，习俗的错误与习俗的合法性，谈论所涉及的是法律的各种原则。就这样，他们每天都在深入地探索，一直深入那个时代政治体制的根本，他们极其严格地考察它的结构，批判它的整体设计。他们都认为，应该用简单且基本的、从理性到自然法中得到的法则，取代一直统治着当代社会的复杂的传统习惯。

大家都认为，如果没有国家介入，一切重要事务都搞不好

改革家们想要借中央政权之手来摧毁一切，并按照他们设计的新方案去创造一切。在他们的眼里，只有中央政权才能完成这种任务。他们说，国家力量应该同国家权力一样，不受任何限制，唯一的问题，只是劝说它恰当地使用其权力。这些思想渗透到了所有人的精神中，大家都认为，如果没有国家介入，一切重要事务都搞不好。

法国政府对自己的任务总是十分清楚，也总是表现出惊人的积极性

法国政府对自己的任务总是十分清楚，也总是表现出惊人的积极性。但其积极性通常是没有结果的，甚至是有害的，因为有些时候，它总想去做超出自己力量的事，或者去做一些没有人能够控制的事。政府很少进行或者很快便放弃那些迫在眉睫的改革，因为这些改革需要坚强的勇气和毅力才能成功。政府会经常地更改某些规章制度或法律，在它的管辖内，没有什么东西可以有片刻的安宁。

当人民在其内部扫除贵族统治时，他们自然而然地就会走向中央集权制

当人民在其内部扫除贵族统治时，他们自然而然地就会走向中

央集权制。在此时此刻，加速人民的这一倾向比起抑制人民的这一倾向，显然更加容易。在人民的内部，全部权力会趋向于统一，只有通过大量的手腕，才能让它分裂。民主革命对旧制度的众多体制进行了扫除，反而巩固了中央集权制。中央集权制在这场革命形成的社会中，自然而然地找到了它的位置，以至于人们会心安理得地将它列为大革命的功绩之一。

中央政府的目标还不仅止于赈济贫困的农民，它更想让其获得致富的手段

中央政府的目标还不仅止于赈济贫困的农民，它更想让其获得致富的手段。在必要的时候，它还会强迫他们去致富。这时的政府不再是统治者而成了监护人。

与其他任何政体相比，专制制度更多地助长了社会的各种弊端

与其他任何政体相比，专制制度更多地助长了社会的各种弊端。在这种类型的社会中，人们相互之间再没有种姓、阶级、行会、家庭的任何联系，他们一心关注的只是自己的利益。人们原先就趋向于自顾自，现在专制制度使他们彼此孤立；人们原先就彼此凛若秋霜，现在专制制度将他们冻结成冰。几乎没有人不曾拼命攒钱或赚钱。不惜付出一切代价发财致富的欲望、对商业的喜爱、对物质利益和享受的追求，一时之间成了最普遍的感情。这种感情很快就让整个民族萎靡不振，自甘堕落。然而，专制制度却支持和助长这种感情。这些让人意志颓丧的感情对专制制度有着莫大的好处。它让人们的思想脱离于公共事务之上，使之在想到革命的时候，就会全身心地战栗，想到只

有专制制度才能给他们提供秘诀和保护。

《妙趣横生博弈论》

[美] 阿维纳什·K.迪克西特　　[美] 巴里·J.奈尔伯夫

电话困境

手机通话中断，你是该打回去，还是等对方打过来？这是个博弈论问题。你打过去，可能对方也正打过来，于是忙音。你等他打，结果他也等你打。等了一阵你决定打过去，结果他也决定打过来，忙音。这个博弈无解，所以必须建立一个社会惯例"让先打电话的那个人打"。

相互监督的理念也很适用于大企业的内控

古罗马军法规定，临阵脱逃者死，由旁边发现的士兵执行。如果发现者未能处死退缩者，也会被判处死刑。普林斯顿大学的荣誉准则，考试无人监考，作弊者开除，发现他人作弊但不举报的，同样违反荣誉原则，开除！这个理念也很适用于大企业的内控，以荣誉的名义。

赵高指鹿为马，就是一个博弈策略

信息甄别思想，第一资本的信用卡业务，通过余额结转政策，甄别挑选出最优质的客户。从博弈论"信息甄别"理论来说，赵高指鹿为马，就是一个博弈策略，逼迫每个人释放信号，供他甄别。当他以假话撑起一片天，谁说真话，谁的天就要塌下来。

罢工是劳资双方的博弈，却给社会带来巨大损失

"罢工是劳资双方的博弈，却给社会带来巨大损失。码头工人为2000万美元的利益和资方博弈，给美国经济带来的损失是100亿美元。一个解决方案是实行虚拟罢工，工人不拿工资，公司将收入捐献给社会"，看谁熬得过谁。结果是工人会拼命努力生产，因为效率越高，资方损失越大！

校对要有奖励机制

我写的书里的错字和各种笔误令我头痛，每天发在微博、微信上后都有热心的朋友给我校对，编辑时再校对，但出版后还有很多错误，也是靠热心读者发现后拍照告诉我。《妙趣横生博弈论》提出一个校对的激励机制：底薪＋校对出一个错误的额外奖励＋漏掉一个错误的罚款。

我们所有的行动，都会引发一个反行动

和物理学的作用力和反作用力一样，我们所有的行动，都会引发一个反行动。我们不能认为，当我们改变了自己的行为时，其他事情还会保持原样。

《西方战略思想史》钮先钟

目的往往是一厢情愿而且路途凶险，选择有手段保障的目标更加安全

"目的与手段，成功与失败。"李德·哈特战略思想原则：第一，调整目的以适应手段；第二，心中经常保持目标，而计划则适应环境；第三，采取能同时达到几个目标的作战线。目的往往是一厢情愿而且路途凶险，选择有手段保障的目标更加安全。规划能同时达到几个目标的作战线，用成功抵消失败。

人类历史上的所有军事家中，只有克劳塞维茨可以和孙子相比较

李德·哈特对《孙子兵法》推崇备至，认为在人类历史上的所有军事家中，只有克劳塞维茨可以和孙子相比较。比较的结果是：克劳塞维茨的思想远比孙子"陈旧"，虽然他比孙子年轻两千多岁。孙子眼光清晰，见识深远，更有"永恒的新意"。善哉斯言！如营销，4P营销理论为有永恒新意之思想，其余万般，皆下品也！

《战略简史》[美]沃尔特·基希勒三世

泰勒是科学管理的奠基人，他的方法，基于动作的观察、测量和改善

书中反复提到"泛泰勒主义"，似乎应定义为效率主义。泰勒是科学管理的奠基人，他的方法，基于动作的观察、测量和改善。所

以我更愿意从行为主义去理解他。泰勒主义到了日本，结合知行合一的儒家文化，发展出持续改善的TPS思想。这一点美国人完全不能理解，迈克尔·波特也不能理解，就是因为他们仅仅从效率上理解，就认为效率上的提高大家都差不多，很快会碰到天花板，实际上不是差不多，是差得太多了。

把每一个业务画成一个圆

"把每一个业务画成一个圆，而圆的面积大小对应该业务的销售规模。"我觉得这个方法很好！

《战略历程》

［加］亨利·明茨伯格　［加］布鲁斯·阿尔斯特兰德
［加］约瑟夫·兰佩尔

明茨伯格总结了企业战略思想史上的十大学派，并总结其为盲人摸象

推荐明茨伯格《战略历程》，其总结了企业战略思想史上的十大学派。前三个学派，特别是以波士顿咨询公司和迈克尔·波特为代表的定位学派，认为战略是可以设计规划的，并试图制定出放之四海而皆准的通用战略。但明茨伯格说，这把企业经营过于简化了。第四到第六个学派，没有战略模型，认为战略是一个学习、博弈和涌现的过程，所以他们关注于研究战略产生的过程并优化这个过程。第七到第九个学派，认为战略形式是一个协商过程，是一个集体思维过程，极

具适应性。最后一个，是前九个的综合。明茨伯格总结这十个学派：都是盲人摸象。因为人类的认识只能到这儿了。

所有的认识最终还得靠自己磨炼

"案例教学法鼓励人们对一无所知的情况做出快速反应。"确实，整理案例的人本身对信息的掌握就不完整，甚至没有掌握关键信息，学生们就更是跟着盲人摸象。不过，这也是一种训练，学生本身不应该对课堂期望太高，所有的认识最终还得靠自己磨炼。

《好战略·坏战略》[美]理查德·鲁梅尔特

坏战略的四个特征

坏战略的四个特征：1. 根本不是战略，是伪装成战略的空话。2. 不能识别真正的挑战，所以无法评估。3. 错把目标当战略，没有具体计划。4. 糟糕的战略目标，或者是其目标不能解决关键问题，或者是目标之间相互冲突。

真正的战略在于找到关键性行动的支点，确定并剖析主要障碍

很多公司的所谓战略，并不是真正的战略，而只是一个挑战性目标，一个愿望清单和一个滚动性预算而已。它没有找到关键性行动的支点，也没有确定并剖析主要障碍。

领导者的责任就是把事情变得简单

只有简单的事才能干成，领导者的责任就是把事情变得简单。所有领导者都有一个重要职责，就是弱化问题的复杂性和模糊性，并在简化之后提供给自己的组织。负责任的意思，是负责简化目标，为组织提供一个能够切实解决问题的方案。

《致命的自负》[英] 弗里德里希·哈耶克

在企业文化和公司的进化中，要建设一个"习惯共同体"

"道德和秩序都并非出于本能，而是一种进化。人和群体因为他们遵守的习惯而得到自然的选择。遵守某些规则和习惯的群体能够更成功地繁衍生息，并吸收新的人加入他们。文化是一种更为强大的适应手段，文化进化通过另一些方式继续着遗传进化的过程。"我想这些思想也适用于企业，企业文化和公司的进化。我们要建设一个"习惯共同体"，不仅仅是利益共同体。

我们能做的唯有学习，而学习是以模仿为基础，而不是以见识和理性为基础

"智力不是文化的向导，而是文化的产物。不要认为掌握技巧的能力是从理性中产生的，绝不应当认为，我们的理性处于一个更高的检验者的位置。"我们能做的唯有学习，而学习是以模仿为基础，而不是以见识和理性为基础。

所谓企业文化，就是公司的习惯

"一种习惯得以维系，需要两个明确的前提：其一，存在着使某种行为方式得以代代相传的条件；其二，保留这些习惯的群体必须取得明确的优势，能够比另一些群体更为迅速地扩张，并最终胜过或同化那些不具备类似习惯的群体。"这就是中国人说的施教化了。企业也是一样，所谓企业文化，就是公司的习惯。

哈耶克说，如果希腊的祖先像亚里士多德设想的那样一直限于满足自己已知的当前需要，他们就根本不可能出现

哈耶克说，如果希腊的祖先像亚里士多德设想的那样一直限于满足自己已知的当前需要，他们就根本不可能出现。我想这话也可以用来评价老子的思想，如果中国人的祖先满足于"小国寡民""鸡犬之声相闻，民至老死不相往来"，那根本就不会出现小国，而是永远停留在原始时代。

四条理性主义者的"不理性标准"

哈耶克总结的这四条理性主义者的"不理性标准"很有意思："1. 凡是没有得到科学证实的。2. 没有被充分理解的。3. 目的缺乏充分说明的。4. 有些不为人知的后果的。"

语言不仅传播智慧，也传播难以消除的愚昧

"被毒化的语言，我们以为是事实的，其实已经是理论。我们对自己环境的所知，其实是我们对它们的解释。语言不仅传播智慧，也传播难以消除的愚昧。"就像企业家在最初都能看到最终目的——销

售。学会了品牌、营销等一大堆词汇之后，他就看不到目的了。

《竞争优势》 ［美］迈克尔·波特

《竞争优势》一书的核心是企业活动基础论

该书的核心是企业活动基础论，企业基于活动的观点，为思考企业多元化提供了基础，从活动共享和不同活动之间专有技术转化的角度，能够深刻理解多元化协同增效为企业创造附加价值的能力。基于活动的成本核算，就是管理会计——作业成本法。华与华本身就是一个管理会计组织，我们每个月的经营会议，就是管理会计会议和经营活动复盘会议。迈克尔·波特把公司内部的培训等会议活动称为辅助活动，并说辅助活动为企业划定了组织的界限和框架，把企业看作经营活动的组合也明确说明了企业上下所有人都是战略的一部分。信哉斯言！只有全部深刻理解企业的人，才能读懂这本书。我写作《华与华方法》，也是向迈克尔·波特致敬！

只有行动才有结果，没有行动，都是空谈

迈克尔·波特说："很多企业无法实施战略，主要原因是没能把广义的竞争优势转化为实现竞争优势所需的具体行动步骤。"在华与华，我称之为"行动主义"，不管你运用什么战略，给客户提案的，一定是行动，是具体动作。因为只有行动才有结果，没有行动，都是空谈。行动要具体，就要定义成果物。成果物，即描述行动的成果。这就具体了。

五力模型：把狭义的竞争对手在战略研判中缩小到五分之一的权重，关注上游、下游、新进入者和替代者

迈克尔·波特的五力模型是我所学到的最好的战略模型，他把狭义的竞争对手在战略研判中缩小到五分之一的权重，关注上游、下游、新进入者和替代者。这让我在客户的选择上极为坚决，所谓"给钱就干"，就是只选择爽快的客户。对新进入者的防范，我的主要对策是"买通"自己的员工。同时，对于别人的领域，谨慎进入。因为就算你能找到一个侧翼插进去，最终恐怕还会因为总成本不占优势，被人撵出来，白白替他人贡献创意。

企业经常通过重新定义传统活动的角色来赢得竞争优势

迈克尔·波特说，企业的经营活动分为主要活动和辅助活动，又分为三大类价值活动：直接活动、间接活动和质量保证活动。我所见到的企业的毛病，都是只关注主要活动，不关注辅助活动；只关注直接活动，不关注间接活动和质量保证活动，于是积重难返。迈克尔·波特说，企业经常通过重新定义传统活动的角色来赢得竞争优势，比如，订单处理是营销活动，不是出厂物流活动。今年，华与华的年度单项奖就有一项最佳订货单设计，得主是爱好文具项目组，他们通过重新设计订货单，提高了订货量。

每个部门都等量承担削减成本任务，是一种经营的"懒政"行为

"企业常犯的错误，是要求每个部门都等量节约成本，但事实上某些部门成本的提高有可能会降低总成本。"企业的总成本优势来源于与竞争对手不同的成本结构，不同的成本结构来源于不同的经营活动组合。每个部门都等量承担削减成本任务，是一种经营的"懒政"行为。

所谓"成功案例"根本不值一提

咨询采购经常是一笔糊涂账，企业被人卖了还帮人数钱的情况非常普遍。所谓"成功案例"根本不值一提，因为那就跟炒股票遇到过几次涨停板没有任何区别。咨询公司如何释放"价值信号"？华与华有业内最多的"成功案例"，也有业内最大的广告宣传，但我的战略，还是要树立"零吃亏客户""最安全咨询服务供应商"的形象。因为我本身也不愿意接那些想"赌一把"的客户。

《美国秩序的根基》[美] 拉塞尔·柯克

哲学家指"爱智慧的人"，与之相反的是"空想者"

哲学家指"爱智慧的人"，与之相反的是"空想者"，指爱发表观点的人。"空想者"狂热追求错误的想法，以至灵魂和政体的失序。梭伦说，要靠法律女神，让人类社会的所有事务都得到恰当合宜的处置。

灵魂是一个实质性的存在，是每个人体内具有意志力、感知力、思考力和行动力的东西

灵魂是一个实质性的存在，是每个人体内具有意志力、感知力、思考力和行动力的东西。正义就是一个各得其所的共同体，共同体

有引领者、士兵和农户。与共同体一样，人的灵魂也有三个部分，即理智、意志和欲望。理性的其中一个工具是意志，即真理的象征，传说、隐喻和寓言。严肃的政治思考往往发端于艰难的时刻，才智之士觉得有必要考察普遍失序和暴力的原因，并尽可能地提出解决方案。

我们知道的而死去的作家不知道的，就是我们知道他们，而他们不知道我们而已

有人说："死去的作家已经远离我们而去，因为我们知道的比他们多得多。"此言不虚，不过我们所知道而他们不知道的，就是我们知道他们，他们不知道我们而已。

伦理学和政治学实际上共同构成了一门学问：它们是研究人类最高级的善的两个侧面。

伦理学和政治学实际上共同构成了一门学问：它们是研究人类最高级的善的两个侧面。亚里士多德认为，这门学问在伦理学层面重点关注个人的思想状况或者品格，在政治学这个层面则重点关注作为实现人类最高级的善之手段的国家。

普通法建立在习俗和先例基础上，是演化的结果

普通法迥异于成文法，不同于任何政治机构发布的成文法律。普通法建立在习俗和先例基础上，是演化的结果，是习惯性、传统性的案例法。普通法不是谁发布的，而是真正的"人民的法律"，最突出的是判例拘束原则，确保各个年代和时间点都有公平的司法实践。普通法另一个鲜明的特征是12人的陪审团，有罪或无罪都必须由自由人

在公开法庭做出裁决。成立陪审团是对公众进行法律教育的强有力手段。另外，陪审团也是公众参与公共事务的一种形式，是代议制政府首先出现在英国的一个重要原因。法律程序的对抗形式，原告和被告或者检察官和被告是平等的双方，法官则保持中立。被告人有权保持沉默。任何人在没有逮捕令的情况下都不得被监禁，而且必须迅速审判。普通法对美国个人自由的贡献可能高于其他任何来源。

"不可知论"对于我们的经营很重要，因为它教会我们划定知识和经验的界限，不要在不可知的部分僭妄

"由于我们五官的欠缺，我们从生活经验中获得的知识是零散的。观念来自'印象'，而印象的来源则不得而知，我们不知道它们到底是直接源自对象，还是大脑的创造力，或者上帝。想象力——而非单纯的经验性知识——才是我们拥有一切智慧的源泉。我们在这个世界学到的东西是通过习俗和不断重复的经验——而非纯粹理性——学习到的。教育实际上是人类日积月累形成的习俗。依据纯粹理性的原则干预自发演化而非按逻辑推演而来的重要的社会机制是危险的。所有宗教都是非理性的，它们源自启示和信仰，它们不可能靠逻辑来论证。"

这些"不可知论"的思想，从休谟到康德，再到孟德斯鸠将之运用于政治体制。哈耶克说"知识的僭妄"，理性本身就是一种僭妄。法国大革命就是"理性"的巅峰，他们取缔了宗教，但是又需要仪式和偶像，于是搞出一个"理性节"，由"理性女神"带着大家游行。他们理性吗？他们毁灭一切，也毁灭自己。

"不可知论"对于我们的经营很重要，因为它教会我们划定知识

和经验的界限，不要在不可知的部分僭妄。这就是《华与华方法》的哲学基础。

休谟提出，社会并非于先前处于无政府状态的人们有意识地达成的协定。

"休谟提出，社会并非于先前处于无政府状态的人们有意识地达成的协定。相反，军营才是城市真正的源头。从历史上看，社会契约论无法验证，国家从来不是凭借多数人完全自由的协定而建立的。政府——包括英国政府——都是建立在暴力之上。"

《伯罗奔尼撒战争》 [美]唐纳德·卡根

一切得失，都一钱不值，只有管好自己，才是真理

所有的参与方都太乱了，既不能志在必得，也不能妥协认输，乱糟糟地打了二十七年，雅典突然就败了。获得胜利的斯巴达，之后不到三十年，就被底比斯灭了。雅典倒反而恢复过来。结论是：一切得失，都一钱不值，只有管好自己，才是真理。

《历史》 [古希腊]希罗多德

古巴比伦婚俗制度安排的目的，就是富人出钱帮穷人娶老婆

"古巴比伦婚俗：每年有一天，村里婚龄姑娘集中起来拍卖，小伙子们出价竞争，从最漂亮的姑娘开始拍起。漂亮姑娘拍卖没了，剩下丑姑娘，则反过来，谁带走一个丑姑娘，就可以得到一笔钱，价低者得。愿意娶最丑的姑娘的得到最多的钱。"制度安排的目的，就是富人出钱帮穷人娶老婆。

希罗多德说，帕里斯并没有把海伦带回特洛伊，他的船被风吹到了埃及

希罗多德说，帕里斯并没有把海伦带回特洛伊，他的船被风吹到了埃及。埃及人扣留了海伦。所以当希腊联军攻打特洛伊时，他们根本交不出海伦来，否则他们不会为海伦而冒亡国之险。希罗多德并说荷马实际上知道这个情况，但是他为了他的史诗的故事效果，改写了历史。

《高卢战记》 ［古罗马］恺撒

阅读让人模糊了时空，历史与现在，连续而不可分割

两千年后，能读到恺撒记述的文字，觉得时空一体，那个时代，那些地方，也算亲临了。

阅读让人模糊了时空，你并不会觉得是在读一本两千多年前的书，只觉得是地球上的另一个人在讲他的故事而已。时空确实是联结起来，连续而不可分割的，今天是这世界上生存过的一切人做过的一切事的总和的结果。历史上的一切人物，今天都还在实质性地参与我们的现实政治和事务，他们之间的纠缠还在继续。

《论法的精神》 [法] 孟德斯鸠

人类不要去奢求什么完美无缺的社会和政治制度，那是不现实的

孟德斯鸠说，人类不要去奢求什么完美无缺的社会和政治制度，那是不现实的。完美的社会过去不曾有，现在没有，将来也不会有。完美的社会只存在于天堂，不在人世。如果不顾人类内在的逻辑，盲目去追逐人间天堂，只会碰得头破血流。人类社会能有什么呢？有共和和宪政就够了，没法再好了。人类本身就不是至纯至真的，怎么能有至纯至真的社会呢？我觉得他的道理很清晰，就像人不可能有完美的人生，总是有疾病和烦恼相伴。最令人崇敬的英雄，也会死于壮志未酬。

《闪击英雄》 [德] 海因茨·威廉·古德里安

装甲战思维和古德里安的创新

《凡尔赛合约》禁止德军拥有坦克和装甲车，所以不能说英法对坦克的威力没有认识。但是，英法德高层都没有"装甲战思维"，就像你会上网却没有"互联网思维"。英法拥有大量坦克，却混编在步兵部队里面做"配合"，法国甚至把钱投资在马其诺防线修工事，这还是阵地战思维。德国坦克少，但古德里安第一个提出组建"装甲师"，集中起来战略性使用，开创了新的战争时代，对对手降维打击。古德里安的装甲战思维从哪里来的呢？从英国军事家富勒以及李德·哈特的著作里读来的。富勒和李德·哈特都是装甲战的鼓吹者。

但是他们在英国没鼓吹成功，古德里安在德国鼓吹成功了。

《俄国与拿破仑的决战》 ［英］多米尼克·利芬

拿破仑不是被莫斯科大火或俄罗斯的冬天打败的，是被亚历山大打败的

难得的俄国视角的陈述，拿破仑不是被莫斯科大火或俄罗斯的冬天打败的，是被亚历山大打败。我能接受他的观点，但书名为什么不是《亚历山大与拿破仑的决战》？还是"善战者，无智名，无勇功"，俄国皇帝亚历山大名气不够吗？

《第一次世界大战战史》 ［英］李德·哈特

荷尔斯坦所继承的，只是师父的一些旁门左道，最重要的是他欠缺俾斯麦的胆识

荷尔斯坦因以俾斯麦的精神继承者的姿态，令人肃然起敬。但他所继承的，只是师父的一些旁门左道。最重要的是，他欠缺俾斯麦的胆识。

企业之精神，不能仅依靠团队的相互激荡，而要有真正对社会的使命和感情的激荡力

心理因素在"全民军队"的重要性，应大过专业军队。军队仅谈团队精神，并不足以代表一切。军队需要依靠庞大的精神激荡力来运作，在国家有关政策中，必须树立一种根深蒂固的信念，以便号召国民作战。同理，企业之精神，不能仅依靠团队的相互激荡，而要有真正对社会的使命和感情的激荡力。

英国统帅黑格，不给敌人任何机会，连自己也不给机会

英军统帅黑格，他——太谨慎了。他会非常坚决地不给敌人机会，他连自己也不给机会。

大多错误都源于思想观念上的落伍

大多错误都源于思想观念上的落伍。在观念错误上付出的代价将大于任何执行上的错误。在"一战"开始时担负领导重责者，是否已经认知了未来战争的基本问题？例如火力防御，以及高难度机枪扫射盲区等重要问题。今日之社会，也面临新的观念和新的基本问题。

计划与实际状况配合与否，需在战前厘清，调整计划的能力也需事先培养

战争的过程如同政治，是一连串的折中与妥协。计划与实际状况配合与否，需在战前厘清，调整计划的能力也需事先培养。而1914年战争中的军事领导者，都是在一些"原则"的菜色基础上，配以一些历史残渣佐料，烹煮成适合流行的口味培育出来的，他们从未有过研读真实历史的经验，也没有穷尽事理的心态。

数据不是真相，情绪才是根本

数据不是真相，情绪才是根本。战事的关键往往取决于双方指挥官的思维与情绪，实际作战并非制胜之首要。战史应论述双方人员的思维与情绪，配上一些事件的背景叙述，以凸显真相即可。而现在典型的军事史，往往巨细无遗地描述战斗过程，然后以统计数字来分析制胜的原因，这就容易令人产生错觉。

加列尼说没有所谓的马恩河会战，同样，也没有所谓的1870年的色当会战。一系列的阴差阳错造成的结果，它们就成了决定性的会战。

决定性和制造决定性

所谓标准拿破仑式作战，它的特性是当前线情势被你掌握时，马上对敌军某一侧翼进行直接攻击。这种攻击，本身并不具备决定性，但可以制造决定性机会。（决定性思维）判断并专注于决定性的事情，因为这些事情是决定性的。

读战略的书要熟悉战史，读战史的书要熟悉地理

读战略的书，如果不熟悉战史，就难免不够生动。而读战史的书，如果不熟悉地理，就难免一半明白一半糊涂地大概着读。

唯有谨守本分，并自食其力者，方能维持名声

1914年，各国都想解套，而应对的本质完全不同，这是由各国领袖的心智和倾向所致。同理，我们在做决策时，对消费者心智的把握，往往不如对每个参与会议的人的心智的辨识重要。每个发言都有

个人主观和目的，对自己地位和荣誉的维护，往往不自觉地比公司战略重要。

"个人权势与名位的追逐，似乎将大家的品格消蚀殆尽。我相信，唯有谨守本分，并自食其力者，方能维持名声。他无须为名利与权势而取巧与斗争。"这段话送给所有朋友。

《第二次世界大战战史》［英］李德·哈特

错误大多因为思想落伍

错误大多因为思想落伍。希特勒迅速击溃法国，是法军思想落伍而不是兵力劣势。决定胜利的并非希特勒，而是有新思想的古德里安。事实上，德军总部还嫌他推进太快暂停了他的指挥权，但他继续硬冲。因为他在战前接触到独立装甲部队做深入战略性贯穿的新军事思想后，就一直梦想着有机会实现！

意志实力

英国对意大利的东非之战。与其说是军事实力之战，不如说是意志实力之战。索马里兰一战，意军26个营，英军4个营，英军还苦战4天以250人伤亡消灭意军2000人，令意军胆寒。另外，埃塞俄比亚游击队对意军战俘和意妇女的酷刑也摧毁了意军士气，最终意军全部投降，战俘竟达23万人。

日本军队奇袭珍珠港的时候，航空母舰是开到最接近目标的地点

放飞机，然后退到一个较远的地点等飞机返航

日本军队奇袭珍珠港的时候，想了一个巧妙的办法。他们的航空母舰不是像通常一样：泊在海面上一个固定地点，放飞机出去攻击，再原地等飞机返航。而是开到一个最接近目标的地点放飞机，然后退到一个较远的地点等飞机返航。这样日机航程是一短一长，而美机要来攻击航母则来回都是长程，战机油料就不够。

看战史最大的感受，就是看一场接一场犯错的比赛

看战史最大的感受，就是看一场接一场犯错的比赛。你犯一回错，我就得手一回；我犯一回错，你就得手一回。那么是不是犯错少的一方获得最后胜利呢？完全不是。是实力强、资源多的一方获得最后胜利。因为弱的一方犯十次错就得出局。强的一方犯一百次错还有增援。所以隆美尔再厉害，北非也不是他的。

《丘吉尔：第二次世界大战回忆录》

[英] 温斯顿·丘吉尔

波兰民族有英雄品质，天赋极高，但总有些积习难改，使他们遭受无法估计的痛苦

《慕尼黑协定》德国吞并捷克斯洛伐克苏台德地区后，波兰马上趁火打劫胁迫捷克割让特申边区给它，并将英法大使拒之门外。但是不久之后他们又十分需要英法了。波兰民族有英雄品质，天赋极高，但总有些积习难改，使他们遭受无法估计的痛苦。

一旦抓住了好办法，就要坚持下去

丘吉尔的父亲说过："在政治上，一旦抓住了好办法，就要坚持下去。"这也是一条战略上的原则。但是，我总听见有人问我："上回咱招儿不错！这回怎么弄呢？"他就是不明白把"上回的招儿"先重复用上二十年再说！他为此损失惨重，我也陪着损失，但是他不知道。

在德黑兰会议上，斯大林指出，任命谁指挥霸王战役才是首要问题

英美一直在准备登陆法国的霸王战役计划，但只有负责筹备的摩根将军，一直没有明确谁将指挥霸王战役。在德黑兰会议上，斯大林指出，任命谁指挥霸王战役才是首要问题，并且由他来筹备。否则，摩根筹备半天，可能都不合他心意，反而要推倒重来。

不是经常有人专门检查各方面，而是构建一种全员持续改善的文化

"德国炸我们，比我们炸他们破坏力大，大家说因为德国的房屋比我们坚固（想当然，没有认真找'真因'）。偶然有人提到德国使用铝制炸药，威力比英国炸弹大一倍。丘吉尔下令调查，才发现之前英国也做过试验，但是没成功，又认为反正铝很难搞到，就放弃了。而如今铝已经不稀缺了，却没人再想起。于是重新试验，提高了炸弹50%的威力。丘吉尔总结说，在巨大的组织工作中，要经常有人专门检查各方面工作。"实际上他的总结不对。不是经常有人专门检查各方面，而是构建一种全员持续改善的文化，每个人每天都在检查他自己的工作，想着还能怎样改善。

作为炮灰的人民，对炮手充满崇敬

雅尔塔会议，丘吉尔把战后巴尔干各国苏联和英美两方的势力范围和权力百分比划分写在一个小纸条上递给斯大林，斯大林拿到纸条看了一眼，打了个钩表示同意，这事就决定了。后来丘吉尔说："涉及千百万人生死攸关的命运，咱俩这么就定了，不会被人说草率和玩世不恭吧？把这纸条烧了吧！"斯大林说："别烧，你保存吧！"历史就是这样，天下兴亡，就是那一两个人一句话的事。人民则充当炮灰，坏炮手奴役他们，好炮手再来拯救他们。雨果说："作为炮灰的人民，总是对炮手充满崇敬。"

在无意义的决策树中做决策是典型的战略思维错误

对于阿登反攻，丘吉尔和罗斯福都认为取得的实际效果是缩短了战争进程，因为它提前消耗了德国最后的力量。斯大林则指出，这个愚蠢的决策只是为了挽回希特勒的威信，而且忘记了今天的德国已经不是从前的德国。

这是一个典型的战略思维错误，不能"始终服务于最终目的，随时回到原点思考"，而是在无意义的决策树中做决策。

无论世界有多大苦难，大人物永远啥都不缺

"雅尔塔会议，斯大林给英美代表团最好的接待。丘吉尔的一个僚属看见房间里有一个大玻璃缸，说可惜没有鱼，第二天就有了一缸金鱼。吃饭时有人随口说鸡尾酒没柠檬片，第二天大厅里就多了一盆果实累累的树。显然都是连夜空运过来的。"无论世界有多大苦难，大人物永远啥都不缺。

蒙哥马利的指挥方法：待在地图车里，让前线各部队司令部的报告相互印证核实

蒙哥马利的指挥方法：他待在一辆挂满展示每一小时战况的全部地图的车里。一批作为他个人代表的青年军官到前线各处观察，他们有权去任何地方，看任何东西，向任何司令官提出任何问题，然后回来向蒙哥马利汇报并接受详细盘问。这些汇报和前线各部队司令部的报告相互印证核实，在蒙哥马利头脑里形成一个生动、直接而且准确的概念，然后他发出一系列指示。

《第二次世界大战史：战略与战术》

［英］J. F. C. 富勒

富勒的观点也可以用于指导我们的工作

全书篇幅短，基本算是一篇简史或论文。内容主要是批判同盟国和盟军的战略战术，批判丘吉尔，批判战略轰炸思想，批判无条件投降，批判战争后期政治上输给苏联，批判对飞机的认识不够，只把飞机看作飞行的大炮，而对空中运输运用不足。还有就是批判战略观点的错误带来战略装备的生产储备不同，以及由于没有正确的装备，导致执行不了正确的战略。总之都很有道理，虽然我不敢认为他比丘吉尔高明，但是他的逻辑也可以用于指导我们的工作。富勒的另一本名著《战争指导》我比较熟悉，他的"战略重心"的思想还挂在华与华知胜大厅墙上。

《文明的冲突与世界秩序的重建》

[美] 塞缪尔·亨廷顿

文明的冲突，也可以说是文明的竞争

亨廷顿的药方是各核心国家保护自己的文明，不要干涉其他文明，否则会起冲突。这好像做不到，全球化利益太大，没法关起门来过日子。如果大家游戏规则不一样，也没法打交道。所以，还得"求同存异"，然后不断扩大"同"，减少"异"，该磨合还得磨合，该摩擦还得摩擦。文明的冲突，也可以说是文明的竞争。

没有人能脱离文化母体，就像不能脱离地心引力

没有人能脱离文化母体，就像不能脱离地心引力。格物致知，文化母体就是"格"，不同文化之间就格格不入。文明的冲突并不只是国与国之间的事，也在我们每个人身上自我冲突。因为在这个全球化时代，我们都接触并吸收了不同的文化，但是母体的进化比个人的吸收慢得多，以至于我们有时候忘记了母体对我们的控制。没有什么"世界公民"，每个人都有一个家，要么"嫁"出去加入别的家庭，要么还得守家里的规矩。

《文明论概略》 [日] 福泽谕吉

福泽谕吉这种"担忧"，在今天的各种会议上还在不断重演

"例如，一听到有人谈论公民平等权利的新学说，守旧者就立

刻认为这是共和政治论，从而提出：如果在日本主张共和政治论，我们的国体怎么办。这种人从讨论一开始，就考虑到遥远的未来，既不研究权利平等为何物，又不探求其目的所在，只是一味反对而已。"福泽谕吉说的这种情况，在我们今天的各种会议上还在不断重演，不论你提出什么方案，有的人都能提出遥远的未来的担忧，不断抛出问题给你。至于你为什么要提出这个方案，能否发挥作用，他完全不关心，不考虑，只是一味反对。你如果解决了他的一个"担忧"，他搜肠刮肚也要再找出另一个担忧来。总之全场最"忧国忧民"的就是他了。

《马基雅维利主义》 ［德］弗里德里希·迈内克

历史学家应当是"一面能动的创造性的明镜"

迈内克并不认为历史学家对自己的研究领域能够或者应当采取天文学家或植物学家那样的"客观"态度。对于迈内克来说，"客观不等于没有见解，而是克服自己的片面性，控制自己的情感，变成甚至对敌人也公平合理"。他的治学理想的精髓，浓缩为一个短小精悍的说法："历史学家应当是'一面能动的创造性的明镜'。"这句话，就是《资治通鉴》所表达的意思和意义了。

《日本人为何选择了战争》 ［日］加藤阳子

中国历来不缺大战略家

　　"当本来应该对国民的正当要求加以回应的系统无法正常运作时，就有可能出现这样一种政治势力，他们通过向民众虚假地展示那遥不可及的梦想，来获得人民的支持。"在1935年前后，胡适就提出了"日本切腹，中国介错"的大战略，预言最后靠太平洋战争解决日本。历史的走向基本和他的预想相同。中国真是历来不缺大战略家。

二

传记类

《李太白全集》〔唐〕李白 著　〔清〕王琦 注

"马如一匹练，明日过吴门"，后人呼马为一匹

为什么马叫"马匹"？颜回回望吴门，看到一匹练飘过，孔子说：是马。马的影子就跟一匹布那么长，所以后人总呼马为马匹。李白诗云："马如一匹练，明日过吴门。"就是用这个典故。

读诗就是读史

读诗就是读史。因为诗里面三两句就有"用典"，而这些能进入诗词的"典"，就是中国历史文化最精华部分的精神文化，就是中国文化的修养所在。所以读诗，注解很重要，要选好的版本。

日本国名是武则天的创意吗

晨起诵诗，读李白诗云："身着日本裘，昂藏出风尘。"李白说衣服是朝卿送的，日本布做的。又有《史记正义》云："倭国，武皇后改曰日本国，在百济国隔海，依岛而居，凡百余小国。"日本国名是武则天的创意吗？

中国历史上的富豪石崇，宠姬被更大的权势看中，石崇不同意，结果被杀

中国历史富豪榜成员石崇，晋朝那个与王恺斗富的石崇。他有个宠姬叫绿珠。后来有个权势更大的孙秀索要他的绿珠。他说除了绿珠你随便挑！结果石崇被杀，绿珠自杀。李白诗云："君不见绿珠潭水流东海，绿珠红粉沉光彩。绿珠楼下花满园，今日曾无一枝在！"一连三"绿珠"！看来李白也心痛，也惋惜绿珠呀！

做广告关键要够庸俗

有人在郢中唱歌，开始唱《下里》《巴人》，有数千人唱和，然后唱《阳阿》《薤露》，有数百人唱和，再唱《阳春》《白雪》，只有几十人唱和。再"引商刻羽，杂以流徵"，就只有几个人跟上了。"是其曲弥高，其和弥寡。"所以做广告关键要够庸俗。但是，庸俗的人总要假装高雅，只有高雅的人才能驾驭庸俗。

《曾文正公全集》〔清〕曾国藩

曾国藩论团练

曾国藩论团练：1. 团和练要分开看。团是保甲制，清查户口，不许容留土匪。练是制械选丁，请师造旗，操练。2. 团练的关键在团，不在练。因为团是根本，且说了就能执行。而练要花钱要扰民。所以要强力抓团，而尽量不练。3. 团练之道，以本境不容匪人为第一要务。4. 基层剿匪的指挥权要交给当地士绅，不能交给兵役。交给

兵役，他会指民为匪，破家夺产。选拔当地士绅由政府发剿匪执照。

5. 派兵剿匪，除非有具体指定哪里的匪，定点剿匪。不能派兵自己去找去剿。（如果论人头行赏，有人会杀人灭村，提老百姓人头回来领赏，此类案例史书上极多）6. 抓到的人，申明是土匪的，立刻正法。不是的，马上释放，不得关押。一旦可以关押，又会成为差役手里的权力，导致在乡滋扰，抢夺资产，激成事端。

曾国藩饱读史书，太明白了，他主持剿匪，却处处防范的都是兵役和当差的。因为他知道，这些人一旦有权，就能发展为抢夺资产。

曾国藩论将道

曾国藩论将道：

1.《孙子兵法》讲将道，是智信仁勇，曾国藩加了"廉明"二字。因为士兵对将领是否足智多谋能征善战没法要求，但是对银钱是否干净，保举提拔是否公平恰当，就十分在意。所以廉是账目公开透明，清廉服众。但对小款小赏，又常常放宽，让大家时常得点好处。

2. 明，就是要把下属的表现一一看明。临阵之际，是谁冲锋陷阵，是谁随后助势，又是谁见危先避，全部看明记清。在平时，每个人办事时的勤惰虚实也逐细考核。这样奖惩就能及时准确恰当。以"廉明"二字为基础，智信仁勇可以积累而得。没有廉明基础，智信仁勇也是空的。

如何治理逃兵

如何治理逃兵？曾国藩说关键是招募时不要招无根之游民。可见解决矛盾都不在矛盾所在的层面和环节，而在更高的层面和更前面的环节。

曾国藩剿匪时，杀人太过，为人诟病，被称为"曾剃头"

曾国藩剿匪时，杀人太过，为人诟病，被称为"曾剃头"。他虽是个儒帅，儒家却说他不是仁者。故又有"杀人如麻，仁义满天下"之辩。观其书札，多处论及"三四十年来，应杀不杀之人充满山谷，遂以酿成今日流寇之祸"。他这样认识问题，自然要补三四十年的"杀人课"了。

被自己人打败

曾国藩打仗，首先解决败不相救的问题：彼营出队，此营张目旁观，胜则妒火中烧，怕他升官发财；败则袖手不顾，全军覆没也无人相救。因为那军队是东拼西凑，不是父子兵、兄弟伙。所以要练成呼吸相顾、痛痒相关、赴汤同行、蹈火同往，胜则举杯让功，败则死力相救的新军。

坦荡岛上有两棵树，一棵是柳树，另一棵也是柳树

坦荡岛上有两棵树，一棵是柳树，另一棵也是柳树。每日读书毕，便取一片柳叶做书签。我若写文，称《柳叶集》也不错。曾国藩说，一直想写文章，但俗务繁忙，不能如愿，但每日读平生最爱之文，可养气，可凝神，得心中一净土耳。（坦荡岛是华府西院，如今两棵柳树都死了，换成了一棵黄杨，一棵樱花树。）

曾国藩每日功课12条

曾国藩每日功课12条：

1. 敬。整齐严肃，无时不惧。无事心定，应事专一。

2. 静坐。每日不拘何时，静坐四刻。

3. 早起。

4. 读书不二。一本书没读完，不看下一本。

5. 读史。每日圈点十页。

6. 谨言。刻刻留心，第一功夫。

7. 养气。气藏丹田。无不可对人言之事。

8. 保身。节劳节欲节饮食。

9. 日知所亡。每日读书记录心得。

10. 月无忘所能。每月作诗文数首，以验积理之多寡，养气之盛否。一味耽著，最易溺心丧志。

11. 作字。饭后写字半时。

12. 夜不出门。旷功疲神，切戒切戒。

居高位而常存愧不称职之心，就很少犯错

汉文帝之谦让，是出于至诚。群臣拥立他时，他西向让三，南向让再。之后不肯立太子，增祀不肯祈福。与赵佗书曰"侧室之子""弃外奉藩""不得不立"。临终遗诏戒重服，戒久临，戒厚葬。

同事离开公司了，不抹杀他的功名

乐毅报燕惠王书："古之君子，交绝不出恶声。忠臣之去也，不洁其名。"朋友绝交了，相互不说坏话。同事离开公司了，不抹杀

他的功名。

学问之道，要有恒

日日不断之功，学问之道，第一是要有恒，有恒，就要日日不断。不可今天忙，今天的功课明天补上。也不可今天多干点，把明天的任务今天先完成。一定要当天的功课当天做，出门也带着，晚上在旅店完成。

情愿别人占我的便宜，不要我占别人便宜。

《血腥的盛唐》王觉仁

黑司法的逻辑

来俊臣《罗织经》云："事不至大，无以惊人；案不及众，功之匪显。上以求安，下以邀宠，其冤固有，未可免也。"搞专案是为了达到政治目的，不把案子搞大，就没有震慑力。牵连的人如果不多，就收不到效果。冤案自然是免不了的，关键是保护自己，邀功请赏。这就是黑司法的逻辑。

要懂得急流勇退，把担子交给年轻人

唐太宗英明，是因为他只活了51岁，就以英明定论了。玄宗昏庸，是因为他活了77岁，就活成了寿多必辱。历史上的皇帝几乎最后都会昏庸，因为年轻时追求的功名，得到后就不刺激了，没意思了。但是，一天停止耕耘，得到的东西就会失去。

《粟裕回忆录》粟裕

刮骨疗伤，原来粟裕也试过

刮骨疗伤，原来粟裕也试过。1933年，他在第四次反"围剿"战场手臂被打穿了。做手术没麻药，他还做不到像关公那样边喝酒边手术，就让医生拿两根麻绳把手臂捆在板凳上医治。痛不痛？粟裕说倒没觉得太痛，咬咬牙就过来了。这是我首次读到亲历者自述，看来刮骨疗伤，真到那一步你也行。

话语就是权力，口号真能打仗

话语就是权力，口号真能打仗。解放战争有两句口号，后方是"打土豪，分田地"，前方是"打倒蒋介石，解放全中国"。《粟裕回忆录》记载，每战必研究口号。"攻上孟良崮，活捉张灵甫""打到济南府，活捉王耀武"等。

济南战役时的"打到济南府，活捉王耀武"这个口号，是粟裕和谭震林提出，报总政治部批复同意的。战斗开始后，野战军首先突破成功，占领城东南角，就插上一面"打到济南府，活捉王耀武"的大旗。不过王耀武后来看败局已定，把指挥权交给参谋长罗辛理，自己乔装潜逃了。

每次战斗都要为下一次战斗创造条件

粟裕反复提到要注意第一次战役与第二次战役、第三次战役的关系。打第一次战役时就要考虑第二次、第三次战役，每次战斗都要为下一次战斗创造条件。《华与华方法》讲产品结构，就专门讲每一支产品的战略角色和战略任务，以及推向市场的战略次序。做第一支产品就要为第二支、第三支产品创造市场条件。

负面情绪也会被编成顺口溜传播开来

负面情绪也会被编成顺口溜传播开来。粟裕对此也非常重视，回忆录中记录了"运动战、运动战，只运不战。我走弧形，敌走直线，敌人走一，我们走三"等顺口溜。不过对于思想政治工作，粟裕多次说，做思想工作，关键靠打胜仗，打一场胜仗，啥情绪都解决了。

《维特根斯坦传》 [英] 瑞·蒙克

维特根斯坦的哲学论

维特根斯坦认为，哲学的首要命题是，能用命题，即语言，说出的东西（以及能被思考的东西，都是一回事），和不能被命题说出，只能被显示的东西。他说他的著作《逻辑哲学论》包含两部分：写出来的部分和未写下的一切，而第二部分是重要部分。关于这个哲学命题，禅宗用了四个字：拈花微笑。

富二代维特根斯坦本是欧洲最富裕的人之一，却做公证把全部财产给哥哥姐姐，自食其力

富二代维特根斯坦的父亲是维也纳的首富。他从小生活奢侈，不能容忍一丁点服务和品位上的不到位。"一战"后他继承的财产，让他成为欧洲最富裕的人之一。但他突然不能接受不是自己挣的钱，就

做公证把全部财产给了哥哥姐姐，并切断和家庭的联系，自食其力。不过他的三个哥哥后来都自杀了。

制造自己的氧气

"维特根斯坦告诉德鲁利，剑桥没有氧气。他自己无所谓，他制造自己的氧气。"我们经常因为觉得氧气不够离开一个公司。不过，1. 我们要学会制造自己的氧气。2. 制造家庭的氧气，如果家里氧气充足，在家吸氧后可抵御一天的缺氧。3. 做氧气输出者，为公司其他人制造氧气。

语言游戏

我们的思维总是被词语误导，要寻找与词语相对应的东西。我提出语言游戏，是更简单的使用符号的方式，是语言的原初形式和原初语言，是孩子开始使用语词时的语言形式。我们看语言简单形式时，遮蔽我们日常语言用法的精神迷雾消散了，我们看到线条清晰、明明白白的行为和反应。

维特根斯坦说："我们要说的话是很容易懂的，但要知道我们为什么说那话非常难。"语言游戏解释了"送礼就送脑白金"，没有精神迷雾，只有明明白白的行为和反应。但找到这句话非常难，以及懂得为什么说这句话非常难，以至于史玉柱专门写了一本书：《史玉柱自述：我的营销心得》。

口语最后的成果都在宣传口号上

维特根斯坦的语言具有独特罕见的品质："既口语化，又煞费苦心的精确。"这句话深得我心，为了探索口语，我翻遍语言符号相关的历史和哲学书籍，最后的成果都在宣传口号上。

学哲学的意义是让你改进对日常生活的重要问题的思考

维特根斯坦：学哲学的意义不是让你能有道理地谈论某些深奥的逻辑问题，而是让你改进对日常生活的重要问题的思考，如果它没有令你在对某些危险词语的使用上比……记者更谨慎——那种人为了自己的目的使用那些词汇。

《洛克菲勒自传》［美］约翰·D.洛克菲勒

如果你想得到一份好工作，就把现在的工作做好

洛克菲勒学生时代去一家工厂找一份暑期工，面试官问他需要什么工作，他说薪水最低的工作就行。于是他被录用在组装线上装铆钉。他改进了生产工具，提高了生产效率，得到了提升的机会。他说："什么是最可靠的成功之道，就是做一个好雇员，为老板跑腿，整理通讯录，就是职业生涯的重要起点。"如果你觉得现在的工作不好，想得到一份好工作，那你就把现在的工作干好！

一个人是否值得信任取决于他日常的行为表现

一个人是否值得信任取决于他日常的行为表现。人人都很在意自己的"形象"，却很少有人在意自己平时的行为。

领导者的责任是提拔重用和成就他人，但把工作授权出去的同时不能把责任交出去

"领导者的责任是提拔重用和成就他人，主管80%的工作是可以授权出去的，包括日常事务工作、具体业务工作、专业技术工作、可以代表其身份出席的工作、一般客户接待等；自己只需处理20%的工作，其中包括企业战略决策、重要目标下达、人事奖惩、发展和培养部属等。但是无论授权到何种程度，有一种东西你永远不能放下，就是责任。如果责任都放下了，就是退位。领导者常犯的错误是，以为授权了，就把责任也交出去了，而不知道自己要对部下的工作绩效负全部责任。"这也是我经常讲的，如果责任也可以交出去，那猪都可以当主管。

企业家用人心态4条

企业家用人心态4条：1. 确立"公司没有不称职的人"的人才观，只有在思想、感情上把员工看作人才，才能在行动中正确地运用他们（这让我想起冢越宽说的"把每个人都培养成离了他就不行的人"）；2. 选拔任用人才时，树立公正、民主的心态，才能凝聚人才；3. 看人长处，容忍短处，才能调动人的全部积极性；4. 勇于任用仇人，不受感情或细节束缚，凡事包容。而且用人上要有感恩的心态。

对别人做的最好的事就是与他分享你的财富

"对别人做的最好的事就是与他分享你的财富。"不能分钱，一起花钱也行！

诚实是华与华的信仰

该书精华是附录中他给儿子的信。都是至理名言，也是多见于各种教科书的理论，只是从知行合一的人嘴里说出来，就更加食髓知味。我印象最深的是绝对的诚实。如果问我有什么信仰，诚实就是我的信仰。华与华已经抵达行业的最前沿，而且我们的实力远远超过我们的声誉，我们的成功案例比那些自称和我们同级的公司加起来还多得多。但我们仍然不是神仙，并不能给每一个客户带来成功。我们会进一步一骑绝尘，远远地甩开对手，不是因为我们比他们更优秀，而是因为我们比他们更诚实。

《荣格自传》 [瑞士] 荣格

如果你的商品广告，让人注意到你的广告创意，那就是失败的创意

亚里士多德在《诗学》里说道："最优秀的诗歌是把创作的辛劳加以掩盖的诗歌。"有位日本设计师说过："如果你设计的汤匙，让人在喝汤的时候注意到汤匙，那就是失败的设计。"如果你的商品广告，让人注意到你的广告创意，那就是失败的创意。如果你的建筑设计，像大裤衩，那就是糟糕的建筑。

书读一遍，等于没读

书读一遍，等于没读。因为你就算读了一百遍，也不可能掌握作者的全部思想。要反复读，隔几年重读一遍，切磋琢磨，知行合一。所以，不要说你一年读了多少本书，要问你一本书读了多少遍。号称

读书多的，都不是真读书人，他们根本一遍都没读完，只是翻过前几页而已。

《我在通用汽车的岁月：斯隆自传》

［美］艾尔弗雷德·斯隆

反超往往是起源于产品的变化

封闭车身的巨大发展使福特再也无法维持它在低价市场的领先地位。敞篷的T型车彻底过时。福特开始转产封闭车身，但是到1927年，福特封闭身汽车只占总产量的58%，而雪佛兰占82%。可见反超往往是起源于产品的变化。而领先者反应总是慢一些。

一切学科都是历史学，一定要尽可能地掌握一切历史经验

斯隆在1919年所撰写的通用汽车第一份书面财务控制的一般原则，体现的也就是波士顿矩阵后来试图解决的问题。很多道理都是这样，它一直在那里，只是一代一代的人需要自己重新发现和学习。所以一切学科都是历史学，一定要尽可能地掌握一切历史经验。而掌握了历史经验，就不会被所谓的环境变化所迷惑。因为未来或许不过是历史的重复而已。

应对各种事务和关系，公司必须明确政策，并让员工了解

我在公司经常讲公司的政策，读到斯隆设立政策组的举措，很有启发。应对各种事务和关系，公司必须明确政策，并让员工了解。公

司政策，介于企业文化和规章制度之间，既有指导性，又有灵活性。所有人都有公司政策的意识，公司业务就更高效、一致，并且更有创造性。

企业家都是活菩萨

"经销商希望和公司总部也保持联系，成立经销商顾问委员会，讨论分销问题，开发销售协议，特别是经销商的退出机制和利益保护。又成立经销商关系理事会，起到检查评估的作用，让经销商的怨言有地方表达。"企业家都是活菩萨，宅心仁厚，洒向人间的都是爱。

《硅谷百年史》 ［美］阿伦·拉奥　　［美］皮埃罗·斯加鲁菲

用两个问题找到真正的对手和正确的战略

问题一：如果你有制胜一招，可以消灭一个竞争对手，你会选择谁？这样你就找到了真正的对手。

问题二：如果你被公司撵走了，换了一个新的CEO，他会做什么？这样你就找到了正确的战略。

专利未必正义，而往往是邪恶的

专利未必正义，而往往是邪恶的。不是为了保护创新，而是为了阻碍他人创新。大公司为最微小的创意申请多如牛毛的鸡毛蒜皮般的专利，以此来阻止竞争对手完成整个产品系列。受害的是小公司和初创企业。我们永远不知道有多少发明家距革命性产品只有一步之遥，他们或者被迫放弃，或者被收购。

书一定要读完，一定要精读，一定要多读几遍，一定要写笔记，这样才有收获

书一定要读完，不要只是翻一翻。翻一翻，等于没读。而且一定要精读，粗读等于没读。一定要读第二遍、第三遍，只读一遍等于没读。一定要写笔记，对照自己的工作写，写过才算读过。这样，你下次再读的时候就更有收获了。

《麦肯锡传奇》 ［美］伊丽莎白·哈斯·埃德莎姆

创意不是为了搞花样而搞花样

这本商业书籍用紫色墨水印刷，看得人眼睛非常不舒服，我每翻一页都恨不得把这本书撕了，但又实在没找到别的版本。有一些人就是这样，他没本事做真正的创意，但不搞点新花样他就觉得没实现自我价值。

所谓原则，不是一个参考标准，而是必须知行合一，彻底执行

这是咨询业的圣经，是做咨询公司的基本原则。所谓原则，不是一个参考标准，而是必须知行合一，彻底执行。除吃饭不点特价菜之外，这本书的每一个字我都会照做。

《富甲美国》 ［美］山姆·沃尔顿　　［美］约翰·休伊

发展通用航空，对经济、对创业是多么重要啊

沃尔玛的第一架飞机只花了1850美元，就跟一辆二手车的价格差不多。他说，买了这架小飞机之后，他就患上了"开店热病"，疯狂地开店，因为他跑得开呀！发展通用航空，对经济、对创业是多么重要啊！

老板怎么对待员工，员工就怎么对待顾客

这本书里都是最基本的原则和最简单的生意经。服务业，无论是沃尔玛、海底捞、西贝还是汉庭，最重要的就一条：老板怎么对待员工，员工就怎么对待顾客。所谓海底捞模式你学不会，其实要学的也不是什么技巧，是时时刻刻真心真意把员工和顾客都装在心里。

《硅谷钢铁侠》 ［美］阿什利·万斯

马斯克的家族有冒险基因，他的外公就是冒险家

马斯克的家族有冒险基因，他的外公就是冒险家，航空地图都没有，就带着孩子们开着飞机去荒野度假，那可是在南非！所以对于马斯克来说，只有去火星，才能超过外公。

乔布斯是改变世界，马斯克的雄心是改变宇宙

马斯克的传记比《乔布斯传》更令我震撼。乔布斯是改变世界，

马斯克的雄心是改变宇宙，那种为整个产业链解决问题的担当和雄才，那种疯狂的行动力和狂赌的冒险精神，那种始终服务于最终目的，随时回到原点思考，能藐视一切惯性程序的创新组合思维方式，还有，对技术和消费的完美理解，让他不仅是企业家，而且是科学领导人。马斯克永远在高风险下狂飙。但我想他不会失败，总会有人支持他。他是人类之宝。或许终有一日，人类能把火星改造成超级新地球。

《可口可乐传》[美]马克·彭德格拉斯特

1934年，百事可乐找到一个饮料行业新进入者的战术——大瓶装

"1934年，百事可乐在绝望之余，想到一个主意，不做和可口可乐一样的6盎司饮料，而是做12盎司大瓶装，回收各种啤酒瓶来灌装。当年，销售额就达到45万美元，盈利9万美元。"或许，这以后就成为饮料行业新进入者的标准战术——大瓶装。

营销即4P，不要只关注宣传运动，而是要看到四张牌的组合

12盎司卖5美分不可持续，百事可乐又开发了8盎司装，总之是老套路：加量不加价。8盎司的瓶子可以适用于自动售货机，而且百事可乐的瓶装商可以赊购。百事可乐还开创了纸杯售货机。可见营销即4P，不要只关注宣传运动，而是要看到四张牌的组合：产品、价格、渠道、推广。

认清品牌的本质，可口可乐公司也经历了一个过程

1981年，可口可乐的低糖可乐已经有了一个独立品牌"特伯"，并且在市场上历史悠久，居于领先地位，但是，齐曼等人坚持用diet coke（健怡可乐）的名字。实际上，这是在重复二十年前的讨论，二十年前做低糖可乐，就在健怡可乐和特伯之间选择了特伯，是为了不"稀释"可口可乐品牌。二十年后，特伯已经是领导品牌，却要把它推翻，用健怡可乐。齐曼等人花了一些心思说服老同志们同意。当然，健怡可乐的可乐是coke。coke也很有意思，可口可乐被简称为coke是消费者自发的，可口可乐公司非常厌恶这个昵称，并且在品牌管理上反复强调可口可乐一定要念全，不能只说简称。后来，才考虑将coke作为自己的品牌资产。可见认清品牌的本质，可口可乐公司也经历了一个过程。

学习世界一流企业的营销，是一个考古学问题

学习世界一流企业的营销，是一个考古学问题，主要看创业的第一代是怎么做的。到了后期，主要关注他们和上下游各利益相关方的博弈，以及各种法律风险，社会危机的公关响应，那是我们以后会遇到的。

《谁说大象不能跳舞？》 ［美］郭士纳

公司要始终保持警醒，随时调整，彻底地贯彻"少人化"

"我们的首要任务之一是改变IBM内部的基本权力结构，每个利润中心的老板都积极努力增加自己的资源和利润，忽视公司的资源，每个级别的部门都有冗员问题。"华与华只有200人，目前同时服务60个客户，人均绩效不可谓不高，但是，我们仍然有明显的冗员问题，这问题不是来自员工没有能力，而是来源于我们的"基本权力结构"。公司如果不始终保持警醒，随时调整，彻底地贯彻"少人化"，当发展到5000人的时候，恐怕就有1500人的冗员。

郭士纳：你并没有什么员工，所有人都是IBM的员工

IBM欧洲区总负责人拦截了郭士纳发送给全球所有员工的信件。郭士纳问他原因，他说："这些信息对我的员工不适合。"郭士纳说："你并没有什么员工，所有人都是IBM的员工。"这是典型的人性的部落本能，他总认为他在哪儿撒尿，哪儿就是他的领地。

IBM每个分部都有自己的广告部，雇用了70多家广告公司，各吹各的喇叭

IBM每个分部都有自己的广告部，雇用了70多家广告公司，各吹各的喇叭。这在中国大公司里也极其普遍，就是一种可耻的部落主义，有一块地盘，他就要发出自己的声音，高薪招聘"人才"，那"人才"来了一定要建立庞大的部门编制，否则不足以显示他的权威。编制多了一定要搞事情，否则大家岂不是吃闲饭的？搞事情就要拿预算。他们的所有工作，都是在给公司制造损失。老板呢？以前钱太好赚，就因为那一个部落酋长的面子，容忍他们掩耳盗铃，自己消化"代理成本"。等到经济不行了，就挥刀裁员。那些"衣冠废物"丢了高薪，再回职场，才发现自己根本找不到工作。这种人过不了我

的火眼金睛，他一张嘴发言我就能看穿他的前世今生！

假干活需要400人，真干活就4个人

郭士纳任用阿比后，将IBM各条业务线，以及全球所有国家的广告部门权力全部收回由总部直管，这成为有史以来最大广告机构合并。而阿比团队只有4个人。这就是本质，假干活需要400人，真干活就4个人。

高级经理应该是身先士卒具体在解决问题的人，而不是老板的分包商

又是一个典型场景，郭士纳布置了工作，3天后问那位经理要结果。经理回答说："我和团队核实一下，再回复您。"郭士纳说："你何不告诉我谁具体在做，我直接问他。"高级经理应该是身先士卒具体在解决问题的人，而不是老板的分包商。

"不"文化

一个跨部门团队煞费苦心构思了一个全公司范围的决策，但其他各部门总会表示他们不赞同。决策后的事情没人执行，仿佛那决策根本不存在。甚至老板安排的他也不做，他会跟老板说："我不同意你的看法。"仿佛这才是他在对公司尽最大的忠诚和责任。这种足以让公司停摆的情况，我在很多大公司都见到过。我觉得那些高管就是利用公司对他们的尊重，维护自己的领地和懒惰。华为之所以强大，就是因为任正非自己随时拿着鞭子抽，不给人懒惰的机会。

公司必须彻底摧毁员工在职场的虚荣，把一切荣誉归于实干的业绩

"组织任命之前在IBM是大事，部门改组或谁得到升职，都要召开新闻发布会。郭士纳取消了所有这类发布会，要大家关注市场和顾客，不要关注职位。但是，有些部门还是要冒险举办这种发布会，打电话邀请记者，以至于《华尔街日报》反过来要求IBM不要再通知媒体什么改组新闻了，因为他们的记者电话都被打爆了。"这些经理为什么热衷于做这样的发布会呢？就是为了他们个人的虚荣，提升自己在职场的地位。公司必须彻底摧毁这种虚荣，把一切荣誉归于实干的业绩！

CEO要躬身入局，率先垂范

CEO的领导力就是掌控执行的能力，CEO必须真正地参与到改革过程中来，而不是督促和委托别人去做，然后等待改革计划无法实施的时候又大吃一惊。总之就是要躬身入局，率先垂范。人人都想偷懒，但是那么多退休的老板不是又都回来收拾残局了吗？

郭士纳的书里没有像乔布斯或马斯克那样改变世界的宏大技术叙事，而是把公司里的"肿瘤"都切除了，让IBM恢复了健康

作为全球最大科技公司的CEO，郭士纳的书里没有像乔布斯或马斯克那样改变世界的宏大技术叙事。他在书的附录里补充谈了一些对技术未来的看法，今天证明也是错的。他的书里，讲的都是企业官僚期的那些破事，那些肿瘤，任何行业的公司都一样，他把这些肿瘤都切除了，让IBM恢复了健康。这书刚出来的时候，翻翻没什么感觉。今天再看，体会就很深，因为我也有了那些阅历。不管多大的公司，其实里面就那点事，但那点事真不好办！不好办在于，人们都是不见棺材不掉泪。看见棺材了，都急眼了，换一个合适的人，就力挽狂澜了。

《一生的旅程》 [美]罗伯特·艾格　　[美]乔尔·洛弗尔

老板既不放权，又不及时反馈，就是一切浪费的根源

鲁尼的信条是："为了更好，不惜一切。"他总是在最后来到现场，推翻之前的全部方案重来，然后大家拼死拼活，在开播时实现完美效果。但是，如此多的压力和低效，也是因为他不肯给出即时反馈所致。想想我们多少公司，伟大的老板就是大量时间和员工生命浪费的根源，因为他既不放权，又不及时反馈，所有人都必须干耗着等他决定，而他在一次次力挽狂澜之后，又把大家批得一无是处。

把人员安排在能够激发当事人尚不自知潜能的职位上

汤姆和丹是完美的上司，他们能把人员安排在能够激发当事人尚不自知的潜能的职位上，让他去领导自己完全没有经验的工作，并取得成功。

永远不要让你的自尊心占了上风

自尊心是职场的坏品性，也令人厌恶，让人对你敬而远之。永远不要让你的自尊心占了上风，"没有什么比不懂装懂更能摧毁一个人的自信了。拥有自知之明，不要假扮别人，这才是真正的权威和领

导力的源泉"。因为任何权威都只是某一方面的权威，你不能假装什么都懂，然后觉得暴露了自己有什么不懂的就丢人了。真正的大师没有自尊心，一方面因为他无我，只追求何为正确。另一方面因为他真懂得一些事情，有底气，懂得什么叫"懂"，才能接受自己的"不懂"。唯有什么都不懂的人，才装什么都懂来保护自己的虚弱。

某些合约适合做新闻发布，在媒体上显得吸引人，在实践中却很少有结果

"某些合约适合做新闻发布，在媒体上显得很吸引人，在实践中却很少有结果。"很多人喜欢搞这个，觉得可以取悦公众，影响股价，是"市值管理"。实际上都是浪费时间，时间花在忽悠上了，自己的心态也被忽悠了，不干正事了。

管理自己的时间，尊重别人的时间，这是作为一名管理者最重要的特质

"管理自己的时间，尊重别人的时间，这是作为一名管理者最重要的特质。"老板的时间无疑是最宝贵的，但是，自己稍微自律一点，管理一下，并且把自己的时间和下属的时间统筹协调一下，整个团队的工作效率和生命质量要好几倍。

营销传播的着眼点，在于帮消费者做决策

在一个需要创造和传播内容的时代，单纯创造大量优秀的内容也是不够的，因为消费者有选择困难。营销传播的着眼点，在于帮消费者做决策。如果不能将消费者直接导向决策，就会半途而废。

一些公司的法务部，实际上根本没有为业务部门提供任何有质量的法律服务

"战略规划部这群才干超群的人为了确保公司利益对协议精筛细选，如果说这种做法能带来什么好处，也往往因为行动时间拖得过长而抵消了。"现在的世界越来越快，需要快速行动。这让我想到遇到的一些大公司的法务部，法务部实际上根本没有为业务部门提供任何有质量的法律服务，他们只是把合约修改到任何合作伙伴都不会签署的地步，然后业务部门的人要么放弃，要么承认自己承担合作风险责任，要么找老板签约。所以，法务部的宗旨，并不是为公司避免法律风险，而是确保法务部免责。

一家公司的声誉，是其人员行为及其产品质量的总和

"一家公司的声誉，是其人员行为及其产品质量的总和。你要时时刻刻要求员工坚守诚信并保证产品的质量。"要员工诚信，主要是靠老板自己诚信，你诚信就全公司都诚信。坚守质量则是更高的诚信，要每个人把每一个生产服务环节都把得死死的，绝不让次品进入下一道工序，更不能交付给客户。

《拿破仑文选》 [法] 拿破仑

《拿破仑文选》是对他历次战役的总结自述

长途飞行时读书效率最高。从西雅图飞上海的一路，我在Kindle上读了《拿破仑文选》，非常有价值，都是他对历次战役的总结自

述，对各将领的点评，给士兵们的演讲，和各国谈判的记录，等等，读起来比他的传记要生动得多，传记作者毕竟没他那水平。文选一共两卷，路上把上卷读了一大半。

《拿破仑大帝》[英] 安德鲁·罗伯茨

那个年代的法国，有奖征文是重大的全国性文化活动

写得非常好！拿破仑年轻时学习刻苦，数学成绩很好，又如饥似渴地阅读和写作，他甚至参加里昂学院的有奖征文比赛。我想起卢梭也是有奖征文的常客，几部传世作品都是为征文而作。看来那个年代的法国，有奖征文是重大的全国性文化活动。

拿破仑是一个征服者、独裁者，也是一个了不起的立法者

他是天才的军事家，不过，"百战百胜，非善之善者也"，因为一次失败能败光一百次胜利的战果。拿破仑一直在获胜，但从来没平定。他最伟大的事业，还是《拿破仑法典》，他是一个征服者、独裁者，也是一个了不起的立法者，他的法典传承了下来。

《亚历山大远征记》[古希腊] 阿里安

要在自己活着的时候就将能获得的荣誉规划好

亚历山大曾经很羡慕阿基利斯，因为有《荷马史诗》替阿基利斯

传名，而自己当时已经征服整个希腊，却无人为他写诗。我想这是他一直打到印度的动力——为了获得荣誉。阿喀琉斯当初参加特洛伊战争，也是为了两千年后还有人记得他的名字。他们都做到了。一个真正的成功人士，他的人生巅峰，应当在他死后。而这，要自己活着的时候规划好，心中有数。

读史是与古人对话，是与伟人成为同学

古希腊史家的风格和希罗多德《历史》一样，都像"摆龙门阵"，读起来引人入胜，非常精彩又轻松愉悦。读史是与古人对话，而这些最早的史书，你知道拿破仑、华盛顿、丘吉尔都熟读过，感觉也跟他们成为"同学"了。

《林肯传》 ［美］本杰明·P. 托马斯

了解人类历史上一切杰出人物是学习的最佳路径

一口气又读了第二本林肯传记，并下单买了其他有价值的关于林肯研究的著作。了解人类历史上一切杰出人物是学习的最佳路径，对其中的最杰出者，要深入吃透。林肯有至诚的道德良知、老辣的博弈手腕和高超的语言艺术，是最值得深入研究的人之一。

坚定的意志和时间的裁判有时候可以成为决定性因素

林肯遇到的情况比华盛顿的独立战争更复杂，但他都战胜了。困难是如此之大，以至于克服这些困难是根本不可能的，好在敌人的困

难也不小，坚定的意志和时间的裁判就成为决定性因素。

《我的朋友马基雅维利——佛罗伦萨的兴亡》

［日］盐野七生

"赢得民众的支持相对不难，但维持已经得到的支持很难"，咨询公司的经营也是一样

修士萨伏那罗拉装神弄鬼，蛊惑人心，驱逐了美第奇家族，统治了佛罗伦萨几年，最后被市民绞死了。马基雅维利评论说，他的说教总是以夸张的威胁开始，对不善于冷静思考的人很有效果。可是，赢得民众的支持相对不难，但维持已经得到的支持很难。我想咨询公司也是一样，你把自己吹嘘成神仙，总能赢得一些心怀侥幸求奇迹的客户，但侥幸毕竟是侥幸。开始时期望值放低，会让一些只能占便宜不能吃亏、时时刻刻在算投入产出比的客户远离你，但恰恰在你周围聚集了踏实做事、愿意等待的客户，你积累的成功会越来越多。

美艳风流的传奇人物卡特丽娜·斯福尔扎出身雇佣兵世家，最后她平定了叛乱

15世纪意大利小国萨利领主，美艳风流的传奇人物卡特丽娜·斯福尔扎出身雇佣兵世家，一次家臣叛乱绑架了她儿子逼她投降，她逃进城堡，在城墙上撩起裙了喊道："孩了，老娘以后靠这里想生多少生多少！"最后她平定了叛乱。在讲《孙子兵法》"爱民，可烦也"时，我讲了刘邦不顾父母妻儿的例子，这又是一例。

《爱因斯坦传》 [美]沃尔特·艾萨克森

《爱因斯坦传》把那些物理知识讲得比较容易理解了

该书把那些物理知识讲得可以说是比较容易理解了。在大学时代，理论物理是我唯一考了八十多分的一门课，其他都在六十分边缘。高等数学还挂科了一回。

爱因斯坦的科学成就，底层是哲学思想，然后是想象力的天才，靠直觉和"思想实验"推进

爱因斯坦的科学成就，底层是哲学思想，然后是想象力的天才，靠直觉和"思想实验"推进。我觉得中国为什么没有诞生系统的科学，也许是因为中国没有纯粹的哲学。孔子"知之为知之，不知为不知，是知也"，以及"未知生，焉知死"的态度，也包含了对终极思辨的轻视和排斥，公孙龙之类成了没用的诡辩，哲学在中国就成了黑格尔评论孔子时说的那样："没有思辨的哲学，只有善良和老练的道德教训。"如果孔子活到今天，不知道他会怎样从善如流呢？另外一点让我有共鸣的是，爱因斯坦的信念："自然是可能设想的最简单的数学思想的实现。"呼应了牛顿的格言："自然喜欢简单性。"

爱因斯坦的智慧首先不是在物理，而是哲学

爱因斯坦的智慧首先不是在物理，而是哲学。是哲学的训练，让他能设计出一个又一个的"思想实验"，想象＋推理，找到宇宙的秘密。读《银河帝国》这样的科幻小说，或者看《黑客帝国》这样的电影，那些创意是从哪里来的？全是因为他们的哲学，几百年前

就在想这些问题。儒家思想是不会想这些问题的，不仅不会想，而且排斥。自战国时代公孙龙被黜退之后，中国就很少有人研究这些"没用的问题"了。

《荷马史诗》 [古希腊] 荷马

英雄情结就是要让世世代代的人都服他

英雄情结就是要让人服他，村里人服了，还得让外乡人也服；外乡人服了，得让全世界的人都服；全世界人都服了，想想还是不行！这一代人是服了，万一过两三代人就把我忘了呢？那我还是白活了！得让三千年后的人都记得我，而且无人不服！阿喀琉斯，他没别的意思，就是这个意思。中国人也一样，李鸿章年轻时写"一万年来谁著史，三千里外欲封侯"，他想扬名一万年。孔子是让两千年后的人都服了，但是他生前没人服。他做了一辈子咨询，总是找不到客户。

《大卫·休谟传》 [美] 欧内斯特·C.莫斯纳

历史是与时俱进的

"历史写作本身就是一种历史事件。历史是为了未来而加以诠释的过去。因此，每个时代都需要对过去做出自己的诠释，这一点其他任何时代都无法代劳。"所以，历史也是与时俱进的，时代变了，历史就变了。

圣人的私德

休谟说："卢梭是个恶魔，是最黑心肠的、最残忍的、最丧尽天良的恶棍，是一个谎话连篇、残忍无比的杂种。"我完全能理解他的愤恨，因为卢梭的书我读过不少，作为法国历史上最伟大的圣人之一，他的出身、经历和私德都一塌糊涂。但是，这并不能掩盖他作为圣人的光芒，他对人类的影响和贡献，都超过休谟。

三

历史类

《史记》〔汉〕司马迁

孙子和吴起哪个更厉害

这两人都是我自幼熟悉的人物。一般老百姓都更熟悉孙子，因为有完整的《孙子兵法》传世，但是对孙子的生平事迹，史书上几乎没有记载，《史记》中只有孙子见吴王阖闾，用他的宫女演示练兵，斩了两个宠姬的故事，之后便没有其他具体事迹了。即便在吴王阖闾的团队里，也还有一个人的地位和光芒都在他之上，就是伍子胥。可见孙子一生除了写本兵书，并没有做出什么大事业。

吴起的故事就丰富多彩了，从鲁国，到魏国，再到楚国，吴起做出了连番大事业，留下了很多精彩的故事。但可惜的是，吴起所著兵法书并没有完整地流传下来，现存只有六篇残书。这大概是吴起在后世名气不如孙子的原因吧。我每次读《史记·孙子吴起列传》，读到司马迁在最后说，孙子吴起的兵法，世上很多人家里都有，我就不用多引用了……我都不禁为之气结：司马哥哥啊！《吴子兵法》后来搞丢了呀！

对《华与华方法》影响最大的，主要是两个人的思想，一是孙子的《孙子兵法》，二是克劳塞维茨的《战争论》。克劳塞维茨对我们的影响，主要是决战思想，"所有的会战，都是为了最后的决战"。所以我们常说经营者一定要在心中随时装着"决战"，只有清楚决战在哪里，你才能安排出会战的路线图，所有的投资才能一直持续不间断地积累在一个方向。

孙子对华与华的影响更直接，《华与华方法》的所有思想，可归结为四个字的基本原则：

赢了再打。

这"赢了再打"四个字，就来源于孙子"先胜而后求战"的思想。我先插播一段，你可根据兴趣细读或扫描。不过我建议你用一生去反复读孙子这一段，因为这一段里蕴藏着一个最大的、最本质的、你最容易进入误区的道理，那就是——

古今名将，多是败将。

可以说名将等于败将。

名将、败将二合一的"品牌代言人"就是项羽。

真正的常胜将军，都是没有什么智勇之名的，"故善战者之胜也，无智名，无勇功"，常胜将军总是赢得很不精彩，而名将都有可歌可泣的壮烈结局。

常胜将军"品牌代言人"：无名氏。

孙子曰：昔之善战者，先为不可胜，以待敌之可胜。不可胜在己，可胜在敌。故善战者，能为不可胜，不能使敌之必可胜。故曰：胜可知而不可为。

不可胜者，守也；可胜者，攻也。守则不足，攻则有余。善守者，藏于九地之下；善攻者，动于九天之上。故能自保而全胜也。

见胜不过众人之所知，非善之善者也；战胜而天下曰善，非善之善者也。故举秋毫不为多力，见日月不为明目，闻雷霆不为聪耳。古之所谓善战者，胜于易胜者也。故善战者之胜也，无智名，无勇功，故其战胜不忒。不忒者，其所措必胜，胜已败者也。故善战者，立于不败之地，而不失敌之败也。是故胜兵先胜而后求战，败兵先战而后求胜。善用兵者，修道而保法，故能为胜败之政。

兵法：一曰度，二曰量，三曰数，四曰称，五曰胜。地生度，度生量，量生数，数生称，称生胜。故胜兵若以镒称铢，败兵若以铢称镒。胜者之战民也，若决积水于千仞之溪者，形也。

孙子说"胜可知而不可为"，信乎！当你面对一个新项目的上市，你能不能知胜败呢？你发动的时候是不是"动于九天之上"，根本和竞争对手不在一个层面呢？如何创造"胜于易胜"呢？

企业经营的每一步都是投资，都是以巨大的金钱和机会成本去博取未来，为了"知胜"我们用尽了一切手段，从市场调研到求签问神，巨大的风险时刻悬在我们头上，绝不可"战中求胜"，要尽最大可能去"知胜"，然后用压倒性的资源和可持续的结构去"胜中求战"。这就是史玉柱常说的"试点要慢，铺全国要快"吧。试点的慢过程是知胜的过程，铺全国的快是"以镒称铢"，用最大资源博取最大胜利。

我们必须清楚，只要你"战"，输的可能性永远大于赢的可能性，对任何人来讲都是这样，所以绝不要轻言战斗，一定要尽可能地减少新的战斗，二是用资源和结构去成长。这一点吴起残缺的兵法里也有非常深刻的论述：

然战胜易，守胜难。故曰：天下战国，五胜者祸，四胜者弊，三胜者霸，二胜者王，一胜者帝。是以数胜而得天下者稀，以亡者众。

深刻啊！就凭这几句话，就绝不能说吴起比孙子差。我们的经营者，也要深深地咀嚼这几句话，我看到中国的一些企业家，也是好战好胜，不断投入新的项目、"创新"，这样是不行的。要翻新，不要创新，要把一个胜利发展成为一个结构性的持续性胜利，才是基业长青之道，而不是不断去创造新的胜利。

行文到最后，我还想回答孙子和吴起哪个更厉害的问题。《孙子兵法》是世界级的，吴起的半部残书也不差。孙子"没做出什么事业"，吴起"可歌可泣"。不过孙子的故事没有了，恰恰印证了他说的"善战者之胜也，无智名，无勇功"。《史记》中只说吴国因他而强盛，就再没二话。吴起的人生精彩纷呈，东成西就，最后却死于非命。

还有一件可以直接比较二者的事，应是孙子胜吴起：

吴起的发迹不太光彩，当初他在鲁国，鲁国要和齐国打仗，他想做大将。但是因为他的妻子是齐国人，鲁国不信任他。他于是杀妻明志，得到了将印。这件事成为吴起一生的污点。

孙子的发迹也是杀女人（可怜的"旧社会"女人，新中国男女平等万岁！），他拿吴王的后宫女子演示练兵，妃子们嘻嘻哈哈，他就杀了领头的两个宠妃，把那群宫女马上训练成了一支视死如归的铁军。宠妃被杀，吴王虽然心如刀绞，但还是把军队交给了他。

所以吴起发迹靠杀自己的老婆，而孙子发迹是杀了老板的老婆，而且是两个。

孙子比吴起"厉害"！

《汉书》 〔汉〕班固

悲催的汉惠帝，是个善良的人

悲催的汉惠帝，他是个善良的人，年轻时跟父亲刘邦奔命，一次战败后父亲为快逃竟多次将他和妹妹踹下马车。登基后，在厕所看见被吕后砍去手脚、刺瞎眼睛、药哑喉咙、熏聋耳朵的戚夫人，大受惊吓。又未能保护戚夫人的儿子赵王如意。他去世后，大臣们为迎立他的弟弟，竟杀了他的三个儿子，说不是他亲生的。

很多人说一部二十四史就是一部帝王家史，主要是因为没读过

很多人说一部二十四史就是一部帝王家史，主要是因为没读过。帝王家史只占《纪》的部分，还有《传》是历代名垂青史的人的小传，随手翻阅一位，很有意思。《志》的部分则天文、地理、物产、经济、社会政策无所不包，也大有可读。现在小孩个个都会英语，最好能让他们都能读古文，这样才能跟祖先直接沟通。

《隋书》 〔唐〕魏徵

杨素百战百胜，秘诀就是实行"恐怖主义"。没有杨素，杨广得不了天下

杨素百战百胜，秘诀就是实行"恐怖主义"。开战前先找碴儿杀人营造气氛，求人过失而斩之，杀人指标是几十百把人。两军对阵，先派二百人冲锋，规矩是不能退回，回来不问多少全斩。对方阵脚乱

了，他就全军掩杀过去。若二百人死光了对方还没被打倒，就再上三百人，一样规矩，以此类推。谁也整不过他。

杨素如此残忍，但是将士们人人都愿意为他效死力，为什么？因为他权势熏天，跟他的，一点点功劳，也能升官发财。跟其他将领的，有很大战功，大多也要被他的人挤掉！职位奖金全被他的部门抢了！在"成功是发展自己，更是发展他人"方面，他的组织行为学可以打A级。

没有杨素，杨广得不了天下。但杨广对他没法不猜忌，"外示殊礼，内情甚薄"。杨素晚年生病，杨广派去最好的医生送去最好的药。但每天密问病情，唯恐他不死。杨素心里也明白，也自觉一生足矣，对他的弟弟杨约说："我岂需更活耶？"遂拒不吃药，安然等死。

《唐宋史料笔记》

（本书内文分别摘选自《容斋随笔》作者：〔宋〕洪迈、《东坡志林》作者：〔宋〕苏轼）

范增就是个坏种而已，中反间计，正是坏种的宿命

《容斋随笔》说范增不是人杰。项羽杀怀王，他没有阻止，伐赵杀宋义，他没有阻止。坑杀秦降兵，杀秦降王，烧秦宫室，他没有阻止。最后中了反间计，无计可施，发怒而去而已。他算什么英雄？就鸿门宴主张杀刘邦，就算英雄吗？

评：正解。范增就是个坏种而已，中反间计，正是坏种的宿命。

据说飞机飞过成都，都能听见下面哗啦哗啦的麻将声

据说飞机飞过成都，都能听见下面哗啦哗啦的麻将声。

苏东坡曾游庐山白鹤观，观中人都白天关门睡觉，只听见围棋落子的声音。东坡诗云："五老峰前，白鹤遗址。长松荫庭，风日清美。我时独游，不逢一士。谁与棋者？户外履二。不闻人声，时闻落子。"其寂寞冷落之味，妙然如此。

《资治通鉴》〔宋〕司马光

韦小宝的招，金庸也是从史书上看来的

五代时吴越国与吴国水战，吴越军船载灰、豆、沙以进。两军舰队相会，吴越军顺风扬灰，吴军不能睁眼。及船舷相接，把豆子撒过去，吴军摔跤无法行走。又把沙子铺自己船上，这样不怕他豆子撒回来。结果吴军全军覆没。

评：韦小宝的招，金庸也是从史书上看来的。

君依于国，国依于民

唐太宗说："君依于国，国依于民。刻民以奉君，犹割肉以充腹，腹饱而身毙，君富而国亡。"与民争利，就像割自己身上的肉给自己吃，肚子吃饱了，人却要死了。

隋炀帝建宫殿，花钱呀

隋炀帝建宫殿，近山无大木，于是从很远的地方运来。一根柱

子要两千人拖！如果下面垫圆木做轮子，就会摩擦起火！只能铸铁轮子，但柱木太大，走一两里路，铁轮子就坏了，所以又要几百人带着若干铁轮子随时换。花钱呀！

唐太宗李世民个人对音乐没有兴趣

唐太宗李世民对音乐没有兴趣。他曾对群臣评论说音乐和治国没有什么关系，魏徵也附和说乐在人和，不在声音。司马光对此大不以为然，说礼乐是治国之本，太宗如此浅见，惜哉！还不是圣人也！

长孙无忌给唐太宗上书说他"若履春冰"

"若履春冰"，倒觉得这词比"如履薄冰"美多了。春冰即薄冰也，春来冰薄，履之有陷溺之惧。而春天是言之而生爱的，说春冰，可能更让人生爱怜之情吧。

历代要谏神佛之事，梁武帝都是跑不脱的反面教材

武则天要造大佛，狄仁杰上书："今之伽蓝，制过宫阙……功不使鬼，止在役人。物不天来，终须地出。不损百姓，将何以求……梁武、简文舍施无限，及其三淮沸浪，五岭腾烟，列刹盈衢，无救危亡之祸，缁衣蔽路，岂有勤王之师！"雄哉斯文！武则天为之罢役。

历代要谏神佛之事，梁武帝都是跑不脱的反面教材。唐中宗宠信方士，李邕上书："若有神仙能令人不死，则秦始皇、汉武帝得之矣；佛能为人福利，则梁武帝得之矣。尧、舜所以为帝王首者，亦修人事而已。尊宠此属，何补于国！"不过中宗没有他妈妈武则天那见识，不听。

《读通鉴论》 〔清〕王夫之 著 舒士彦 点校

众叛亲离始于疑，得疑心者失天下

魏晋之疑，曹魏疑同姓，削弱宗室，为外姓司马所篡。司马疑外姓，大封宗室，又有八王之乱。为什么？只要你疑心，就必有乱亡之祸。因为疑亲则亲非其亲，疑贤则贤非其贤，疑众则众非其众。疑心是自己无道，就先自疑于心，心不自保，则天下举无可信。

扶危定倾之时，天下喁喁愿得主，这是人心最易得的时候

扶危定倾之时，天下喁喁愿得主，这是人心最易得的时候。但天下喁喁愿得主，那是天下喁喁，如果人主遽然自信认为天下喁喁愿得我为主，人心反而懈怠了，贤者也不能伸其忠孝之愿。

小民之无知，穷的嫉妒富的，弱的仇恨强的，嫉妒别人的成功，恨不得他招祸，古代把这种人叫"罢民"，就是不从教化之民

王夫之论罢民，流俗之毁誉，能当真吗？赵广汉这样的酷吏，怀私怨以杀荣畜，甚至动摇宰相。国家有这样的大臣，那是剥丧国脉，败坏风俗的，不可救药！而当他下狱的时候，居然有数万人为他号泣！流俗之趋小喜而昧大体，蜂拥煽动，这是乱世之风啊！

小民之无知，穷的嫉妒富的，弱的仇恨强的，嫉妒别人的成功，恨不得他招祸，古代把这种人叫"罢民"，就是不从教化之民。富强的人，不体恤贫弱的人，固然有罪。但是，骄横以相嫉妒，互相伤害，更是罪恶。好的官吏，扶助弱的，教导强的，勉励贫弱的人自强自立，富者的气焰也自然消失，这样不好吗？但是酷吏则不然，酷吏

打击豪强，以展示他的威福。贫弱者呢，不能自强自立，只看豪强倒霉，他就"大快人心"。赵广汉就深谙此术，任用血气方刚的少年，遇事蜂起，敢打敢杀，以取罢民之歌颂。于是小民以贫弱为安乐，而不知道正是他们的幸灾乐祸，让他们坠入深渊。而其中的狡黠者，更是窥伺他人的过失，时刻准备告密，相仇相杀，不至于大乱而不止。愚民何知焉！酷吏抛下的诱饵，酷吏设下的陷阱，鼓动他们往下跳！而他们还把这样的酷吏，当成他们的父母官！这哪里是父母官，这是吃人的猛兽啊！

汉宣帝以刻严著称，但是他还是诛杀了赵广汉这样的酷吏。论者还说赵广汉冤枉，可见流俗之惑人，千年未已，以至于此乎！包拯得到重用，而识者担心他带来祸乱。君子之远见卓识，不是庸人所能知道的！

《宋史》 〔元〕脱脱

宋太宗赵光义登基后，命诸州大索知天文术数者送来，藏匿者处死

宋太宗赵光义登基后，先是命诸州大索知天文术数者送来，藏匿者处死。送来后考核录用一部分到天台做公务员，没录用的全部脸上刺字发配海岛。同时诏禁天文卜相等书，私习者斩。这家伙，他没想想下一批人才上哪儿招呢。

宋太宗三年三月，贝州清河田家十代同居没分过家，皇帝表彰

宋太宗三年三月，贝州清河田家十代同居没分过家，皇帝表彰。

七月，又发现一家，金乡县的李光袭，也是十代同居，又表彰。这事唐朝有过，好像姓张的一家，九代没有分家，皇帝表彰，并让他写个汇报材料讲讲他家的经验，他写了140个字：140个"忍"字。

我所有的工作思想方法都来源于历史

我所有的工作思想方法都来源于历史。所谓"专业书"倒是都读不下去，翻翻就扔。但说来奇怪，先于《资治通鉴》成书的史书，我大多读过多遍，之后的正史却没读过，所以我现在从《宋史》开始读。

赵匡胤杯酒释兵权，被称为中国历史上至高政治智慧的典范

赵匡胤杯酒释兵权，被称为中国历史上至高政治智慧的典范。不过他政治智慧史上第一高，也救不了他儿子的命。他临死前奉太后命传位给弟弟赵光义，他的儿子赵德昭（大家认为皇位本该是他的，或许赵光义之后应该传给他）就成为赵光义的猜忌对象。赵德昭在某次被赵光义敲打后自杀了。这就是杀人的体制。

没有岳飞的军事胜利，金国不可能议和

宋高宗生母韦贤妃原与乔贵妃都是侍奉徽宗郑皇后的侍女，两人结为姊妹，相约苟富贵、无相忘。后乔妃得到徽宗宠幸，立即向徽宗推荐韦氏。靖康之难，均被金人北掳。后高宗即位，绍兴合议换回韦贤妃。我认为，高宗杀岳飞和交换韦贤妃直接相关。乔贵妃与韦氏哭别：你回去做太后，我完了！不久死于五国城。

韦贤妃回国后被尊为太后，活了90岁。没有岳飞的军事胜利，金国不可能议和。12道金牌召回岳飞后，岳飞已被解除兵权，政治上并

无非杀他不可的必要。所以有说法认为杀岳飞是金国提出的送还韦氏的附加条款。

人没放到岗位上尝试，谁也不知道他有没有能力

北宋名将吴璘的用人理念：人没放到岗位上尝试，谁也不知道他有没有能力。如果有人推荐谁有才就用他，则侥幸者得志，老员工的心态就懈怠了。

《明史》 〔清〕张廷玉

修炼到了，不生气，不计较，公平友善地对待恶我者

明初重臣夏原吉，很有气量，整过他的人，他也不计较，还时时夸人，帮人升官。有人问他："量可学乎？"他说："吾幼时，有犯未尝不怒。始忍于色，中忍于心，久则无可忍矣。"这个"无可忍"，不是忍无可忍，而是没有什么需要忍的，修炼到了，不生气，不计较，公平友善地对待恶我者。

碑是历史的黑匣子，是先人希望传世的讯息

碑是历史的黑匣子，是先人希望传世的讯息，历代都非常重视。永乐二十年，明成祖北征师旋，过李陵城，听说城中有石碑，派人去找，碑已被土埋了大半，挖出来后，发现是元代当地官员谢某功德碑，碑文还提到达鲁花赤等名字。成祖说："碑有蒙古名，异日且以为己地，启争端。"将碑砸碎，沉于河底。

《通典》〔唐〕杜佑

唐代宰相杜佑编撰的中国历代典章制度史，都是经世治国的实学

今天开始读杜佑《通典》，唐代宰相杜佑编撰的中国历代典章制度史，都是经世治国的实学。我估计花三年看完。我读书有强迫症，一旦开卷，一定要看完，不看完就难受。一旦看完，一定要看第二遍、第三遍，因为读一遍所得太浅。所以我读书时间极多，而读过的书极少，来来回回就那几类书，尤其对古人智慧痴迷。

垄断盐铁，是管仲发明的

垄断盐铁，是管仲发明的。盐，男女老幼都要吃盐。铁，男的要用锄头，女的要用菜刀剪刀。这两样垄断了，全国能赚多少钱他都算清楚了。到了汉朝，藏富于民，自由市场经济。刘邦没兴趣赚这个钱。汉武帝穷兵黩武，钱花光了，盐铁又垄断起来了。但是，官营企业垄断农具，锄头价钱贵，还质量差，不堪用。到了汉昭帝的时候，朝廷又讨论要不要取消盐铁官营垄断。反对改革的人说，国家全靠盐铁来钱。支持改革的人说：文帝、景帝的时候没有搞盐铁垄断，国库比现在有钱多了。反对改革的人又说：如果允许民间煮盐，就会形成大盐商，他好几千员工，就会形成一股势力，影响统治。唐朝宰相杜佑编写的《通典》，是一本中国的典章制度史，他把治国理政的方方面面，各种制度政策，比如税收政策、财政政策、货币政策、漕运、盐铁等，每一项政策制度的变迁，从周朝开始，一直梳理到唐朝，记录整理了历朝历代每一次改革或倒退的会议记录。这是真正的"资治通鉴"，但是帝王将相史有故事，大家愿意读，流传广。

这本书可以说是一本从周朝到唐朝，治国理政各种政策制度变迁史及历朝历代重要政策讨论的会议记录，读的人就少了，皇皇二百卷巨著，也不会有市场支持去翻白话文版。我是时不时翻阅几页，也挺有意思。

《黄朴民解读：唐太宗李卫公问对·尉缭子》

黄朴民

知己知彼，先胜后战，百战不殆

范围很重要！对自己都没法全知，何况对别人。李靖说，是知己之不可胜，和知敌之可胜。不可胜在己，我有没有做到立于不败之地。可胜在敌，敌人有没有破绽使我有战机。"知己知彼，百战不殆"应为"知己知彼，先胜后战，百战不殆"，这就明确了。

古今胜败，率由一误而已

李世民说，我看千章万句，不出乎"多方以误之"一句而已。就是采取各种方法诱使敌人失误。李靖说，是这样，大凡用兵，敌人不失误，我们就没法取胜。就像下棋，一着下错，整盘棋就没法救了。所以古今胜败，率由一误而已。

《中国史学名著》钱穆

中国古代保障历史真相被记录的制度：说的话和做的事由两个史官分别记录

中国古代保障历史真相被记录的制度：说的话和做的事由两个史官分别记录。有规矩："左史记言，右史记事。"又说"动则左史书之，言则右史书之"。谁左谁右并不严格，但记言、记事两权分立的制度是肯定的。

读书要巧妙，一味死读不可取

钱穆说，书是人人能读，但各有巧妙不同。读书是一件重要事，而读书中的巧妙，更应注意。没有巧妙，一味死读，那也是要不得的。

读书要先读那写书的人

如刘知几的《史通》，他的非经、疑古，足见其人之浅薄。而杜佑的《通典》，我们只看他说的话，以言观人，便知可信托他的书。万不可把人和书分开，认为人是人，书是书，不会求通。

名世者不是指有名于当世，而是代表一个时代，命名一个时代

名世者不是指有名于当世，而是代表一个时代，命名一个时代。如周公时代、孔子时代。

《中国人史纲》柏杨

智低者永远不能理解智高者的见解

班超退休，任尚接班。任尚请教班超驾驭西域之道。班超说，咱手下的人都是有罪发配来的，不是什么善类。西域人更是各有图谋，很难顺服。对他们多睁只眼闭只眼，水至清则无鱼，太较真会失去团结。任尚不以为然，结果很快激起西域各国家叛变，最终导致汉朝失去西域。柏杨评：智低者永远不能理解智高者的见解。

《中国的传统》吴国桢

中国历史上下五千年，这本书算是把前两千五百年捋清楚了

中国历史上下五千年，这本书算是把前两千五百年捋清楚了，这前两千五百年，从黄帝到周公，正是中华文明从产生到成熟的过程，到孔子的时代，文明的轴心时代，就定型了。作者吴国桢，民国时做过重庆市市长和上海市市长，后来又做过台湾省领导人。

《历史研究》[英]阿诺德·汤因比

汤因比写了十二卷，被热心读者缩编成两卷，后缩写版也被出版了

汤因比写了十二卷。一个热心读者萨摩维尔，自娱自乐把它缩编成两卷，又寄给汤因比。汤因比很喜欢，把这缩写版也出版了，成

了一段佳话。

不保持一定的野蛮，就会灭亡

人类历史，就是野蛮人征服文明社会，再被文明社会的文化同化的过程。罗马征服希腊，被希腊文化同化。之后北方蛮族征服罗马，再被罗马文化同化。中国历史也是如此。斯宾格勒说，文化变成文明，就走向死亡。这么说，英国脱欧，就是文化对文明的反抗。孟子说："生于忧患，死于安乐。"现在，连美国也没有了牛仔的血性。未来不可预知，人类社会并非持续进步，在一定时期也会倒退，甚至会崩溃。

所有文明的成长都源于创造性个体和创造性少数群体

"所有文明的成长都源于创造性个体和创造性少数群体。他们的任务是双重的：首先要完成他们自己的启示和发现，无论是何种性质；其次要让他们所属的社会完成新生活方式的转变。这种转变，除了极少数个体可以通过获得创造性个体的经历而达成，其他人的唯一途径，就是从外部模仿。模仿是一条捷径，但是它要求所有阶层都要一致地服从领导者。"信哉斯言！这就是"修身、齐家、治国、平天下"！

逃避者放弃了自己的责任，殉教者献出了自己的生命

逃避与殉教，这是个问题。逃避者放弃了自己的责任，殉教者献出了自己的生命。逃避是一种懦弱，殉教则是一种狷介罢了。我们要做的，是对社会现实和自身局限的完全接受，然后寻找自己安身立命

的道路，是为明哲保身。

人类的智者总是想找到历史和文明发展的规律

人类的智者总是想找到历史和文明发展的规律，汤因比的《历史研究》和斯宾格勒的《西方的没落》算是两本代表作，两本书我都读过三遍以上，抑制不住思考这个问题。

读书就像拼图，一本一本拼接世界

不朽的巨著，现在读正好，读早了好多思想还对不上。读书就像拼图，一本一本拼接世界。财富对快乐的刺激效应是递减的，因为你没玩过的东西越来越少。而智慧的快乐刺激效应是递增的，因为你认识越深，探索的世界越大，而且发现你没探索的部分更大！

《西方的没落》 ［德］奥斯瓦尔德·斯宾格勒

民族、语言、种族和文化都是暂时的

"每一既成事物都是它所属的文化的心灵的体现，它是必然要灭亡的。民族、语言、种族和文化都是暂时的。从现在开始再过几个世纪，西方文化将不复存在，不再有德国人，英国人或法国人，如同查士丁尼时代不复存在罗马人一样。"这本书和汤因比的《历史研究》一起，构成我的历史观。它们和今天世界现实的呼应，是如此强烈！

函数冲动和数据思维的三个误区

我们获得知识有两种基本途径，一种是遵循生成变化本身，是实现潜力的过程，也就是靠对自己的潜力的挖掘而获得知识。另一种是遵循已经完成的事物，是已经实现的世界，即尽可能地把外部世界收归于心。还可以说，前者是以导向来洞察世界，后者是以广延来涵盖事实。实际上，任何途径都是这两种方式的结合。但就这两种方式的极端而论，一种表现为纯粹有机的世界观，一种表现为纯粹机械的世界观。有机的世界，即历史世界；机械的世界，即自然的世界。前者如但丁、布鲁诺的世界，就是经由直觉的洞察和内心的体验而来；后者如牛顿的世界或康德的世界，是经过认知而后归纳为一体的。

这两种认知途径，正可对应中国之理学和心学。朱熹的理学，"格物致知"，是格天下万物之理而致其知，是遵循已经完成的事物，尽可能地把外部事物收归于心。王阳明的心学，"致良知"，良知良能，则是遵循生成变化本身，靠对自己潜力的发掘。如陆九渊所说："我无事时，只似一个无知无能底人。及事至方出来，又却似个无所不知、无所不能的人。"王阳明说，凭借着良知良能，生而知之，不学而能，遇之左右而逢其源，无往不利。

不过，正如斯宾格勒所说，实际上，任何途径都是这两种方式的结合。朱熹和陆九渊的鹅湖之辩，他们之间的分歧，并不像他们辩起来所显得的那么大。

今天的问题，是学校的教育，使人们越来越沉迷于机械的世界观，所谓科学，本身成了一种宗教，成了一种"函数冲动"。所谓"研究"，一定要收集数字，画出坐标，把一个个的数字，一个一个的点，标在坐标上，然后顺着那小黑点的疏密找"规律"，顺着它相对密集的地方画出一条线，然后找这条线的函数，给这个函数写公式，就试图用这公式解决未来。

我们回到斯宾格勒四组基本概念的第一组——生成与既成。既成永远基于生成之上，反过来则不行。今天的既成，决定不了明天的生成。用德鲁克的话说，关于未来，我们只有两条是确定的：第一，未来我们不知道。第二，肯定和我们预测的不一样。

如果沉迷于数字和函数，就放弃了自己的本能和直觉，放弃了自己的心灵，放弃了自己的良知良能。而"数字迷信"，往往还会让人产生三个思维误区：

1. 根据过去的数据，自以为找到规律和趋势，甚至自以为找到了函数和公式。其实不然。在坐标系的小黑点之间画线的过程，本身就是对数据进行取舍的过程。

2. 原始数据本身，并不那么规律，数据迷信者，自己会把不好处理的信息变成好处理的信息，他最后引以为据的数据，实际上被他自己加工过。

3. 数据一定是不完整的，数据迷信者往往会把数据凭想象补充完整，否则他的"研究"就无法往下进行。

和学术界的朋友们交流华与华方法，他们时常觉得我们的结论很明确，也回答了他们提出的问题，但是我们没有提供数据支持。我倒是很愿意有学术支持来为我提供数据，对数据进行归纳，我知道一旦要归纳数据，就免不了取舍、加工和补充数据。我是不会投入去做这个工作，但是我很乐意提供结论假设，供数据研究论证。

在管理和领导力上，要求管理过程，而不是结果

与命运是文化观想的生存模式相反，因果规律是自然物象的生存模式，它在自然的世界图像中居于核心地位，并且渗透其中。命运与因果相对，就像时间与空间相对。因果律与时间没有关系，因果律往往只涉及某事的发生经过，而不涉及它发生的时间。在康德看来，因果关系无所谓过去，也无所谓未来。它的目的论就是希望把生命本身处理成一种颠倒的因果律。但是，这种企图包含一种达尔文主义的倾向，也是对命运概念的嘲讽，可以认为是导向错误的。

命运和因果，常常被我们用来讲人生观和管理观念。

命运，是知止定静安虑得，"知止而后有定，定而后能静，静而后能安，安而后能虑，虑而后能得"。志有定向，修身俟命。接受命运，是改变命运的前提。

因果，是要因果导向，不要结果导向。有因才有果，问因才有果，问果没有用。所以只问耕耘，不问收获，就是因果导向。在管理和领导力上，要求管理过程，而不是结果。结果导向的领导，不是合格的领导。

很多病例，都是欲望和道德的冲突

每一种文化都具有与其自身相适应的道德成分。有多少种文化，就有多少种道德。尼采是第一个提及这一观点的人，但是他也没有再进一步去提出一个超越善与恶的真正客观的形态学。

我想起荣格说的话："道德准则假装精确地知道何为正确与错误，但是当我们面临伦理问题的时候，还是要做出个人的决定。"他又提及伊甸园的蛇，蛇引诱了夏娃，上帝很生气，后果很严重。但是那蛇，难道不是上帝安排的吗？他认为他一下子就理解了上帝，理解了恶，恶也是上帝赋予人类的。荣格就这样在道德标准上解放了自己，允许自己有"个人的决定"。这也可能因为他是精神病医生，看到很多病例，都是欲望和道德的冲突造成的。而他的治疗方案，就是消除自责与内疚。

语言只是符号的一部分

语言只是符号的一部分，沟通借助于符号系统，语言只是其中之一。斯宾格勒所说的广义的语言，就是符号系统。至于文字语言，又分成了两个层次：口语和书面语。斯宾格勒说，文字语言不能单独存在，而在文字语言中，书面语又无法单独存在，口语永远是第一位的。

斯宾格勒否定了西方中心论

斯宾格勒否定了西方中心论。他说："如果西方史学家认为雅典和巴黎比洛阳重要，那中国的史学家可以把十字军、恺撒都视为无关紧要的事件和人物。"所以，西方中心论，是西方人自己反思提出来的词。《周礼》把国家分为九服，就是以离国都的距离来排序。九服之外的雅典，当然是蛮荒了。

我们的事业分为时间和空间

贵族象征着时间，僧侣象征着空间。贵族生活在事实的世界里面，是一个有机智的实干家，他们的世界感本质是脉动感。僧侣则生活在真理的世界里面，是一个有知识的思想家，其世界感有张力而生。

这段话很有启发，我们的事业分为时间和空间，时间靠滴水穿石，空间也靠自己搭建。是搭建，不是开拓。因为市场空间不是三维空间，是无限维。跟别人没关系，是自己创造出来的。

《美国文明的兴起》

[美] 查尔斯·A. 比尔德　　[美] 玛丽·R. 比尔德

美国史最佳入门读物

《美国文明的兴起》太精彩了，可以说庖丁解牛，把美国写透了。这本书的时间跨度，是从美洲的发现写到"一战"结束。然后可以接着读《光荣与梦想》了解1932—1972年的美国史。这两套书算是了解美国史的最佳入门读物。

独立战争结束，它不仅是美国的独立，也在这个过程中完成了最深刻的经济、社会和文化变革

独立战争拖拖拉拉打了七年，因为美洲并没有凝聚起来，大陆会议只是一个辩论会，权力在各州。而且他们对自己军队怀有戒心，绝不亚于对英军的恐惧，谁能保证华盛顿不会变成恺撒或者克伦威尔呢？如果那样，还不如继续接受英王统治。独立事业的成功，一是历史潮流，时间问题；二要归功于华盛顿伟大的品格；三是法国的帮助，法国得到的唯一回报，就是削弱英国而已；还有第四条，就是英国的战争意志并不坚定，战争得不到国内人民支持，国家也耗不起。再说，英军最大胜利也就暂时控制几个沿海城市，他们根本无法深入镇压广袤的美洲大陆。独立战争终于结束了，它不仅是美国的独立，也在这过程中完成了最深刻的经济、社会和文化变革。

历史需要沉淀，我们才能看到事实

从第一个北美定居点的建立写到大萧条。上卷写得特别精彩，特别是一个个殖民地的建立、独立战争、南北战争和帝国的扩张，来龙去脉都特别清晰。下卷讲"一战"和大萧条，就有点含混，可能是因为离作者所处的时代太近了。历史需要沉淀，时间足够久远，迷雾和泥沙才会落下，让我们看清事实。

我们无法预测未来，我们没有能力找到符合自己利益的立场，做出符合自己利益的决定

只因为敌人的敌人就是朋友，只是为了削弱英国，路易十六以损人不利己的白开心精神，给予美国独立战争过于高昂的援助，结果濒临破产边缘，被迫召开三级会议，触发了法国大革命。同时，美国建立共和体制的思想影响和鼓舞了法国人。托马斯·潘恩宣称是"美国的原则打开了巴士底狱"，拉斐特把毁坏的巴士底狱钥匙赠送给华盛顿作纪念品。在华盛顿的军队服役的法国军官回到法国，穿着美国红后跟鞋和王后跳舞，笑谈共和制比君主制优越。而王后呢，她本身是富兰克林的赞助人。从这段历史中我们学到两点：1. 我们无法预测未来。2. 我们没有能力找到符合自己利益的立场，做出符合自己利益的决定。那么，我们应该以什么样的态度处事呢？还是两条，来自《孙子兵法》：1. 管好自己，孙子叫作"修道而保法"。2. 不求胜，求不败；不求得到，求不损失。

《光荣与梦想》 ［美］威廉·曼彻斯特

妙喻

书中在描述杜鲁门在一次政治斗争中得胜还朝之得意扬扬时说："当他走进白宫大门时，你都能听见他两个睾丸碰撞的声音。"在描述肯尼迪刚上任那几天雷厉风行风风火火的干劲时说："除了没爬上华盛顿纪念碑，他什么活儿都干了。"

世界永远太平不了，总是有善有恶，有正有邪，总有斗争

美国1932—1972年四十年的历史，从来也没太平过。我想起《浮士德》里一句话："人类过得太安逸，所以上帝派魔鬼来，让人精神精神！"世界永远太平不了，总是有善有恶，有正有邪，总有斗争。如果都是好人好事，电影就没法拍了。人生也一样，总是一波未平，一波又起，要想一劳永逸，除非永远出局。所以，永远别指望过太平日子，才能心里太平。

《新编顾准读希腊史笔记》 顾准 著　罗银胜 编

直接民主和城邦规模相匹配，所以形成公民和公民权的概念

希腊是一个多中心的、多种政体的城邦国家集群，希腊人没有形成一个广阔疆域的大国的概念，城邦国家的大小，和我们的一个小县城相当而已。直接民主和城邦规模相匹配，所以形成公民和公民权的概念。

《塔西佗历史》 [古罗马] 塔西佗

罗马史，相似的人名太多，读着读着就搞不清谁杀了谁

关于罗马史，各种版本的书我也读了不少。但是，好多事记不住，主要是因为人名，各种乌斯、努斯、慕斯，什么什么斯太多了，读着读着就搞不清谁杀了谁。

读完《塔西佗历史》，了解了耶稣时代的罗马人对犹太人的看法

印象最深的不是罗马人的事，而是书中对犹太人的描述，了解了耶稣时代的罗马人对犹太人的看法。

《牛津古希腊史》

[英] 约翰·博德曼　　[英] 贾斯珀·格里芬等

历史不是帝王将相史，是人民群众的生活

牛津出品，当然是好书。不过，作者为了写古希腊的文化、艺术、哲学、建筑、宗教、生活史，把历史"本体"部分简略到几乎叙述不完整的地步。以至于我觉得他故意这样来突出自己的历史观：历史不是帝王将相史，是人民群众的生活。

《罗马人的故事》 ［日］盐野七生

《罗马人的故事》是罗马版的《明朝那些事儿》

《罗马人的故事》是罗马版的《明朝那些事儿》。罗马史是人类最重要的历史之一，但是我不熟悉。攻读程序，还是先读二手通俗读本，再读经典原著。

希腊史、罗马史、犹太史和《圣经》，是西方世界史的基础

前后差不多一年，断断续续终于读完这套15册的《罗马人的故事》，有点像《明朝那些事儿》，值得推荐。希腊史、罗马史、犹太史和《圣经》，是西方世界史的基础，先读这类通俗二手的，再读经典原著。

《罗马帝国衰亡史》 ［英］爱德华·吉本

最好的历史时期，就是无事可记

"皮乌斯的统治有一个特色，就是能提供的历史材料不多。说得明白一点，历史往往就是人类罪恶、愚昧和灾祸的记录。"这话太有感触了，最好的历史时期，就是无事可记，所谓太平无事。

全景式地梳理欧洲文明的形成

《罗马帝国衰亡史》读了大半，这书对欧洲文明的形成算是全景式地梳理了。

要熟悉历史，还得靠更多的交叉阅读

终于读完了！前后差不多半年时间，篇幅太大了，Kindle的版权页上也似乎从来不标字数，我也不知道有多少字。内容太过庞杂，对一些本来不了解的历史，读着读着就不知道谁是谁了。总之完成了一个阅读任务，要熟悉历史，还得靠更多的交叉阅读。

《古以色列史》[德] 尤利乌斯·威尔豪森

希伯来民族是重要的，是个有"普世历史"的民族

读完这本《古以色列史》比较费劲，没有《耶路撒冷三千年》好读。希伯来民族是重要的，是个有"普世历史"的民族。相比而言，中国历史主要是中国人的，希伯来历史却是全人类的。我希望多做些学习，能像理解孔子一样理解摩西。他所做的立功立德立言，都无与伦比。

《中世纪的城市》[比利时] 亨利·皮雷纳

学习是一种编织活动，也是拼图游戏

学习是一种编织活动，也是拼图游戏。要拼出人类文明的总图，要找到其中的经纬，一根线一根线地编织起来。

《法国史》 ［法］皮埃尔·米盖尔

拿破仑根本就不属于法国大革命

拿破仑根本就不属于法国大革命。他起于行伍，遇到一场接近尾声的暴乱和一群疲惫不堪、任他摆布的人民，地上一顶唾手可得的皇冠。他的野心让他要么统治全欧洲，要么灭亡，于是他灭亡了。吴起云："天下战国，五胜者祸，四胜者弊，三胜者霸，二胜者王，一胜者帝。是以数胜得天下者稀，以亡者众。"

《法国文明史》 ［法］基佐

要为人类制定神明，就需要一个神明

在卢梭的《社会契约论》中，多数的至尊地位是这部著作的基本原则，卢梭在一个长时期内，以坚定不移的严峻态度研究出它的种种结果。可是，在一个时刻他抛弃了它，他的崇高才智警告他，这样一件作品绝不能出自普选权，出自大多数，出自群众。他说："要为人类制定神明，就需要一个神明。……这一职务绝不是行政官的职务，也绝不是统治权……它是一种独特的、超然的职能，与人世间毫无共同之处。"于是他树立了一个唯一的立法者，一个圣人，这就违反了他的人数至高无上的原则，从而转变到一种完全不同的原则，转变到才智至高无上的原则，转变到高级理性的权力。

基督教实质上是一种实际上的革命，并不是一种纯科学的、理论的改革

基督教实质上是一种实际上的革命，并不是一种纯科学的、理论的改革。它的主要目的是改变人的精神状态，支配人的生活，不仅是某些具体的人的生活，而且是整个民族、整个人类的生活。

《法国革命史》[法]米涅

书只读一本很容易遗忘

我读过好多国家的历史，甚至包括丹麦和阿根廷的，但都是放下书就忘了，只有日本战国史记得很清楚，因为分别看了很多版本的正史、野史、小说、电影和电视连续剧。书只读一本很容易遗忘。

《英国史》[英]西蒙·沙玛

英国之开始有历史，是从罗马入侵开始的

该书写得非常引人入胜！英国之开始有历史，是从罗马入侵开始的，这本书也从罗马开始讲起，但明显地美化抬高了当时不列颠的文明。我读过恺撒写的《高卢战记》，他对不列颠人可没有那么高的评价。

人们唯一正确的选择，就是把自由托付给一个全能的统治者——利维坦

哲学家霍布斯登场，他的理论是人们应该无条件地服从权力斗争的胜出者，人们唯一正确的选择，就是把自由托付给一个全能的统治者——利维坦。他的名著《利维坦》，成为政治学的一种思想原型。

人的私德和公德的反差，有时会很大

西蒙·沙玛的《英国史》记载了卢梭的英国之行，说："卢梭天生有一种神奇的本质，善于排斥那些对他有好意的人。"这话很生动和精确，卢梭是一个糟糕的朋友，更是一个不负责任的父亲，生下五个孩子，全部立即送去孤儿院，拒绝抚养。但这些都没耽误他成为人类史上的圣贤，"美德"的化身，而且还是儿童教育思想家。人的私德和公德，有时候就有这么大的反差。

人出生的时候，获得的并非某种"自然权利"，而是一种独特的本国的政治遗产

伯克写了一本《反思》，说人出生的时候，获得的并非某种"自然权利"，而是一种独特的本国的政治遗产，所以也没有什么普世价值。潘恩就写了一本《人权》和他论战。这算是当年的英国特色论了。

《光荣与梦想》是永恒的经典

长途飞行好读书，读完了三卷本的《英国史》，从恺撒入侵写到21世纪。这本书被说是英国的《光荣与梦想》，不过只有第三卷是

《光荣与梦想》的风格，因为前面的历史太久远，除了政治人物，也没有其他什么人能拿出来写。《光荣与梦想》我读过两遍，那是永恒的经典。

和历史伟人读过同样的书，也是一种联系

丘吉尔是历史学大家，也是一位高产作家。张伯伦对希特勒妥协的时候，他就援引《盎格鲁-撒克逊编年史》里，埃塞尔雷德国王试图买通丹麦侵略者的案例来提醒英国人。这本书我也读过。和他们读过同样的书，也是一种联系。比如我读过恺撒的《高卢战记》，丘吉尔也一定读过，希特勒也一定读过，拿破仑更是随身带着。

《从俾斯麦到希特勒》 ［德］塞巴斯提安·哈夫纳

多高的智慧也不足以预测未来，我们也不能

非常简明清晰的德国史，捋清了好多事情的脉络。不过，这本1987年出版的书断言，东西德的统一必须经历一场大战，"由万人冢来解决"。可是两年后柏林墙就倒塌了。可见多高的智慧也不足以预测未来，我们也不能。

《佛罗伦萨史》 [意] 尼科洛·马基雅弗利

如果整个热那亚共和国都由圣焦尔焦银行统治，热那亚会比佛罗伦萨强大得多

这段历史时期相当于意大利战国时代。和东方历史最大的不同是，逐鹿天下各方有各种不同的政体，有教皇、国王、城邦、共和国，各种公爵、伯爵，还有只有军队没有地盘的雇佣军，甚至有一家银行！热那亚的圣焦尔焦银行，统治了若干城镇，有自己的法律和军队。作者说这家银行的统治是最好的，如果整个热那亚共和国都由圣焦尔焦银行统治，热那亚会比佛罗伦萨强大得多。

《路易十五时代简史》 [法] 伏尔泰

对世界的认识，首先在于建立起对自己国家的"历史感"

对世界的认识，首先在于建立起一种"历史感"，而历史感由许许多多的人物和事件构成。首先要对自己的国家有历史感，成为历史的一部分。然后，要成为世界史的一部分。

《征服者：葡萄牙帝国的崛起》 [英]罗杰·克劳利

葡萄牙因为孤悬欧洲一角，分享不了地中海的繁荣，反而因面朝大西洋，开创了第一次全球化时代

葡萄牙因为孤悬欧洲一角，分享不了地中海的繁荣，又没有实力参与欧洲事务，反而因面朝大西洋，开创了第一次全球化时代。葡萄牙征服者一手拿剑，一手拿笔，展现了准确的战略判断、无尽的勇气、科学的精神、坚韧的毅力，以及无底线的血腥残暴。

《土耳其的崛起（1789年至今）》

[土耳其]悉纳·阿克辛

帝国的崩溃，正是始于统治阶级体制的崩溃

对土耳其史的兴趣，源于读汤因比的《历史研究》，他说奥斯曼帝国创造了一种独特的体制，它的统治阶层，除苏丹一人之外，全是奴隶。苏丹本人也是奴隶的儿子，他的妈妈是奴隶。而且不被选择为下一任苏丹的儿子可能被处死。首相和将军都是奴隶，他们可能获得巨大的权力和财富，但他们的财富不能被继承。他们的生命呢？他们甚至没有生命权。苏丹可以无须任何理由对他们进行"政治处决"，所以"他们的脖子像头发丝一样细"，基本上苏丹对他们都是用完就扔。被统治阶层呢？反而有相对的财产权和生命权。汤因比说，这种独特的体制让奥斯曼帝国成功维系了几百年的统治。而帝国的崩溃，正是始于这种体制的崩溃。

《第一次世界大战回忆录》 [英]温斯顿·丘吉尔

准确的判断要建立在摆正环境的关系上

每一种环境引发另一种环境，（在总结历史经验教训时）必须摆正和当时环境的关系，只有在这样的关系中，才能判断每一件大事。

巴黎和会关于德国的战争赔偿，凯恩斯说不仅不能要赔偿，而且还应该援助德国，让德国重新繁荣和文明

巴黎和会关于德国的战争赔偿问题，丘吉尔也提到凯恩斯的意见，在《凯恩斯传》里有详细说明，凯恩斯说不仅不能要赔偿，而且还应该援助德国，让德国重新繁荣和文明。因为他们根本无力支付巨额赔偿，而且会催生野心家带来新的战争。事情的发展果然如凯恩斯所预言的那样。所以，"二战"后各战胜国都没有要战争赔款，就是吸取了"一战"的教训。不过，在"一战"后，不是政治家要赔款，而是各战胜国人民的情绪。所以劳合·乔治说："赔款写高点也没关系，到时候拿不到再说。"如果赔款写少了，各国选民会让他们马上下台！

《第三帝国的到来》 [英]理查德·J.埃文斯

该书更着重于对社会变革的描述，更有社会学意义

和以前那本美国记者写的《第三帝国兴亡史》比起来，这部240万字的大部头是真正的历史巨著了。书中对战争过程记叙并不多，而着

重于对社会变革的描述，也加入了大量普通人的故事和日记。所以，更有社会学意义。

《盎格鲁-撒克逊编年史》寿纪瑜　译

读书本身就是目的，就是生活和生命本身

读书本身就是目的，不是为了学习知识，不是为了陶冶情操，就是生活和生命本身。就像有人要完成"7＋2极限探险运动"，走遍地球每一个角落。读书者，是重走人类文明过去一万年每一个英雄的旅程。所谓"一万年来谁著史，三千里外欲封侯"。

《维京传奇》[美]拉尔斯·布朗沃思

中国古代的火鸟之法，北欧海盗也用这招

在《华杉讲透〈孙子兵法〉》里讲火攻时，我介绍过火鸟之法。今天读到北欧海盗也用这招。不过，北欧人放出去烧敌城房子的鸟，身上绑的是浸油的破布或刨木花，中国军队绑的是我国的中医瑰宝——艾草。

《法兰克人史》 ［法兰克］都尔教会主教格雷戈里

通古今中外之变，修不忧不惑不惧之心

　　该书是对罗马史的一个补充。旁搜远览，触类旁通，通古今中外之变，修不忧不惑不惧之心。

《美第奇家族的兴衰》 ［英］克里斯托弗·希伯特

五百年前就有一个佛罗伦萨的张艺谋，导演《印象佛罗伦萨》大型演出了

　　科西莫二世结婚时，阿诺河上举行的表演，从阿拉卡拉亚桥到天主圣桥的整段河流都是演出舞台，两岸装饰各种雕像，观众坐在阿诺河河滨大道的巨大看台上，观看《阿尔戈英雄记》。看来，五百年前就有一个佛罗伦萨的张艺谋，导演《印象佛罗伦萨》大型演出了。

《希腊人的故事》 ［日］盐野七生

读古典原著，也要读现代作家的解读，相当于复习

　　读完盐野七生的《希腊人的故事》。读古典原著，也要读现代作家的解读，相当于课后阅读材料，能把课堂上学的东西复习一遍，串联起来。

《英语民族史》 [英] 温斯顿·丘吉尔

政治学家写的历史书，是真正知行合一的

　　最近读完了四卷本的丘吉尔《英语民族史》，写得太好了，历史学家是写不出这样的历史的，因为没有知行合一。现在开始读他的"一战"回忆录，接着再读"二战"回忆录。丘吉尔太了不起了，他领导国家打了两场世界大战，还写了那么多书，拿了诺贝尔文学奖！政治家写的历史书，完全不一样，脉络太清晰了！

《你一定爱读的极简欧洲史》 [澳] 约翰·赫斯特

人们见面为什么谈论天气，是一群人在忧心自己的命运

　　人们见面为什么谈论天气，不是为了没话找话，而是一群人在忧心自己的命运。人们总是在担心收成。如果不能风调雨顺，就难免要挨饿。这么说来中国人见面问吃了吗，也是一个现实的问题，总有人吃了上顿没下顿。大部分人都生活在对食物的不确定感之中。

《海都物语》 [日] 盐野七生

读盐野七生的书，能读到很多其他书里读不到的东西

　　盐野七生的书，有一点东拉西扯的啰唆，但是，她东拉西扯来的东西，我都感兴趣。读她的书，能读到很多其他书里读不到的东西，而且读起来很轻松很快。

《秘鲁征服史》 ［美］普雷斯科特

智慧和勇气很寻常，无私则不寻常

天大的赌注，不可思议的冒险，惊人的成功。一切都由贪婪驱使，而这些征服秘鲁的冒险家最后全都死了，死于贪婪，死于分赃不均，死于得寸进尺，死于不甘心。最后平定秘鲁的，是一位单枪匹马只带着西班牙皇帝一纸授权书的教士加斯卡，一位充满智慧、勇气和无私的圣人，是西班牙的王阳明。智慧和勇气很寻常，无私则不寻常。如果做不到无私，至少要做到谦退——比自己"该得的"少拿一点。

《草原帝国》 ［法］勒内·格鲁塞

在中国文明史和欧洲文明史之间的"模糊地带"

在中国文明史和欧洲文明史之间，补上这一段"模糊地带"。

《易中天中华史》 易中天

思想只能在格局内运行，格局决定一切

《易中天中华史》从创世神话讲起，从女娲讲起，从没有终极创

造者或终极创造者没有神性和神格讲起，这就是格局！《资治通鉴》从三家分晋讲起，这是司马光的格局。思想只能在格局内运行，格局决定一切。

《世界史》[美]海斯　[美]穆恩　[美]韦兰

必须首先熟悉世界史，才能阅读《世界史》

今天的飞行读物是这本非常经典的美国史学家海斯的《世界史》。事实上，你必须首先熟悉世界史，才能阅读《世界史》。如果不是对其中的每一段都读过相关专著，读过那些历史人物的传记，读过那些主要作家的著作，那这本书读起来就像坐过山车一样迷糊。反之，则能帮助你把整个历史串联起来，并且脑补今天正在书写的当代史。

《摹仿论》[德]埃里希·奥尔巴赫

圣经故事的世界不满足于历史真实的要求——它还认为自己是唯一真实的、负有专制使命的世界

圣经故事的世界不满足于历史真实的要求——它还认为自己是唯一真实的、负有专制使命的世界。所有其他的场所、过程和秩序都无法脱离《圣经》而存在，它并且预言，要把一切，甚至所有人的历史，通通纳入自己范围，使其受自己的管辖。圣经故事不像《荷马史诗》那样竭力取悦我们，讨好我们，使我们陶醉其中——它们想要征服我们，如果我们拒绝屈从，就是反叛。

奥尔巴赫以《荷马史诗》和《圣经》两种文体的比较作为他这本文艺批评巨著的第一章，这两种风格，一种是浓墨重彩、娓娓道来的取悦；一种是大刀阔斧、断言甚至断喝式的专制。取悦和断言，就是说服的两条路径。既取悦又断言，就是"爱干净，住汉庭""新东方，老师好"！

四

哲学思想

《王阳明全集》〔明〕王守仁

行事不是改行为，而是要改理念，改理念，便要问自己的心

心就是理，那天下有心外之事，心外之理乎？"此心无私欲之蔽，即是天理，不须外面添一分。"比如孝敬父母，此心若是颗诚于孝亲的心，冬时自然思量父母的寒，便自会去求个温；夏时自然思量父母之热，自会去求个清。这都是那诚孝的心发出来的条件。

心就是理，譬之如树木，那诚孝的心是根，许多条件便是枝叶。《礼记》言："孝子之有深爱者必有和气，有和气者必有愉色，有愉色者必有婉容。"有那深爱做根，便自然如此。若只是那些仪节求得适当，便说是至善，那如今扮戏子，扮得许多温情奉养的仪节适当，亦可谓至善也。

心就是理，行事不是改行为，而是要改理念，改理念，便要问自己的心。你存什么心，把什么放心上，便会有什么行为。若心行不符，则是伪行，早晚会被人家知道。

不存在先知后行，也不存在先行后知

学生问，知行合一怎么讲呢？比如某人明明知道子当孝，弟当悌，却不能行孝悌，"知而不行"，所以知和行分明是两件事，怎么合一呢？王阳明答，知和行是一件事，不能分两头说。比如好色，看见美色，这是知，同时很喜欢，这是行，而不是喜欢色之后再立个好色的心。

如果要说某人知孝悌，一定是他已经行孝行悌，如果没有行，那只能算是知道些关于孝悌的话，不算知孝悌。正如痛了才能知痛，饿了才能知饿，冷了才能知寒，热了才能知炽。没有痛过饿过冷过热过你就不可能知这些感受，所以知行根本是分不开的。

知行是分不开的，只要说一个知，已自有行在。只说一个行，已自有知在。知行不能分两头说，这叫知行的本体，不存在合不合一的问题。古人讲知行合一，是讲给那些笨人听的。教他们不要一味地自以为在求知，却不去行。

人们常说，我没吃过猪肉，还没见过猪跑吗？此言大谬。没吃过猪肉，就不可能知道猪肉是什么味道。所以，猪肉一定要自己吃。吃即行，行即知，不存在先知后吃，也不存在先吃后知。

恻隐之心，就是同情心

没有做人的道理，只有做人的心。知是心的本体，心自然会知：见父母自然知孝，见小孩掉井里自然知恻隐。这是良知，不假外求。良知之发，更无私意障碍，即所谓"充其恻隐之心，而仁不可胜用矣"。所以天理、人欲并不并立，没有天理为主、人欲又从而听命的道理。

恻隐之心，就是同情心。能同他人的情，则可入他人之心而无私心。如见小孩落井，怵惕恻隐，并非想结交他的父母，也不是为了博名声，也不是怕如果我不同情就坏了名声，而是良心天性。"充其恻隐之心，而仁不可胜用矣。"充实同情心，放大同情心，运用同情心，即可尽心、养性、事天。

爱必有一个发端处，然后渐渐生长而来

为什么爱别人胜过爱家人的人能称为"人"？爱必有一个发端处，然后渐渐生长而来。譬如树木，刚开始的抽芽，就是发端处，然后发干生枝叶，生生不息。若无芽，何以有干有枝叶？能抽芽，必是有个根在。爱家人，父子兄弟之爱，便是根。将自家父子兄弟与别人一般看，便自没了根，不是爱，不是仁，不能称为"人"。

不要羡慕别人渊博的学问，要找到自己的心性，一点一点地精通自己的所学

如何成就自己的学问？用功求减求精，不求增求多。如徒从册子上钻研，形迹上比拟，就好像人家有万两黄金，你却不务锻炼成色，而只去跟人比斤两，就锡铜铁往里加，结果分量愈多而成色愈下。若去除了比较斤两的心，各人尽着自己的力量精神用功，即人人自有，个个圆成。

若一味求知其所不知，求能其所不能，希高慕大，则终年碌碌，至于老死，竟不知成就了个什么，可哀而已。

不要羡慕别人的学问，不要找人拉书单，要找到自己的心性，一点一点地精通自己的所学。

很多思想99%都一样，都让你震服，但毫厘之差，就分道扬镳了

儒释道的奥妙，在于差之毫厘，失之千里。

萧惠好仙释，先生警之曰："吾亦自幼笃志二氏，自谓既有所得，谓儒者为不足学，其后居夷三载，见得圣人之学，若是其简易广大，始自叹悔错用了三十年气力。大抵二氏之学，其妙与圣人只有毫厘之间。"萧惠问二氏之妙。先生说："向汝说圣人之学，简易广大，汝却不问我悟的，只问我悔的！"

萧惠连忙改问圣人之学。王阳明说："汝今只是了人事问，待汝办个真要求为圣人的心来与汝说。"萧惠还问。先生说："已与汝一句道尽，汝尚自不会！"

差之毫厘，失之千里。很多思想99%都一样，都让你震服，但毫厘之差，就分道扬镳了。

既有诚，毋用敬，画蛇添足！

大学功夫只是个诚意。如以诚意为主，去用格物致知的功夫，即功夫始有下落。若先去穷格事物之至理，即茫茫荡荡，都无着落处，须添个敬字才能上心，那终究是没有根源。

事情都是简单的，只有简单处之，才能成事

人的毛病是简单的道理不愿意照着办。"道之大端易于明白。""顾后之学者，忽其易于明白者而弗由，而求其难于明白者以为学，此其所以'道在迩而求诸远，事在易而求诸难'也。"孟子说，大道，就像大路，岂是难知道的？是人都有毛病，他就不往大路上走啊！

孟子曰："夫道若大路然，岂难知哉？人病不求耳！"

事情都是简单的，只有简单处之，才能成事。但只有认识到此理的人，才知道简单。认识不到此理的人，你揪着他耳朵喊也喊不过来，他就愿意在无限的复杂中上下求索，那"学问"大了去了！

"知新"必由于"温故"，而不是又去学新的

什么叫"温故知新"？"知新"必由于"温故"，不是去学新的。人们常有"学习强迫症""知识焦虑症"，浑浑噩噩、自以为地在学习。想听多方意见，是因为自己没谱。心不定，心不安，不放心，不甘心，都是心病。总踮着脚尖四处张望，却不能从自己走过的路中"温故知新"。

以至诚之心，修良知之学，天理所依，万古一日，才是真正平治天下的原力

功利之学，纷纷扰扰，非君子之道。如王阳明言："不以规矩而欲定天下之方圆，不以尺度而欲尽天下之长短。"人伦既没，霸术亦不能行。当以至诚之心，修良知之学，天理所依，万古一日，才是真正平治天下的原力。

学问就在自己的良知上

道通来信问："凡学者才晓得做工夫，便要识认得圣人气象。盖认得圣人气象，把做准的，乃就实地做工夫去，才不会差，才是作圣工夫。未知是否？"王阳明答，圣人气象是圣人的，我如何晓得？若不从自己良知上真切体认，反落得以小人之心度君子之腹。自己的良

知原与圣人一般，若体认得自己良知明白，即圣人气象不在圣人而在我矣。"

四十不惑，就是学问都在自己心里，问自己的心，问自己的良知，问自己的经历。发现自己经历过的东西，实际也只吸取了其中一小部分，却纷纷扰扰外求学问，须得反思，要静。

思考问题，是出于良知，还是出于私心，有天壤之别

思考问题，是出于良知，还是出于私心，有天壤之别。良知发用之思，自然明白简易，良知亦自知能得。若是私意安排之思，自是纷纭劳扰，纠结反复。

不知道敌人没关系，不知道自己肯定完蛋

对知己知彼，一般关注于掌握敌情，因为都假设知己是当然知道的。事实上人最不知道的就是自己。不知道敌人没关系，不知道自己肯定完蛋。不要成天关心别人，却没认识自己。读王阳明江西剿匪时给境内各部队的公文，可知其主要是盘点自己，对敌情涉及不多，故有此论。

良知即良能，取之不尽，用之不竭

儒家说人之初，性本善，亚当·斯密说普通人的"天良"。王阳明说良知即是道，良知在人心，不但圣贤如此，常人亦无不如此。致良知是学问的大头脑，良知即良能，取之不尽，用之不竭，无往不安。若不在良知上用功，则泛滥于多歧，疑迷于影响，以己之昏昏，求人之昭昭。

至诚不是"如神",而就是神

学生问:我以至诚待人,但人情机诈百出,别人欺我怎么办?要不要提防先觉人之诈与不信呢?王阳明答:不相信他人,是因为自己不自信。老想先觉他人如何,是因为对自己未能自觉,这就已经足以自蔽其良知了。君子学以为己,不是为了防备别人欺我,是为了不自欺;不是为了洞察他人的诈与不信,是为了自觉良知。自觉良知则诚,诚则明,良知常觉常照,苟有诈与不信,自然而觉。子思说:"至诚如神,可以前知。"要我说,至诚不是"如神",而就是"神"!不是"可以前知",而是"无知而无不知",无所不知。

天地之间,只有一件事,只有此性,只有此理,只有此良知

世间之学,误人者多矣,论之愈精,而去之愈远。天地之间,只有一件事,只有此性,只有此理,只有此良知。良知只是一个天理自然明觉发见处,真诚恻怛是他本体。若时刻在心上求,则尽心、知性、知天,洞然明白,洒脱自在。

能认识到自己会带坏孩子,就是家庭教育的一大进步

泛滥之学,学多弊多。为学只在自己的良知,良知在,则事无弊。良知在人,随你如何,不能泯灭。所以良知人人皆有,圣人只是保全,无些障蔽,兢兢业业,自然不息,便是学。只是生的成分多,便是生而知之,所以圣人是生知安行。众人自孩提之时起,莫不完具此知,只是障蔽多,然本体之知自难泯息,虽问学克治也只凭他,只是学的成分多,所以谓之学而知之,学知利行。

想起几年前我们公司举办新年晚会,我带了儿子去。做游戏的时

候，大家嬉笑打闹，最后发现只有我儿子绝不作弊，严格按游戏规则比赛。因为小孩子根本不知道世上有作弊这回事。父母自以为在教育子女，其实都是子女主动跟我们学习的。能认识到自己会带坏孩子，就是家庭教育的一大进步。

去恶见善，善之善者也

善恶一物。善是心的本体，本体上出了问题，就是恶。不是有一个善，就有一个恶来相对，善恶只是一物。有人说要常持善念，非也！去除恶念，便是善念，便是心之本体。哪里需要专门持一个善念呢？比如阳光，被乌云遮蔽，云去，光复矣。若恶念既去，又要存个善念，即如日光中添燃一灯。

至善之言也！人们常常想去多做善事，却很少关注自己的小"恶"。甚至纵容自己的恶，再做善事去对冲，失其本体也。去恶见善，善之善者也。

所谓的困惑，纠结，反复，以致各种拔苗助长，就是想太多

思无邪，此是一了百当的功夫。

孔子说："诗三百，一言以蔽之，曰思无邪。"这一句"思无邪"，如何盖得三百篇之义呢？王阳明答：岂止诗经三百篇，六经也只此一言，便可概括，以至于穷古今天下圣贤的话，"思无邪"一言也可概括，此外还需要说什么呢？这就是一了百当的功夫。

善哉斯言！所谓的困惑，纠结，反复，以致各种拔苗助长，就是想太多，弃简就繁，去直就曲，不晓得抓本质，只有"思无邪"，才能有"不思而得"的大创意。

要懂得自己，懂得自己生而知之的良知，做到"本体明白"

读书是为了明白自己。

学生问：读书不记得如何？王阳明答：只要晓得，如何要记得？更何况"晓得"已经是落了第二义了，我们要的只是明白自家本体。若是追求记得，便不晓得。若是追求晓得，便明不得自家本体。

王阳明强调知行一体，知便是行，行便是知，没有行便没有知。我们要把握的，是自己生而知之的良知。对于纷繁变化的外界，要做到本体明白，须在事上磨炼。

王阳明不要你懂得他的阳明学，要你懂得自己，懂得自己生而知之的良知，做到"本体明白"。若谁要说自己"懂得阳明学"，便已是不懂。

性本善还是性本恶？重要的不是答案，而是理念

性本善还是性本恶？

王阳明：性无定体，论也没有定体。有从本体上说的，有从发用上说的，有从源头上说的，有从流弊处说的。但所见有深浅。若执定一边，便不是了。孟子说性本善，是从源头上说来，也只是说个大概如此。荀子说性本恶，是从流弊上说来，也不能尽说他不是，只是见得未精耳。

学生体会到：孟子从源头上说性，要人用功在源头上明彻。荀子从流弊上说性，功夫只在末流上救正，便费力了。我们在中学就学习过所谓性善论和性恶论，老师只是要你背到考试能答出即可。至于两种观点谁对谁错，重要的不是答案，而是理念。而我们的思维习惯，从小被植入了求答案的基因。圣人的教育，不是授人以鱼，也不是所谓的授人以渔，而是启发他生而知之的良知。若一心盯着鱼，想着渔，便是愚。

写文章，最忌随意抒情

有学生作诗送友人，王阳明看了说："凡作文要随我分限所及。若说得太过了，亦非修辞立诚矣。"

写文章，最忌随意抒情，心里有你便抒，没有就不抒。有多少你便抒多少，不要随便抒。商业写作，尽量只写事实和观点，对自己无把握、无真情实感的内容，一个字也不要涉及，不要拼凑。

思而不学之病：表面上是求真理，本质上是不学习

孔子曰："学而不思则罔，思而不学则殆。"王阳明说："思而不学者，盖有此等人只悬空去思，要想出一个道理，却不在身心上实用其力，以学存此天理。"

开会时的辩论，都是思而不学之病，一方说出一个意见，另一方并不学习这意见，不把这意见放事上琢磨，而是马上说出另一番道理来。问老师问题也一样，老师回答的话音刚落，他就脱口而出："但是！……"又说出一番道理来，表面上是求真理，本质上是不学习。

我们要做判断，前提是自己有判断能力

论与见，天壤之别。王阳明："今之论性者纷纷异同，皆是说性，非见性也。见性者无异同之可言矣。"见者不论，论者不见，论道为虚，见道为实。所谓人们一思考，上帝就发笑，因为你没有见"道"，只有"观点"。观点，就是看到一点点。仅看到一个点，就

拿这一点去跟人论道，这就可笑了。

如果一个东西，我们看得清清楚楚，而别人非要拿些"观点"来跟我们"论道"，就让我们特别痛苦。反过来，在别人了然的领域，我们能否放弃自己的判断，依靠别人呢？我们要做判断，前提是自己有判断能力，自己的判断是可靠的，但如果这前提不存在呢？我们有没有依靠他人的能力？

人们看不见简单的道理，却致力于在折腾中求"学问"

王阳明说，我年轻时求学，苦于众说纷扰，茫然不知其门。学以致用，却往往缺漏无归，且信且疑。被贬到龙场后，体验探求，终于"沛然若决江河而放诸海也。然后叹圣人之道坦如大路，而世之儒者妄开窦径，蹈荆棘，堕坑堑，究其以为说"。我把我的思想说给同志听，而闻者竟相非议，认为我立异好奇。我想是我错了吗？于是"痛反深抑，务自搜剔斑瑕，而愈加精明的确，洞然无复可疑"。

今天读完《传习录》，洞然明白，录此为记。

格物致知与格病致康，快活功夫

九川卧病在床，王阳明问："病物亦难格，觉得如何？"九川说："功夫甚难。"王阳明说："常快活便是功夫。"

情绪会蒙蔽自己，会伤害别人

汪景颜要做官上任，王阳明临行赠言：修养气质，平时看不出什么，但"当利害，经变故，遭屈辱，平时愤怒者到此能不愤怒，忧惶失措者到此能不忧惶失措，始是能有得力处，亦便是用力处。天下事虽万变，吾所以应之，不出乎喜怒哀乐四者。此为学之要，而为政亦在其中矣"。

天下万事，无非喜怒哀乐，还是讲保护自己的生而知之，心中平静之时，你都知道该怎么做，而情绪会蒙蔽自己，会伤害别人，又反过来伤己。

学习，是一个盲人摸象的过程

王阳明说，我没有大知识，也不好为人师。只是看你们一个个是好苗子，唯恐你们学无所成。"后世之学，正所谓琐屑支离，采摘汲引，其间亦宁无小补？然终非积本求原之学。句句是，字字合，然而终不可入尧舜之道也。"所以我期与诸君共明此学，譬如婚姻，我只是给你们做个求知的媒人而已。

本质只有一个——学习是盲人摸象的过程，形成各学各派，就是摸的地方不同，深浅不同。说得都对，但都不是本质，都有毫厘之差，千里之谬。谁的学问是本质之学？善为天下公，道为天下公，学为天下公。那真学问不是谁的，是公家的。老师说不是要你听我讲的，而是给你做个"媒人"，你自己去求。

学无所成者，因为不能战胜自己的私欲，就变得无志了

王阳明说过，有志者事竟成。为什么学无所成，都是因为有志者少。好德好学，是人的本性，为什么会没有有志之人呢？那是因为不能战胜自己的私欲，就变得无志了。立志难，丧志易。自古有志之士，莫不求助于师友，要留意自己身边的良师益友，常相勉励，常相鞭策，以遂成此志。

学习为自己，不为讲说，更不为我说胜他说

"古人之学，切实为己，不徒事于讲说，书札往来，终不若面语之能尽，且易使人溺情于文辞，崇浮气而长胜心，求其说之无病，而不知其心病之已多矣。此近世之通患，贤知者不免焉，不可以不察也。"学习为自己，不为讲说，更不为我说胜他说。

学习不能赶时髦

孔子对子贡说，你以为自己多学就能有知识吗？子贡说是呀，不对吗？孔子说："非也，予一以贯之。"今日新知识纷纷扰扰，更要有"一以贯之"之功，如王阳明言，"只是各依自家良知所及，自去其障，扩充以尽其本体，不可迁就气息以趋时好。"学习不能赶时髦。

胜心是求知大忌

诗文之习，儒者虽亦不废，孔子所谓"有德者必有言"也。若着意安排组织，未有不起于胜心者。

胜心是求知大忌。比如开会，若无胜心，就是讨论问题，共同求真。若是起了胜心，则成了辩论，求胜而非求真，所以君子不辩。

谤诬是成功伴侣，若一听谤诬就跳起来，必是因为成功得还不够彻底

王阳明说我今日讲学，是求异于前人之说吗？是求善而胜于他人吗？四方英杰以讲学异同之故，议论方兴，我辩得过米吗？惟当反求诸己，若他说得对，我就应当务求其是，不可是己而非人。若他说得不对，那我既然已经自信了，更应该践履其实，付诸实践，默而成

之，不言而信。

君子不辩诬，是儒家反复训示的，誉满天下，谤必随之，谤诬是成功伴侣，若一听谤诬就跳起来，必是因为成功得还不够彻底。观点对的人本应该有优越感，为何还受不了别人的不同观点呢？我的对，我就抓紧去实践好了。言而有信是君子，不言而信，默而成之，更是让人震撼。

敬畏，就是知道自己不知道

学生来信：敬畏之心日增，都洒脱不起来了。王阳明回：君子之敬畏，不是恐惧忧患，是戒慎不睹，恐惧不闻，是知道有自己不知道的。君子之洒脱，不是旷荡放逸，纵情肆意，是心体不为欲所累，不做自己不情愿做的事。所以洒脱是心的本体，而敬畏恰恰是洒脱功夫，怎能歧为二物呢？

敬畏，就是知道自己不知道。没有敬畏心，就是不仅不知道，而且不知道自己不知道。不仅不知道自己不知道，而且以为自己全知道。

渴望成功，而迷失了自己，也是一种玩物丧志

王阳明写："君子学以为己。成己成物，虽本一事，而先后之序有不容紊。"孟子云："学问之道无他，求其放心而已矣。"若一意追求成功，迷失了自己，也是一种玩物丧志。若急于求成，急于驰骤奔放，将恐自蹶其足，非任重道远之道也。

醉心于学识也好，醉心于功名也好，但追求成功而迷失了自己，也是一种玩物丧志，舍本逐末。况且，一心求速，难免拔苗助长，最后反遭其害。成己，就是放心，就是宁静致远。

时时自见己过，才是真功夫

王阳明说："本心之明，皎白如日，无有有过而不自知者，但患不能改耳。一念改过，当时即得本心。"他还说，"蘧伯玉，大贤也，惟曰'欲寡其过而未能'"。成汤、孔子，大圣也，也说"改过不吝，可以无大过"而已。古之圣贤时时自见己过而改之，是以能无过，这就是"戒慎不睹，恐惧不闻"。

改过，时时自见己过，才是真功夫。

良知不只是道德立场，也是心的本体，知的本体

王阳明说，我"近来见得'良知'两字日益真切简易"，"良知"二字，"人人所自有，虽至愚下品，一提便省觉。若致其极，虽圣人天地不能无憾。故说此二字，穷劫不能尽。世儒尚有致疑于此，谓未足以尽道者，那只是他们未尝实见得耳"。

良知不只是道德立场，也是心的本体，知的本体。孟子说："人之不学而能者，其良能也。所不虑而知者，其良知也。"良能就是本能，那是最大的能量，最大的本事。我们设计产品，要符合使用者的本能，他不用学习，不用读说明书，拿到就会用，这是良能。良知呢，生而知之，不虑而知，不思而得，是常识，是直觉，常识是最根本的智慧，直觉是最精准的判断。但学得多了，想得多了，反而把自觉蒙蔽了，真切简易的大道不走，在雾霾小道上上下求索，做出违背常识的事情。所以世儒把事情搞得复杂，是没有实实在在见到良知的能量。

伪学之害，胜心之罪

后世学术之不明，非为后人聪明识见不及古人，大抵多由胜心为患，不能取善相下。明明其说之已是矣，而又务一说以高之，是以其说愈多而惑人愈甚。凡今学术之不明，使后学无所适从，徒以致人之多言者，皆吾党自相求胜之罪也。今良知之说，已将学问头脑说得十分下落，只是各去胜心，务在共明此学，随人分限，以此循循善诱之，自当各有所至。若只要自立门户，外假卫道之名，而内行求胜之实，不顾正学之因此而益废，人心之因此而愈惑，党同伐异，覆短争长，而惟以成自私自利之谋，仁者之心有所不忍也。

时常有朋友拿一些畅销书的观点来问我，我都建议他们多读教材。要讨论营销理论，你就先把科特勒的4P熟读再吸收别的。对方会惊问："4P不是已经过时了吗？"这就是唐·舒尔茨的可恨可耻之处，为了推销他的伪学，他总想胜过科特勒，甚至不惜蛊惑人心，误人子弟。教授尚且如此，以推销咨询产品为目的的咨询公司的书，就更是自私自利，他们利用人们求胜求速之心，从而掩盖正学的全貌，包装一步登天的窍门，销售"救命稻草"给迷途羔羊。所以真正的儒者，职责是为往圣继绝学，因为学问只有一个，它一直在那里，不同的学者从不同角度去解读，不同的学生又各自学到不同的部分，不同的领域有不同的应用，这才是共明此学，各有所得。

君子的学问与自信

"君子之学，务求在己而已。毁誉荣辱之来"，也不是不动心，只是用来鞭策自己，切磋砥砺。"所以君子无入而不自得，正以其无入而非学也。若夫闻誉而喜，闻毁而戚，则将惶惶于外，惟日之不足矣，其何以为君子！"

王阳明在答友人的回信中说道，古代有一位楚人，去朋友家做客，他的仆人偷了朋友的鞋，他不知道。改天他让仆人去给他买鞋，仆人私吞了买鞋的钱，把那偷来的鞋给了他。又过了几日，这位朋友来访，看见自己的鞋正穿他脚上，于是愤激大骂："那天你去，我的鞋就不见了，我就怀疑是你！今天一看，果然如此！我们绝交吧！"过了一年，真相大白，朋友登门道歉："我应该了解你，应该知道你绝不可能偷我的鞋，但我没能做到，这是我的罪，请你原谅我，我们继续做朋友吧！"所以如果今天有人误解你，别在意，别动心，一年后自有登门道歉的。

我以前一直以为，"自信"这个词，是不自信的人喊起来壮胆的，自信的人根本不使用这个词。今天才知道，其实自己还远远不够自信。

学问就是做事。论道，要就事论道

学生问：自来先儒都以学问思辨属思，而以笃行属行，分明是两件事，先生为何说知行合一？王阳明答：所谓行，就是着实去做这件事；所谓学问呢？学是学做这件事，问是带疑问做这件事，思辨是思辨做这件事。如果说先学问思辨之，然后去行，却如何悬空先去学问思辨得？行时又如何去得个学问思辨的事？知之真切笃实处，即是行。行之明觉精察处，便是知。若行而不能精察明觉，便是盲目而行，便是"学而不思则罔"；若知而不能真切笃实，便是妄想，便是"思而不学则殆"。所以"知行原是两个字，说一个工夫，这一个工夫须着此两个字，方说得完全无弊病"。知和行的道理，本来如是，

149

你只要"着实就身心体履，当下便自知得"。但"只从言语文义上去窥测，所以牵制支离，转说转糊涂"，这正是不能知行合一的弊病。

学问就是做事。所谓论道，必须就事论道。我们开会讨论问题，经常有人长篇大论说出一番道理来，却不涉及解决具体解决的方案，而以"具体细节可以再讨论"来搪塞。如果这样的发言，再激起会议中其他人的论道热情来，打比方，引经典，纷纷上马，这会议就一发不可收拾，最后各自做了才艺展示，思想交流，就那具体之事没有结论，没有行动方案。所以一切发言必须就事上说，因为决策那事的具体解决方案是我们的会议目的。另一个论道的毛病是，当听到别人说出一番道理来，不是就身心体履，这道理可不可行，对我有没有用，而是从言语文义上去挑剔，找人家毛病，另立一说来显示自己的大脑运动功能。这些都是我们每天在犯的毛病。

读书之道，在于尽心

"凡看经书，要在致吾之良知，取其有益于学而已。则千经万典，颠倒纵横，皆为我之所用。一涉拘执比拟，则反为所缚。"虽然你可能特见妙诣，有所收获，但"意必之见流注潜伏，盖有反为良知之障蔽而不自知觉者矣"。良知能使人特别明白，所以我说"心之良知是谓圣"，你说"人之为学，求尽乎天而已"。这追求天人合一，就是二了。人是天地万物之心，心是天地万物之主，心就是天，"言心则天地万物皆举之矣，而又亲切简易"，所以说"人之为学，求尽乎心而已"。

学习之病在于哪里呢？在于在乎学，而不在乎心。在乎自己掌握了一门"学问"，最好是自己的学问，而不在乎自己有什么新的。

有了这个病，读书就不是用心观照，事上琢磨，而是寻章摘句立说，最好还能自立一说，这样虽然也有收获，如伏下"意必之见"。多了自己要捍卫的观点，就难免为这观点所束缚，遮蔽了自己的良知，失去了学习能力，自己还不知道，甚至反而认为自己最知道。所以儒家强调，学问只有一个，学问是天下之公，是公家的。孔子的学问也不是孔子的，孔子只是说出来而已。所以你要追求学问，但不要追求"我自己的学问"，我们可以立德立功立言，但立言不是为了搭上自己的商标，是为了与天下人"共明此学"，一起把这件事弄明白，偶有观点不同的，大多无非是角度不同，深浅不同。往往说的并不完全是一个事，大可相资为用，而不能自以为身怀绝学，胜心顿起，非要辩出个胜负来。哪怕对方的意见多么荒谬，他也提供给你了解别人看问题的角度。所以学习是为了自己，自己尽心，求自用，求放心，求自信。

君子之耻

二君必须预先约定，彼此但见微有动气处，即须提起良知话头，互相规切。凡人言语正到快意时，便截然能忍默得；意气正到发扬时，便翕然能收敛得；愤怒嗜欲正到沸腾时，便廓然能消化得；此非天下之大勇不能也。能见得良知亲切时，其工夫又自不难。缘此数病，良知之所本无，只因良知昏昧蔽塞而后有。若良知一提醒时，即如白日一出，而魍魉自消矣。

《中庸》谓"知耻近乎勇"，所谓知耻，只是耻其不能致得自己良知耳。今人多以言语不能屈服得人为耻，意气不能陵轹得人为耻，愤怒嗜欲不能直意任情为耻，殊不知此数病者，皆是蔽塞自己良知之事，正君子之所宜深耻者。今乃反以不能蔽塞自己良知为耻，正是耻非其所当耻，而不知耻其所当耻也。可不大哀乎！

睡觉起来，翻开书就挨了先生几记闷棍，晓得了自己也是不知耻，无良知之人。先生之学，我等之药，何弃疗，莫停药。

学习五论

1. 夫一人为之，二人从而翼之，已而翼之者益众焉，虽有难为之事，其弗成者鲜矣。一人为之，二人从而危之，已而危之者益众焉，虽有易成之功，其克济者亦鲜矣。故凡有志之士，必求助于师友。无师友之助者，志之弗立弗求者也。自予始知学，即求师于天下，而莫予诲也；求友于天下，而与予者寡矣。

学习之道废，必是师友之道废。师友之论，曾国藩也很强调，学习进步，最重要的是择友交友。

2. 学贵专。王阳明少时学棋，废寝忘食，一年而诎乡之人，三年国中无敌手。

学贵精。王阳明长大后好文词，字字而求，语语而究，研众史，覆百氏，希迹于宋唐，浸入于汉魏。

学贵正。中年之后而好圣贤之道，对年轻时好棋感到后悔，对好文感到惭愧。学棋是学，学文词是学，学道也是学，然其归远也。道，大路也，其他的，都是荆棘小路，不能克达。所以专于道才是专，精于道才是精。专于弈棋而不专于道，是沉溺。精于文词而不精于道，是精僻，偏僻的僻。大道广大，文词技能从中而出，而如果从文词技能而入，则去道远也。所以非专不能精，非精不能明，非明不能诚。

文词和大道之论，在王夫之诗论中也是核心，最好的诗句是看见什么写什么，不思而得，而不是推敲在意自己的文词表现。比如"池塘生春草"，这是千古名句，如何改得一字？而"僧推月下门"还是"僧敲月下门"，你推敲他干什么？你看见他推了你就写推，敲了你就写敲，行不？

3. 太史张常甫要归省，求王阳明赠言。

"工文词，多论说，广探极览以为博也，可以为学乎？"常甫曰："知之。""辩名物，考度数，释经正史以为密也，可以为学乎？"常甫曰："知之。""整容色，修辞气，言必信，动必果，谈说仁义以为行也，可以为学乎？"常甫曰："知之。"曰："去是三者而恬淡其心，专一其气，廓然而虚，湛然而定以为静也，可以为学乎？"常甫默然良久，曰："亦知之。"某曰："然，知之。古之君子惟有所不知也，而后能知之；后之君子惟无所不知，是以容有不知也。

有所不知，然后能知。知道自己不知道，然后能学习而知道。认为自己都知道，就是不学习，不知道的原因。所以以后什么事别人问我们知不知道，我们要好好想想自己到底知不知道。

4. 学问往往分裂于训诂，支离芜蔓于辞章业举之习，圣学几于息矣！言益详，道益晦，析理益精，学益支离无本。

学习不是考古，考证是学习的大敌。究诘辞章，一句一句抠完了，还要把那字也拆开，揪出一通大智慧来，弄得学问大得不得了，闻者不明所以。殊不知那叫精僻，偏僻的僻。圣人之道，简易明白，考证越多，离题越远。

5. 学问之道，自求心得。儒、杨、墨、老、释，咱们是儒家，但你也不要在辞章上说别家不是。夫杨、墨、老、释，人家也是学仁义，求性命，只是不得其道而偏焉，但人家也是心犹就求以自得也。若儒生只是记诵些圣人辞章，而不是求以自得，那还不如别人呢！

学习是耕耘，关键在种子

一分耕耘，一分收获。可是，你定了下什么种没有？郭善甫来跟先生学了一年，回家前请先生送几句话，王阳明说：君子求学，就像农夫耕田，既要有好种子，又要深耕易耨，除虫去草，时时灌溉，早作而夜思，只惦记那种那苗长得好不好，而后可以有望于秋。学习呢，立志就是种子，学问思辨而笃行之，是耕耨灌溉以求于秋。志不端，就是种子不好，是杂草之种。志端，但功夫下得不够，则五谷不熟，还没有杂草长得好。我看你有心求好种，但又怀疑这种子到底好不好；我看你勤劳耕耨，但又纠结它长起来会不会还赶不上杂草。农夫春种而秋成，时也。从有志于学到三十而立，是由春入夏；从三十而立到四十不惑，是由夏入秋。时间已经过了，种子还没定，不是大可惧之事吗？时间没了，如不是下超过别人百倍的功夫，不敢指望有所成，更何况还可能半途而废呢？不是大可哀吗？跟我的学生很多，开说也不少，但都不出"立志"二字。你这回去，我也不想说别的，望你无异于用力之方也。

我们常说只问耕耘，莫问收获，却忘了说一定要问种！种子不定，或种子太多，或看见新种就想播，或播下去的种又担心它不是最好，这都是学习的大忌。学海无涯而生有涯，时间过了还在彷徨犹疑到处乱学，不能扶持良种，一以贯之，就会一无所成。

学问之道，在于诚心以求

郑德夫问先生："请问释与儒的区别在哪儿呢？"先生说："你不要问释和儒的异同，求其是者而学就可以了。"又问："那如何辨别是与非呢？"答："你不要求谈论讲说哪些是哪些非，求诸心安的就是了。"问："心知道孰是孰非吗？"先生说："无是非之心，非人也。就像嘴巴知道甘苦，和美食家易牙一样，眼睛知道美丑，和视力最强的离娄一样，心知道是非，和圣人一样。心不诚呢，其心之于道，就不像口之于味，目之于色那么诚切。道之甘苦美丑，如果没有诚心去求，就只是谈味论色，又怎么能得到甘苦美丑之真呢？"

阳明先生所说学习之病，今天我们病得更重了。古人之病只在于谈论讲说，我们更被植入一种考试答题思维病毒，学习求答案，不求心得，求知道得多，不求知行合一。所以学问之道在于诚心以求，切身体会，不要讲说谈论自己没有切身体会的事。

规矩与方圆

没有规矩，不成方圆。但是，不可以拿方圆当规矩。"执规矩以为方圆，则方圆不可胜用。舍规矩以为方圆，而遂以方圆为之规矩，则规矩之用息矣。"

规矩，就是认识规律、掌握方法、熟悉套路。方圆，就是规范，规矩的样式、范本、流程、要求。懂规矩很难，能执行规范也不容易。后学者还是要从规范开始，规范烂熟于心，才能慢慢体会到规矩。最糟糕的是，不尊重规范，不守规矩，自以为有能力有创造力。殊不知，不守规矩，就是违背规律。这样的态度，在今日中国比比皆是，修桥修路盖大楼赶工期，就是不守规矩，违背规律，轻者工地出事故死人，重者若干年后豆腐渣工程出事故死更多人。创意工作也一样，最重要的是规矩，只有按套路来，才有市场保障。很多人鄙视套路，认为创意不应该有套路，这是创意还没入门的表现。别说商业创意，就说艺术创作、时尚创意，你看梵高、毕加索、齐白石，哪个艺术家不是套路？套路要正，功力要深。创意拼的首先是套路正，然后才看谁功夫高，功力深。

不能屈下之病

君子之学，求以变化其气质焉尔，气质之难变者，以客气之为患，而不能以屈下于人，遂至于自以为是，自欺欺人，粉饰自己的过失，增长自己的傲气，最终归于凶顽鄙倍。凡世之为子而不能孝，为弟而不能敬，为臣不能忠者，都是始于不能屈下，而客气之为患耳。如果能惟理是从，而不难于屈下，则客气消而天理行。非天下之大勇，不足以与于此！

不能屈下，是我们每个人的毛病，各种不服，各种争胜，随时冒泡。学习上也有不能屈下之病，人家把事已经说透了，非要另立一说以胜之。关注的不是如何咀嚼消化吸收对方的观点，而是马上表达自己的观点，这都是阻碍我们进步的毛病。

沉默论之四伪八诚

沉默有四伪：愚、狡、诬、贼。疑而不知问，蔽而不知辩，冥然以自罔，谓之默之愚。以不言欺人者，谓之默之狡。怕人看出自己的长短，掩覆以为默，谓之默之诬。深为之情，厚为之貌，渊毒阱狠，自托于默以售其奸，谓之默之贼。这是默之四伪。沉默八诚呢，孔子说："君子耻其言而过其行""古者言之不出，耻躬之不逮也。"不说出来，怕言过其实，做不到。所以知耻而后知默。孔子又说："君子欲讷于言而敏于行。"因为要敏于行，所以沉默不语，所以不是为了默而默。又说"默而识之"，是必有所识，"默而成之"，是必有所成。所以善默者莫如颜子，"默然而日章"，是默之积也。"不言而信"，是默之道成也。"天何言哉，四时行焉，百物生焉"，而默之道至矣。非圣人如何与于此哉！这就是默之八诚。

我们总是泛泛然说沉默是金，却没有认真想过。王阳明把沉默之道说透了，每一条都能让人自省。

从我所好，从真我之所好

董萝石自号"从吾道人"。先生说："萝石是真能从我所好的人。世之人从其名之好也，而竞以相高；从其利之好也，而贪以相取；从其心意耳目之好也，而诈以相欺，他们都自以为是从我所好，又岂知那'我'是真我吗？我之所谓真我，是良知之我，父而慈，子而孝，是我良知之所好，不慈不孝我难受。言而忠信，行而笃敬，是我良知之所好，不忠信，不笃敬，我自己难受。名利物欲之好，是自私之好，天下所恶。良知之好，是真我之好，天下同好。所以从自私之好，则天下之人皆恶之，将心劳日拙而忧苦终身，这就是为物所役。从真我之好，则天下人皆好之，将家、国、天下，无所处而不当；富贵、贫贱、患难、夷狄，无所入而不自得，这才是真能从我所好。孔子说：'吾十有五而志于学'，这是他从我所好之始。到七十而从心所欲不逾矩，那是从我之化境了。"

好人不知道坏人有多坏，坏人不知道好人有多好，这就是因为所好不同，从私我之好者和从真我之好者，相互都不了解，以为对方不至于吧，其实双方在各自的方向上都非常至于。像我每天早起晨读写笔记，很多朋友说我有毅力，其实跟毅力没关系，从我所好而已，一天不读不写，浑身难受。

对老师的态度，不要怀着一颗纠错的心听课，若纠错成了收获，学习就没了收获。切忌"纠错型学习"和"纠错型会议讨论"

学习，是证诸先觉，考诸古训。证诸先觉，是跟老师学。既以其人为先觉而师之，则当专心致志，惟先觉之为听，言有不舍，不得弃置，必从而思之。思之不得，又从而辩之，务求了释，不敢辄生疑惑。如果没有尊崇笃信之心，则必有轻忽惝易之章，言之而听之不审，犹不听也；听之而思之不慎，犹不思也；是则虽曰师之，犹不师也。考证古训呢，就是读圣贤书。吾欲求天理而不得其方，所以才读书。则其履卷之余，真如饥之于食，求饱而已；病之于药，求愈而已；暗之于灯，求照而已；跛之于杖，求行而已，不能徒事记诵讲说，以资口耳之弊！

纠错型开会，危害更深。会议的目的只有一个，就是解决那个待解决的问题，这是本质。开会的人则各有各的目的，主要是捍卫自己的正确，表现自己的思想，这是人性。会议就从解决问题的讨论，变成了各怀胜心的辩论，最后大家都在一句话上达成共识——"具体问题可以再讨论"。会议的目的，解决问题，变成了最不重要的，自己的表现才是最重要的，会议变成了智力竞赛会、思想调情会。还有一病是有人来讲方案的时候，自己也不自信，讲完说："我今天就是给大家带一个靶子来。"这一句话把会议给毁了，下面乱箭齐发，把会议射成个刺猬。会议的靶子只有一个，就是我们要解决的问题，提案者是带弓箭来，大家一起讨论解决问题，可出方案成了靶子，会议开得乱七八糟，对方案发表的任何匪夷所思的奇谈怪论，都能成为议题。特别是有的公司喜欢"集思广益"，邀请很多其他职能部门的人参会。这些人如果讨论问题怎么解决也是根本发不了言的，但要指出方案的"问题"，他就特别活跃，特别能启发人。在这样的会议上，最可怜的是那会后要承担解决问题的工作责任的人，每个人都带着表演的满足感离开会议室，他的问题却没得到明确决策指示，这就是纠错型会议之病。

随时问自己有何自得，而不是晓得了些"知识"，就能取之左右逢其源

孟子曰："君子深造之以道，欲其自得之也。自得之则居之安，居之安则资之深，资之深则取之左右逢其原。故君子欲其自得之也。"世之学者，业辞章，习训诂，工技艺，探赜索隐，勤苦终身，却不是真正的深造于道，而是辞章而已，训诂而已，技艺而已，哪能得道而左右逢源呢？

所以君子戒慎不睹，恐惧不闻，致其良知而不敢须臾或离者，才是真正深造于道，大本立而达道行，天地以位，万物以育，左右逢源。

随时问自己有何自得，而不是晓得了些"知识"，就能取之左右逢其源，须随时观照自得，知行合一。

学习讨论，只关注于学有所得，而不是要辩有所胜，才能进步

先儒之学，各人心得，有浅有深，论述自然各有异同。学者惟当

反之于心，自己体会，而不必苟求其同，也不必故求其异，要在于求是而已。如果他的说法与你不合，不妨致思。思之而终有不同，那你也没有受他之害，但不当因此而对作者遂加非毁，那罪过就大了。

程先生说："贤且学他是处，未须论他不是处。"此言最可以自警。见贤思齐焉，想想我能不能像他那样。见不贤而内自省，检查我有没有他那毛病。这样，就不会过分苛责他人，而自治严格。

议论好胜，亦是今日学者之大病。今学者于道，如管中窥天，少有所见，即自是自足，傲然居之不疑。与之言论，别人话还没说完，他已满怀轻忽非笑之意，一脸不耐烦，拒人于千里之外。我们学习是为了体之于心，有益于道。如果标立门户，自以为有学问，那罪就大了。

要得心，不要胜心。胜心是学习之大病，大敌，而得心则是特效药。学习讨论，只关注于学有所得，而不是要辩有所胜，才能进步。读书也有胜心之病，读到自认为人家写得不对的地方，就扬扬自得，高谈阔论。这不是真有所得，是胜心作怪。读书如果得一堆别人的不是处，那就一无所得。

喜新厌旧，是学习之大病

圣贤之学，坦如大路。你只要入对了门，循序渐进，随着各人的天分和努力，皆有所至。后学厌常喜异，流于空虚，追逐新奇之论，就入了断蹊曲径，用力愈劳，去道愈远。

厌常喜异，喜新厌旧，是学习之大病。老是问有什么新东西，新知识，求新若渴，好像旧东西旧知识他都掌握了似的。先生说，圣人因为不知，所以能知。你认为自己都知，不去反复学习，就没机会真知。温故而知新，唯有温故能知新。

去除傲的快感，享受谦的温柔

一个傲字，便结果了一生。

人身上的毛病，大段只是傲。千罪百恶，都从傲上来。傲则自高自是，不肯屈己下人。故为子而傲，必不能孝；为弟而傲，必不能悌；为臣而傲，必不能忠。舜的弟弟象和尧的儿子丹朱，其不仁不肖，都只是一个傲字，便结果了一生。做个罪大恶极的人，更无解救得处。

为学先要除此傲的病根，才有地步可进。傲的反面是谦，谦就是对症之药。非但是外貌卑逊，须得中心恭敬，撙节退让，常见自己的不是，真能虚己受人。所以为子而谦，斯能孝；为弟而谦，斯能悌；为臣而谦，斯能忠。尧舜之圣，只是谦到至诚处。

去除傲的快感，享受谦的温柔。

时时不忘大是大非之心，则大本立而达道行

良知，就是"是非之心，人皆有之"，不学就有，不思而得者，谁人没有良知呢？只是不能致之耳。自圣人以至于愚人，自一人之心，以达于四海之远，从千古之前，以至于万代之后，都不会有什么不同。

这个良知，就是天下之大本，致良知而行，就是天下之达道。致良知，则天地以位，万物以育，将富贵贫贱，患难夷狄，无所入而弗自得也矣。

万事依良知而行，时时不忘大是大非之心，则大本立而达道行。

老生常谈，便是真章程

王阳明陈言边务疏：臣所陈奏的，并无奇特出人之处，都是兵家常谈，今之为将者之所共见。但今边关将帅，虽然都知道，却不那么去做，视为老生常谈，漫不加省。事情败坏下去，则委之为无可奈何没办法；什么事有麻烦有困难，则因循苟且。是以玩习弛废，一至于此。所以陛下万万不可把我这些老生常谈视为虚文。

老生常谈，老生为什么常谈？因为一代代传下来最久经考验的道理，就成了老生嘴上的常谈。我们为什么总是对老生常谈漫不经心，不认真吸取自省照做？三个原因，一是那老生并不被我们所尊重，他对这些常说也是鹦鹉学舌，说不透；二是老生常谈的东西，其道理实在平淡无奇，要做都非一日之功，让人觉得这谁不知道，这些我要是都做了还用你说什么？三就是贪巧求速的病根了，总想要个绝招，一蹴而就，那么卖绝招的江湖骗子就上门来了。

凡战胜者，都胜在先着，胜在过去的伏笔，胜在积累

王阳明评点《孙子兵法》：兵贵拙速，要非临战而能速胜也，须知有个先着在，校之以计而索其情是也。

"拙速"二字大妙。世人都想"巧速"，先生却道"拙速"，曾国藩亦有"不疾而速"之言。凡战胜者，都胜在先着，胜在过去的伏笔，胜在积累，胜在未战之前也！

读书的"宪法"是居敬持志，循序致精

王阳明三十七岁那年，觉得自己辞意艺能不足以通至道，求师友于天下又没遇到，心里很惶惑。一日读到朱熹上宋光宗书："居敬持

志，为读书之本，循序致精，为读书之法。"才醒悟自己之前探讨虽博，却没有循序以致精，亦无所得。

居敬，读书要有敬心，要敬那书，敬那写书的人。咱们既然读人家的书，就要敬人家把那书写出来给我们读，汲取对我们有益的，不可"纠错型读书"，自己一个人读书，心里也要跟那作者较个高低，把发现人家"不对""不行"的地方当"胜利果实"，与人讲说时炫耀这些"战利品"，这都是我们读书的大病。

持志。读书必先立志，为这志向而读书，为这志向而选择要读的书。读书的关键不仅在于读什么书，更在于不读什么书。我们幼时受教育"学海无涯苦作舟"，要读的书浩如烟海，要苦读啊！殊不知这学海无涯是庄子的话，原意是说学海无涯，人生有涯，以有涯之人生，投入无涯之学海，不是很可笑吗？所以我们的学海一定要有涯，这个涯，这个边界，就是我们的志向，我们的目标。不可见人"学问大"，就跟着去学，徒事广博，一艺不精，那就真是读书无用了。

循序。有志向必有计划，有边界必有次序，不可乱了次序。先立本后求新。如商学阅读，必先读通教材，再读畅销书，否则基础不全，楼不稳，盖不高。

致精。循序，渐进，而致精。读书有序有计划，必每天坚持，不可今天没事多读一点，明天出差放一放。曾国藩说读书二要，一是每日读书不在多，在于手不释卷，无日不读。二是一本未读完，不翻下一本，这才读得踏实，收获扎实，才能在积累中得以致精。

只与自己争成色，莫跟他人争斤两，兼谈那个著名的企业家赌局

故事是这样的：

弟子希渊问："圣人可学而至，但是想伯夷、伊尹两人，与孔子相比，他们的才力始终是有差距，为什么他们能跟孔子同列为圣人呢？"

王阳明回答说："圣人之所以为圣，是他的心纯乎天理，而无人欲之杂。就像精金之所以为精，是因为他成色足，没有铜铅之杂质。人到纯乎天理就是圣，金到足色方是精。圣人的才力大小不同，就像金子的分量不同。尧舜可能万镒（yì，古代重量单位。二十两或二十四两为一镒），文王、孔子相当于九千镒，舜、汤相当于八千镒，伯夷、伊尹相当于四五千镒。

"才力不同，而纯乎天理则同，所以都是圣人。就像金子分量虽然不同，但都是足色精金。把五千镒精金放到一万镒精金当中，其足色相同，所以把伯夷、伊尹与尧、孔子并列，其纯乎天理相同。

"精金在于足色，不在于分量。所以为圣者在于纯乎天理，不在于才力。凡人肯学习肯上进，也可为圣人，就像一两精金，和万镒精金比，分量虽然悬殊，但足色可以无愧。

"最怕就是不锻炼自己的成色，成天想去跟人比斤两，弄到一万镒，全是破铜烂铁，又有何用？

"所以我们用功只求日渐，不求日增。减一分人欲，便是复得一分天理，这是何等轻快洒脱！何等简易！"

我们经营，人欲便是增长欲，天理便是使命感。少找一些增长机会，多聚焦于自己的社会价值和使命，则每减一分，则增得一分。这不就是专注坚持，不疾而速吗？

只与自己争成色，莫跟他人争斤两。而我们的毛病，往往是盯着别人的斤两，而不是每日照镜子看自己成色。

故事还没结束。

弟子德章问："先生以精金比喻圣人，以分两比喻圣人的分量，以锻炼比喻学者功夫，最为深切。但我有一个困惑：为什么尧舜是一万镒，孔子是九千镒呢？"

王阳明回答："你还替圣人争斤两啊？这又是在躯壳上起念，不关注本质。如果不去在这躯壳上起念，则尧舜的一万镒你也不觉得多，孔子九千镒你也不觉得少。尧舜的万镒也是孔子的，孔子的九千镒也是尧舜的，没有彼此，都是人间之圣。

"只论精，不论多寡。只要此心纯乎天理处同，便同谓之圣。如果要比力量气魄，怎么能相同呢？后儒只在分两上计较，所以流入功利。若去除了比较分两的心，个人尽着自己的力量精神，只在此心纯天理上有功，即人人自有，个个圆成，便能大以成大，小以成小，不假外慕，无不具足，这便是实实落落明善诚身的事。"

善哉！圣人之言！醍醐灌顶，令人汗流浃背。

我想起那个著名的企业家赌局，一个赌五年内你的营业额不可能超过我，一个赌五年内我的营业额肯定超过你。围观的同志们看着，又不知道多少人暗暗发誓：我要超过你们俩的总和。

五年之后，那赌赢的，自然快意；赌输的，难免自辱。

如消费者何？如社会何？如自己何？如天理何？

两个都是中国最优秀的足金企业，为何要给社会示范一个斤两比拼呢？眼睛要盯着自己，盯着顾客，盯着社会，盯着自己的使命，何必吃了秤砣，铁一颗"胜心"，想在斤两上胜过别人，不能说这不是发奋的动力，但也正在是我们焦虑愤懑的源泉。

"存天理，灭人欲。"存服务社会的使命天理，灭斤两攀比的胜心人欲，把自己的事做好，把自己的用户服务好，把自己的社会使命担当好，则如王阳明教导："人人自有，个个圆成，便能大以成大，小以成小，不假外慕，无不具足，这便是实实落落明善诚身的事。"

攀比斤两，输了也就罢了。若为了斤两上胜出，增加出一大堆破铜烂铁来，失了精金足色，那才是真正灾难呢！

只问耕耘，不问收获，这就活在他人想象之外

"圣贤只是为己之学，重功夫不重效验。"怎么能只看重下功夫，不看重效验呢？因为心中有志向，有使命，有信念，就能只问耕耘，不问收获，这就活在他人想象之外。凡人只问那学问有没有用，却没有志向，问自己拿什么给社会用。

《阳明学述要》钱穆

知之实乃不知，真知才是知

老虎可怕，人人都知。有人被老虎咬过，虎口逃生回来，他一说起老虎，神色就变。别人也说老虎，就没那感觉。他这就是真知，一般人只是知。知和真知，天壤之别。所以什么事不要以为你知道了。知之实乃不知，真知才是知。

"知行"在本体上是"合一"的

那什么叫知行合一？比如孝悌，如称某人知孝知悌，一定是他曾经行孝行悌，才算知孝知悌。只是晓得说些孝悌的话，那不算知孝悌。所以"知行"在本体上是"合一"的。"尽天下之学，无有不行

而可以言学者。"

新习惯的养成，要靠切实笃行、知行合一、凡事彻底

读书能改变人的气质。程明道说，改变气质，就是革除一个旧习惯而养成一个新习惯。我们搞5S管理，整理、整顿、清扫、清洁、素养。最后的素养，也是要养成一个新习惯。这个新习惯的养成，就靠切实笃行，知行合一，做到凡事彻底。所以日本的管理思想，根子全在中国的儒家文化。我们学日本的管理思想，文化上就比较顺。

读书的最高境界，在于"变化气质"

读书的最高境界，在于"变化气质"。曾国藩说，读书不仅能改变气质，而且能改变人的骨相。那就是改变命运了。性格即命运，读书读通透了，润之四体，深入骨髓，就能知行合一，随遇而安，克己复礼，天人合一。知行合一，就能天人合一。

《庄子集释》〔清〕郭庆藩

"吾生也有涯，而知也无涯"是讲养生之道

"吾生也有涯，而知也无涯"不是说"学海无涯苦作舟""吾将上下而求索"，是讲养生之道。以有限的生求无限的知，而不知止，非养生之道也。本已为知所困，又求新知以救之，斯养而伤之者，大殆也。就像很多朋友，因为过劳损害了健康，本应休息静养，反而大运动量锻炼，反遭其害。

生以养存，是养生的至理

企业的养生之道：生以养存，是养生的至理。若养过其极，则以养伤生。企业永续经营，亦有养生之道。知企业养生之道者，李嘉诚也。以养伤生者，争先恐后，不思守志图存，抱薪救火，以图侥幸。为善无近名，养生无近利。去尚名好胜之念，凝神守志，专注坚持，不疾而速，积跬步以至千里。

要多做贤德的事，不要为了让自己显得很贤德而做事

"行贤而去自贤之行，安往而不爱哉！"要多做贤德的事，不要为了让自己显得很贤德而做事，最终别人都会爱你。企业在研究品牌形象、公关活动的时候，往往有太多"自贤"的杂念，最后都成了自以为贤，自满于贤，其实别人根本不以为然。一心行贤而非自贤，才是提升品牌美誉度之正道。

三个境界

第一，知其然而不知其所以然；第二，知其然且知其所以然；第三，不知其所以然而然。天才大多是不知其所以然而然，其实于天才来说，也不是不知，是无所谓知，也无所谓不知，自然而然，真然也！研究其所以然，是理论家的任务。

《朱子近思录》 〔宋〕朱熹　〔宋〕吕祖谦

记诵博识，也是玩物丧志

记诵博识，也是玩物丧志：有人喜欢记些名人名言、名篇名章，出口就能大段背诵。程颢先生说，这也是一种玩物丧志！学习是为了蕴之为德行，行之为事业，不是为了玩诵词章，是为了得之于己，不是为了见知于人。

咨询公司为什么不能主动找客户？因为主动去求，一定得不到信任和重用

咨询公司为什么不能主动找客户？程颐说："贤者在下，岂可自从以求于君？"如果主动去求，一定得不到信任和重用，一定要他致敬尽礼而后往。这不是妄自尊大，而是要他有尊德乐道之心，你去了之后才干得成事。如果他没有那份心，你去也白去。

《王阳明三部曲》 许葆云

在圣人面前，我们只有拜服

想想阳明子在那暗无天日的"大将军朱寿"时代，做出的那一番学问和事业，我们今天的焦虑实在不算什么。在圣人面前，我们只有拜服，拜服啊！

《知行合一》冯友兰等

修身齐家做学问的最大抓手，就是一切付诸行动

阳明心学三大纲领：心即理、知行合一、致良知。不过，今天我们主要学习后两条。讲"理"，哲学逐渐让位于科学。陆九渊发明"心即理"，讲"宇宙便是吾心，吾心即是宇宙"，但对什么是宇宙，他的认识也止于"四方上下曰宇，古往今来曰宙"而已。"良知"是孟子发明，王阳明五十岁才开始讲"致良知"三个字，应该说也没有超过孟子的四端论和对良知良能的扩充放大。而"知行合一"，是王阳明的最大发明，修身齐家做学问的最大抓手，就是一切付诸行动，不要问你赞同谁的观点，只问你要怎么做。没有照着做的事情，谈不上什么知不知，而反复去做的事情，不仅心里知道，而且不需要心里知道，条件反射自己就会知道。我们每天重复做的事情，就构成了我们自己。我们做什么，就知道什么，我们就是什么。从这个角度来说，不仅是知行合一，而且是知、行、我，三合一。

《国语四书·中庸》作者不详

至圣至诚是一回事，唯圣人能知圣人

"经、纶，皆治丝之事。"经，是理出头绪分之；纶，是比其类而合之。要经纶天下，靠至诚。"唯天下之至诚，能经纶天下之大经，立天下之大本，知天下之化育。""至诚之道，非至圣不能知；至圣之德，非至诚不能为。"至圣至诚是一回事，唯圣人能知圣人。

《尼采》 [德] 马丁·海德格尔

尼采就是哲学狂人，他最终也确实发了狂，求狂得狂

"权力意志""虚无主义""相同者的永恒轮回""超人""公正"，是尼采形而上学的五个基本词语。权力意志是存在者的本质，没有理念和目的，就是纯粹的权力扩张、统治世界。一切价值都是虚无，也就是"最高价值的自我贬黜"，价值成为一种"重估"，成为权力意志的计算。既无价值和目标，则一切都是相同者的永恒轮回，"这种永恒的愚弄，把我们卷入其中"。至于超人，是在人类中筛选的学说，是超越人性的，不是人性。人类只是材料，超人才是统治者。用什么统治呢，用"公正"统治。"公正"是什么意思呢？反正不是字典上的任何意思，是"构造着的、离析着的、消灭着的思想方式，是从评价出发的：生命本身的最高代表"。谁来评价呢？当然是超人。于是，"公正"是"权力意志的最高方式"，是"真理之本质的真正的规定基础"。

这就是尼采的形而上学，继柏拉图的"善"、康德的"自由"之后，一个巨大的倒退。他的超人，毋宁说是"狂人"，他的哲学，就是"狂人日记"。世界历史，确实有他狂人日记的一面，尼采就是哲学狂人，他最终也确实发了狂，求狂得狂。

形而上学乃是存在者整体本身的真理

形而上学乃是存在者整体本身的真理。真理是把存在者所是的什么（本质、存在状态）、存在者存在这一实情以及存在者整体的存在方式带入"相、理念""知觉"、表象、意识的无蔽领域之中。

而真理总是要求某个人类，通过这个人类而被安排、奠基、传达，并且因此得到保存。本质上，而且历史性地，真理及其保存乃是共属一体的。

存在状态（存在者之为存在是什么）和存在者整体（存在者整体存在这一实情以及存在者整体如何存在），还有真理的本质方式和真理的历史，以及最后，为了真理之保存而被置于真理之中的人类——这些东西限定了某种五重性，形而上学的统一本质就在这种五重性中展开自身并且总是一再自缚于其中。

我认为，存在的本质就是人！人化的世界，由人设定。人的本质是语言和技术，语言是人的牢笼，技术是人的延伸。真理的本质也是人，由某人提出，以某人命名。

在尼采的哲学里，一切价值和理想都是虚无，唯有"权力意志"是实存

我确信尼采是个坏人，他的哲学是坏的哲学。在他的哲学里，一切价值和理想都是虚无，唯有"权力意志"是实存；一切人类都是蝼蚁，唯有他的"超人"是世界的主宰，而"超人"的主宰也没有愿景，主宰就是愿景。

人是万物的尺度，是存在者存在的尺度，也是不存在者不存在的尺度

笛卡儿的"我思故我在"看起来仿佛是一个三段论，但是，其大前提"如果他思想，他就实存"本身并没有证明，而是运用了"自明性"的魔杖。所以，"故"字应该去掉，改为"我思我在"

定律——自我即思想的存在者，人就成为别具一格的主体，在这个"一般主体"的支配领域，"存在者"不再是"受造存在者"，而是"确定存在者"，是"无疑之物"，是"思想、表象"。这个定律乃是"表象的完全本质"，只是给出了一个对"基础"和"原理、本原"的本质的新规定。这个基础定律的本质现在是根据"主体性"的本质，并且通过"主体性"而得到规定的。"公理"现在具有另一种意义，不同于亚里士多德为解释存在者之为存在者而找到的作为"矛盾律"的公理的真理性。诚然，笛卡儿并没有明确地讨论过这个作为基础定律的定律的定律特征。

普罗塔哥拉箴言："人是万物的尺度，是存在者存在的尺度，也是不存在者不存在的尺度。"

西方形而上学的问题自始就是：存在者是什么

西方形而上学的问题自始就是：存在者是什么？希腊政府把存在者之存在规定为在场之持存状态。对于尼采来说，存在者整体的本质是混沌，因而就是生成，而且恰恰不是固定者和持存者意义上的存在。存在受到了排挤，为的是推出生成，而生成的变异特征和运动特征被规定为权力意志。

价值乃是人能够吞食的最高的权力量——是人，而不是人类

上帝已经死了，我们要让"超人"活起来。

价值乃是人能够吞食的最高的权力量——是人，而不是人类！人类更多的还是一个工具而不是目标。关键在于这个类型：人类只是试验材料，是败类的巨大剩余：一片废墟。

尼采的思想，到了超人这一步，就异化成了魔鬼的意识形态，得到纳粹的推崇。超人本应该是"超我"，不断地超越自己，生成新的自己。尼采却制造出一个人上人的超人。与其说人类是工具，不如说上帝是人类的工具。有了上帝，上帝面前就人人平等。尼采取消了上帝，塑造出超人，超人就成了上帝，而整个人类都成了耗材。

一切存在或思想，都是言说

形而上学被规定为关于存在者之为存在者整体的真理，一种被嵌入思想词语中的真理。这种词语道出对在其机制中的存在者之为存在者的要求，即范畴。所以，范畴就是形而上学的基本词语，从而就是表示哲学基本概念的名称。康德说：我们必须根据判断表来获得范畴表。因此，作为对一切形而上学的本质的标识，我们可以造出一个标题：存在与思想。这个表述表达出：存在是通过思想从存在者出发又向着存在者而被把握为存在者的"最普遍之物"的，而"思想"在此被理解为陈述性的言说。

一切存在或思想，都是言说。这就是为什么在华与华的超级符号和品牌理论中，把一切都诉诸言说，品牌即言说。

人的世界，就是语言的世界，存在者是人世的存在者，也就是语言的存在者

我们取消了真实的世界：那还剩下哪个世界呢？也许是虚假的世界吗？绝对不是的！随着真实世界的取消，我们同样也取消了虚假的世界！

尼采对真理的本质作了极端的思考，他把真理的本质称为

"公正"。

尼采的"公正"一词既没有"法律上的"含义，也没有"道德上的"含义，而指的是那个承担和完成"符合"之本质的东西，即向混沌的同化，向"存在者"整体的同化，而且因而就是这个存在者整体本身。

公正超越真实世界与虚假世界的区分而向外观看，并且因此观入一个更广大的境域之中——在其中，人的本质得到更广大的规定。

没有真实，当然也就没有虚假，这是语言所决定的。尼采在语言的牢笼中做困兽之斗，而他的武器却乞求于语言。他抓到了一个"公正"，却又说不是一般意义的公正，这是他没有武器了。人的世界，就是语言的世界，存在者是人世的存在者，也就是语言的存在者。语言是海，人是鱼，永远无法上岸。要么"设定"，要么放弃，否则永无宁日，只能发疯。

哲学催生了科学，也逐渐被科学所替代，是技术不断生成新世界、新存在

真理是"持以为真"，是对持存状态之基础的相同性和同一性的估计和预见。这里可以看出尼采对真理地位之"贬降"，真理是由生命所定义的，而人类生命本身归于混沌。尼采找到一个词，艺术，他说生命以艺术的方式归属于一种生成的混沌。真理不能做的事情，由艺术来完成。艺术把生命体美化而使之进入更高的可能性中。这艺术不是狭义的艺术，而是指把生命有所美化而置入更高可能性之中的所有形式。尼采颠倒了柏拉图的真实世界和虚假世界。他说真实世界是生成者，而虚假世界是固定者和持存者。这么说我们永远生存在虚假

世界，而真实世界永远在生成之中。所以，尼采说："真理就是一种谬误。"但是，谬误的意思就是与真理失之交臂，错失了真理之物。那么，真理就是对真理的错失了。真理必然做了两次思考：一方面，真理被思考为对持存者的固定；另一方面，真理又被思考为与现实之物的一致性。以后者为基础，前者就是谬误。而艺术作为美化，是一种与生成者及其可能性的一致性，从而成为比真理更高的价值。

尼采的"艺术"是什么呢？如果按他说的那种功能，不如说是"技术"，科学技术，或者说，技术是艺术所有形式中最重要的形式。所以，哲学催生了科学，也逐渐被科学所替代，是技术不断生成新世界、新存在。

矛盾律应该被视为一个命令、指令

矛盾律应该被视为一个命令、指令。认识的本质骨子里就具有命令的本质特征。生命在自身中，在其生命状态中，就具有命令的本质特征。而原始的命令活动和命令能力又源于一种自由，它本身就是自由存在的一个基本形式。自由就是创作，即对一个基础的毫无根基的奠基，其方式是：自由把它的本质的法则赋予自身。而命令活动无非就是这个。这是认识的命令特征和创作特征的双重说明。命令和创作必须起源于自由，自由的本质包含着"寓于自身存在"，也就是说，一个自由的存在者能够与自身相一致，存在者能够在其可能性中把自身赋予自己。我可以以《中庸》的开篇一句话来对应这一哲学："天命之谓性，率性之谓道。"谁命令的？天命令的。而率性，充分地发挥这天命之性，就是把自身百分之百赋予自己，就是自由。

一切运用范畴的思维，任何运用图式的预先思考，亦即根据规则的思考，都是透视性的，是由生命的本质所决定的

尼采对认识的生物学解说：

理性也就像欧几里得的空间一样，成了某些动物种类的特异反应性，而且是多种特异反应性中的一种。一切运用范畴的思维，任何运用图式的预先思考，亦即根据规则的思考，都是透视性的，是由生命的本质所决定的。这样一种主观强制性乃是一种生物学的强制性。

我们也可以此来解释"格物致知"，格，就是对混沌的图式性思考，是思考的规则，然后透视是非善恶。

尼采说：目的性乃是一个结果，不是一个原因

理性中的目的性乃是一个结果，不是一个原因。

自柏拉图和亚里士多德以来，这是一个形而上学的基本学说：目的就是原因。

比如我们为了住宿和遮风避雨，于是建了一间房子。目的就是建房子的原因。尼采并非要否定这一解说，而是要强调，目的是先行被固定的东西，是理性生产出来的，因此就是一个结果，一个被构造出来的图示意义的结果。这种对目的性范畴的特别强调表面，尼采不只是把目的性把握为其他范畴中的一个范畴，而且把它理解为理性的基本范畴，赋予目的性这样的一种优先地位。

这一哲学降维理解到我们的日常工作中，亚里士多德是首先服务于最终目的，目的、现状、真因、对策。尼采对目的就是结果的思想，则指向我们的"成果物定义"，把成果"物"最清晰地构造出来，图示出来，这就是那个靶心的钉子。

需要曾起过决定性的作用

在理性、逻辑、范畴的构成中，需要曾起过决定性的作用：不是"认识"的需要，而是归结的需要，图示化的需要，是为了达到理解和计算。

我们总是想从此岸到彼岸，以为自己是站在此岸看彼岸

由于我们试图澄清如何才能够把混沌设定为可认识者和有待认识者，我们就已经不知不觉地碰到了认识者——那个把握世界、征服世界的生命体。这不是偶然的，因为就其本质来说，可认识者与认识者向来一体地取决于同一个本质基础。我们不可能把两者分离开来，也不能要求孤立地找到它们。认识并不像一座桥，能够在某个时候一劳永逸地把一条河的两个自在现成的河岸连接起来；而不如说，认识本身就是一条河，它在流动之际先把河岸创造出来，并且以一种比一座桥向来所能做到的更为原始的方式使两个河岸相互面对。

我们总是想从此岸到彼岸，以为自己是站在此岸看彼岸。事实上，我们是那条河，自己创造了两岸，也在不断改变两岸。

真理的本质是一种"评价"

认识的"真理"就在于认识对生命的有用性。真理根本就不是某种自为之物，而是一种可评价性。对一切本质之物的本质规定都要回溯到"评价"。本质性的东西要从其价值特性的角度来把握。一切存在者的本质从一开始就一般地设定为价值了。而所谓"价值"，尼采理解为"生命"的条件。价值设定并不是指从外部通过某个人加给生命的评价。价值设定乃是生命本身的基本过程，是生命实现和完成其

本质的方式。

这是一个生成世界向存在世界的极度接近——此乃观察的顶峰

对"存在者是什么"这个主导问题，其中一个答案大体上是巴门尼德的，叫作存在者存在。这是一个十分深刻的答案，因为这个答案首次为后来者确定了何谓"是"和"存在"——持存状态和在场状态，即永恒的当前。另一个答案大体上是赫拉克利特的，叫作存在者生成。存在者在持续的生成中存在，在自行展开和对立的衰变中存在。尼采把存在者和生成者在一个基本思想中联结在一起，这个基本思想就是——生成者存在，乃是由于它在创造中存在着生成并且生成着存在。但这样一种存在着生成却成为生成着的存在者，亦即在已经变得固定的东西（作为一个僵固者）向被固定者（作为具有解放作用的美化）的不断生成中成为生成者的存在者。尼采说："给生成打上存在之特征的烙印——这乃是最高的权力意志。"把生成者重新压铸在存在者上，就是权力意志的最高形态；而从其最深刻的本质来看，这种重新压铸就是瞬间状态，亦即相同者的永恒轮回。尼采说："一切皆轮回，这是一个生成世界向存在世界的极度接近——此乃观察的顶峰。"

最高的思想道说要义就在于：在无言中道出真正要道说的东西

最高的思想道说之要义就在于：并非简单地在道说中把真正要道说的东西隐瞒起来，而是要这样去道说之，即在无言中道出真正要道说的东西。思想之道说乃是一种缄默活动。此种道说也吻合于语言最深刻的本质。语言在沉默中有其本源。作为缄默者，思想家以自己的方式达到诗人的地位，但又永远与之相分离；而反过来讲，诗人之对思想家亦然。

这里的"缄默活动"，德文为Erschweigen，英译为a telling silence，或许也可以译为"无语的言说"。这段话可以作为《有人写诗》的书评，如华楠所言，这是语言和存在的战斗。语言会获胜，但存在不会败，败的是人。而写诗，就是人对语言的反抗吧！人会不会败呢？因为人是思想者，一切都是人的思想，存在者整体也必须人化。所以人也不会败，人是参战者，也是战场本身。

形而上学的主导问题

自古至今哲学所常质疑问难又一再没有找到通道的问题是——**存在者是什么？**

形而上学就是那种追问和探究，它总是受这样一个唯一的问题引导：什么是存在者？因此，我们把这个问题称为形而上学的主导问题。

形而上学的基本立场就是：这个主导问题的追问者如何总是被嵌入没有明确地被展开的主导问题的结构中，由此得以置身于存在者整体中，获得一种对存在者整体的态度，并且因而共同规定了人在存在者整体中的位置。

《有人写诗》就是这样一种态度。

思想本身实际上只有当思想者存在时才存在

思想本身实际上只有当思想者存在时才存在。因此，思想者是比单纯的所思之物的个别情形更多的东西，更是与之不同的东西。前者，即思考这个思想的人，也不是无论在什么地方和什么时候都会出现的人。对这个思想的思考有他本己的历史必然性；这种思考本身决定着一个历史性的瞬间。唯从这个瞬间而来，在那个思想中所思的东西的永恒性才能显露出来。

在华楠的诗集《有人写诗》中，就是这样的人在这样的瞬间，写出的每一首诗都是永恒的显露。

尼采看到了什么呢？答曰：世界的总体特征

尼采看到了什么呢？答曰：世界的总体特征。世界包含无机物和生命体之整体，而生命体不只包括植物和动物，也包括人。无机物与生命体并非别列或叠加，而是一种交织在一起的生成联系。我们整个世界乃是无数生命体的灰烬，尽管生命体与整体相比微不足道，但万物已经被转化为生命了，并且因此得以继续。不要说死与生对立。生命体只不过是无生命物的一种而已，而且是罕见的一种。

在《论语》里，子路问死，孔子回答："未知生，焉知死。"这是儒家的实用主义态度，不整这些"没用的"。子路如果遇到尼采，尼采就会具体回答他了。

真正的认识者，把握最高原则、最高原因，不受附属原则和表象的干扰

尼采称"看而勿信"为"认识者的第一美德"，而认识者的"最大魔鬼"是"亲眼目睹"。在《论语》中，孔子说过，亲眼看见也不能信，"所信者目也，而目犹不可信；所恃者心也，而心犹不足恃。弟子记之，知人固不易矣"。不过，尼采的观点要直接得多。真正的

认识者，把握最高原则、最高原因，不受附属原则和表象的干扰。

华与华的设计，要能自行显示，要最能闪现，要最能奔跑

万物中真正自行显示的和最能闪现的东西，就是美。美的标识，就是最能闪现者。

我喜欢这个定义，华与华的设计，就是要求它能自行显示，要求它最能闪现，还要求它最能奔跑，传遍世界！

艺术就是手艺，没有手艺，就没有艺术

古希腊人用同一个词，既命名艺术，也命名手艺。

我喜欢这种"技术上"的用法，艺术就是手艺。创意易得，手艺难得，想法再好，没有手艺就做不出来。就像你的创意是画一颗白菜，但你怎么能画得如齐白石那么好呢？不是专业人士，有时候他也能冒出新奇的创意，但是没下过十几年甚至几十年苦功，就没有那个手艺。没有手艺，就没有艺术。

超级符号的追求：让人不自觉地陶醉而沉浸其中

爱洛斯，在尼采美学中就是与陶醉相结合的东西，在爱洛斯中最受喜爱和渴望，因而被置入基本关联之中的理念，就是那个同时又最能闪烁的显现者和闪现者，这个同时也是"最能闪耀的东西"，"最令人出神的东西"，被证明为美的事物的理念，也就是美。

最能显现，最能闪耀，让人不自觉地陶醉而沉浸其中，就是超级符号的追求。建立超级符号的美学理论，也是华与华的学术使命。

品牌标识的设计标准是，它能不能被一个没有经过专业训练的普通人准确地描述，甚至描摹出来

柏拉图初步向我们表明：艺术即模仿，是一种描摹和重描。艺术按照这种特性只可能具有一种低级的地位。模仿的艺术解释是以希腊的真理概念为基础的，只有在这个基础上，模仿才有其意义和分量，另一方面也才有其必然性。

我愿意借用"模仿"这个词来定义超级符号的设计艺术，设计的目的是迅速地显现、闪耀和被传播，也就是播传，而不是被驻足研究，所以，它必须基于模仿，而又易于模仿，就像我们说一个品牌标识的设计标准是，它能不能被一个没有经过专业训练的普通人准确地描述，甚至描摹出来。这种模仿不仅是艺术的模仿，还要推动社会学的模仿，就是塔尔德的《模仿律》，一切社会行为都是人与人之间的相互模仿，大家都唱"你爱我，我爱你，蜜雪冰城甜蜜蜜"，就是模仿律。始于模仿，发动模仿，就是超级符号的设计艺术。

我读书一般先通读，再把没读懂的部分读一遍，最后用笔记记录以后需要和用得着的部分

一节一节地读，每一节读两遍半，先通读一遍，一路知道哪些读懂了，哪些没读懂。读完完整一节，再读第二遍，捋清第一遍没读懂的部分。最后用笔记记下自己需要和以后用得着的部分，算半遍。这样一本书有时需读三四个月。所以经常有朋友问我一年读多少本书，我也答不上来。读完这本，下一本我计划读费希特的著作。

《纯粹理性批判》[德] 康德

康德所耕耘的，是开天辟地的学术新领域，是一片无主的旷野

我相信自己，已经确实占有了这个对象。因此，目前要做的不是把它想出来，而是把它写出来……我为自己开辟了一片无主的旷野，对我来说，在这片旷野上耕作将只会是一种娱乐。

我们自以为发明了什么新思想、新理论，事实上，前人早已在这片土地上耕耘了很多年、很多次，只是我们读书少罢了。所以，为"往圣继绝学"，就成为读书人的理想。而康德所耕耘的，确实是开天辟地的学术新领域，是一片无主的旷野。

独立于一切经验原则而作判断的理性，即纯粹的理性领域必然会被忽视掉，因为这个领域先天地存在于我们自身之中，不可能从经验那里得到任何启发。现在，勾画出这个领域的整个范围、部门的划分、界限和全部内容，并且立下界标，使人们今后可以确切地知道，自己是否置身于理性或者理性思维的基地上，就需要一种纯粹理性的批判、一种纯粹理性的训练、一种纯粹理性的法规和一种纯粹理性的建筑术，因此，就需要一门正式的科学……

这是治学的方法和态度。

如何能够通过合规律地确立原则，清晰地规定概念，力求严格地证明，在推论中防止大胆的跳跃，来选取一门科学的可靠进程。

先天的知识，是独立于经验，甚至独立于一切感官印象的知识；区别于那些具有后天来源的，即在经验中具有其来源的经验性的知识。先天的知识中根本不掺杂任何经验性因素的知识叫纯粹的。

我联想对照孟子的良知良能、生而知之、不学而能，王阳明的

致良知。

纯粹几何学的原理不是分析出来的，比如两点之间直线最短，这是一个综合命题，最短的概念完全是附加的，是不能通过分析从直线的概念中得出的……问题。

"我们在它里面，不是在它外面。"我们在先天知识里面，而不是在外面学习它。很多东西，我们都自以为在它外面，其实我们在里面，"不识庐山真面目，只缘身在此山中"。比如我们在语言里面，而不是在语言外面，语言不是我们的工具，是语言让我们成为人。我们如今又掉进了互联网里面，而不是在它的外面。技术是人的延伸，人就成了技术的一部分，成了技术的"生殖系统"。

数学的判断全部是综合的，自然科学在自身包含着作为原则的综合判断，而在形而上学中，应当包含着综合的先天知识。

通过精确地规定自己的工作而使之减轻，而且也使得其他任何想要检查它的人都易于判断我们是否实现了自己的计划。

这句话，就是华与华创意工作管理的目标。

我们的经营工作不是要知道更多，而是要认清我们没法都知道的事实

哲学的最初和最重要的事务是通过堵塞错误的来源而一劳永逸地取消它的一切不利影响。纯粹理性批判的用途不是扩展我们的理性，而是澄清我们理性的界限。

我们的经营工作也是一样，不是要知道更多，而是要认清我们没法都知道的事实。永远是盲人摸象，不存在庖丁解牛。这才懂得"只问耕耘，不问收获"。

哲学的落后会影响科学的发展

康德和王阳明确实可以做比较研究，比如格物致知之争，用康德的观念，事物之本性不可穷尽，则朱熹之格物穷理不成立，而王阳明格正是非之格，符合康德"对事物本性做出判断的知性"的观念。但是，中国所有先贤大德，都没有康德"以建筑术的方式构建一门科学，以完全保证构成这一大厦的各个部分的完备性和可靠性"的意识，都是微言大义，因病发药，甚至干脆放弃，不立文字。所以，中国确实没有发展出"纯粹哲学"，这在一定程度上影响了科学的发展。

统一概念，是经营的基础工作

概念的单一性，结论的真实性，结论的完备性，都为产生整个概念构成必需的东西。单一性、真实性和完备性，三性皆无，就是我们开会老说不到一块儿的原因。所以，编撰《企业词典》，统一概念，是经营的基础工作。

一个概念必须是可感知的，不然概念就没有意义，传播创意的原理与此相同

一个概念必须是可感知的，也就是在直观中展示它相应的客体，不这样做，概念就没有意义，也就是说，没有含义。比如"三角形"这个概念如果不画出一个三角形来，就不可感知。必须使人们立刻下降到感性条件，诉诸直观，我想这也是我们传播创意的原理。

工作中要始终基于直观，直接诉诸直观，直接作用于直观

"形式先行于事物本身并规定事物的可能性。我们要缜密地防止

思维的僭越性运用和由此产生的幻相学说。"在我们的工作中，由于贪婪、侥幸心理以及由此产生的自欺欺人和一厢情愿，这种思维的僭越和幻相学说太多了。所以首先要始终基于直观，直接诉诸直观，直接作用于直观，然后再综合归纳本质原理，不能在中间晃荡。

所谓眼光，不是懂得欣赏，而是你能看到后面几步

我时常劝人不要讨论方案的"好坏"，而试图引导他们，不要去评判，而是往后想，用A方案会得到什么，用B方案会得到什么。所谓眼光，不是懂得欣赏，而是你能看到后面几步。我们要的是结果，不是评论。读康德这段关于独断和批判的论述，很有共鸣。

训练哲学思维，用来防止犯错

这是我读得最辛苦的一本书，没有之一，虽然不敢说自己读懂了，但确实收获非常大，也可以说是我读过的最重要的、在现阶段对我最有用的书。收获就是那种哲学思维，一种思维训练，就像我说孙子兵法是不败之法一样，这是思维的不败兵法，可以用来防止犯错。

认识了认知的边界，晓得了经验和先验

啃完康德的《纯粹理性批判》，认识了认知的边界，晓得了经验和先验，也体会到唯心主义和唯物主义的区别，唯心主义是谦卑的，而唯物主义会走向人定胜天。唯心主义走向上帝，因为人是被造之物。是不是被造出来的，无法证明，但我们处理显像形成经验的能力，确乎是《中庸》所说的"天命之谓性"，是被给予的。

读书百遍，其义自见

对于特别难啃的书，光用眼睛看就不行，要读出声音来，调动眼睛、嘴巴、耳朵，全神贯注，反复吟诵。读书百遍，其义自见，知行合一，就是这种感觉。

《游叙弗伦》[古希腊] 柏拉图

读书要完整细致地读，而不是道听途说地引用

我想要读遍那些所有对人类有重大影响的思想家的书，要完整细致地读过，而不是道听途说引用他们的一些话，比如苏格拉底和柏拉图。今晚第一次读《游叙弗伦》，还挺吸引我的。译者严群，译得很好，篇后有"译后话"解说，解说也非常好！

苏格拉底说："任何时候都不能有以怨报怨的想法，对错是分明的。"

孔子说："何以报德？以直报怨，以德报德。"朱熹解释说："对怨，以至公无私，该怎样就怎样。对德，必须以德相报，不可忘恩。"苏格拉底说："任何时候都不能有以怨报怨的想法，对错是分明的，没有什么事是这种情况下可以干，那种情况下不能干。"所谓"你不仁，莫怪我不义"，别人是否不仁不好说，自己的不义是确定无疑的了。

我不以所不知为知

孔子说："知之为知之，不知为不知，是知也。"苏格拉底在《苏格拉底的申辩》中说："我是智过此人的，我与他同是一无所知，可是他以不知为知，我以不知为不知。我想，就在这细节上，我确实比他聪明：我不以所不知为知。"

《形而上学》 ［古希腊］亚里士多德

有经验的人比有理论而无经验的人更成功

"从业务上看，经验并不低于技术，有经验的人比有理论而无经验的人更成功。大匠师比一般工匠知道得更真切，也更聪明，他们知道自己一举手一投足的原因。但技术才是真知识，技术家能教人，只凭经验的人则不能。最精确的学术是那些特重基本原理的学术。"这段话差不多就是华与华方法的发展历程了，包括经验、技术和原理。

读书学习，是人生的意义和目的

"他们探索哲理，只是为了脱出愚蠢；他们为求知而从事学术，并无任何实用的目的。所以我们认取哲学为唯一的自由学术而深加探索，这正是为学术自身而成立的唯一学术。"我的读书学习，交织着三个目的，一是磨砺专业的学术和技术，二是为往圣继绝学而写作，三就是纯粹地不想做傻瓜，想搞明白。所以读书学习，就成了人生的意义和目的。

任何事物不能同时既是又非，这是自明的

寻找最高原因的基本原理，从最确实的、万无一误的原理出发，这个最确实的原理就是："同样属性在同一情况下不能同时属于又不属于同一主题"，任何事物不能同时既是又非，这是自明的，是一切原理中最无可争论的，无须证明的。对一切事物悉加证明是不可能的，因为这样做无尽的追溯，而最后还是有所未证明的。凡是逐节追求证明的人，总是逼到最后一条规律为止。终极规律自然地成为其他一切原理的起点。

只有养成了把问题当问题看的眼光，才能越来越明察秋毫，思维缜密，智珠在握，算无遗策

哲学研究那些最基本的问题，让我学到了一种精密的思维方式，比如一件事情的发生必有其原因，其原因的发生又有其原因，你可以不断地追溯，中间不要偷懒。我们在业务流程的改善上，就是要不断地追溯，这就是业务流程可视化和持续改善。如果你知道哲学家有多么细密和碎碎念，就不会嫌培训老师啰唆了。你也就养成了把问题当问题看的眼光，越来越明察秋毫，思维缜密，智珠在握，算无遗策。

对书中读不懂的部分，也要一字一句地读下去

对一本书中读不懂的部分，我也能一字一句地读下去，因为我觉得，每个字都读了，今天就算认识了，以后再通过其他"朋友"（触类旁通的其他书），彼此就会熟悉起来，成为知心朋友！

要体会该书那种纯粹思辨，探求第一原因、第一原则的思维方式

假期把亚里士多德的《形而上学》读完了。读起来很费劲，不过能体会那种纯粹思辨的，探求第一原因、第一原则的思维方式。

《道德形而上学》 [德] 康德

那些长期以来大言不惭的人们的纸糊的体系将先后倒塌，这些体系的追随者将一哄而散

那些长期以来大言不惭的人们的纸糊的体系将先后倒塌，这些体系的追随者将一哄而散，因为客观上只能存在一种人类理性，所以，只能有一种哲学，就像只能有一种化学，只能有一种数学，当然，也并不贬低过去旧的体系的贡献。

自己的完善，才是一生的事业

康德说义务的道德目的是"自己的完善和他人的幸福"，太精辟了。我们总是比较关注"自己的幸福和他人的完善"，却不知"自己的完善"才是一生的事业。

《全部知识学的基础》 [德] 费希特

费希特这样建构他的第一条：绝对无条件的原理

费希特这样建构他的第一条：绝对无条件的原理。首先设定一个命题：A就是A（A＝A），这是毫无问题的，因为这不是内容问题，而是形式问题。那A和A之间必然有一种关联，这种关联从哪儿来的呢，是从"我"这里来的，是在自我之中的，由自我设定的。这就证明有一个"我"。把内容"我"装进"A是A"的形式，就直截了当地设定了命题"我是我"。自我就直截了当地设定它自己的存在。自我是绝对主体，对于可应用实在性范畴的一切其他可能的东西而言，实在性是从自我那里转移到它们之上的——只要自我存在，它们就必定存在。

费希特说：我们的作为一切知识的绝对原理的命题，康德已经在他的范畴演绎中提示过了，不过，他从没有把它建立为基本原理。黑格尔则说：费希特讲的都是康德的哲学，但是比康德讲得更好。也可以说，康德的哲学是在费希特那里完成的。

费希特也评述了笛卡儿的"我思故我在"，说这个命题并不是以"凡思维的人都在"为大前提的三段论的小前提和结论，而是把意识当成直接事实看待了。这一点，海德格尔也说过，他可能就是在费希特这里看来的。

如果没有深究过"全部知识学的基础"，我们所掌握的"知识"就没有基础，就可能是伪知识

如果没有深究过"全部知识学的基础"，我们所掌握的"知识"就没有基础，就可能是伪知识。知识要有知识学，学习也要有"学习学"，如果没有掌握"学习学"，我们的学习也是伪学习。

《哲学史讲演录》 [德] 黑格尔

哲学史所昭示我们的，是一系列的高尚的心灵，是许多理性思维的英雄们的展览

哲学史所昭示我们的，是一系列的高尚的心灵，是许多理性思维的英雄们的展览，他们凭借理性的力量深入事物、自然和心灵的本质，为我们赢得最高的珍宝：理性知识的珍宝。"过去历史上走在我们前面的先驱者所创获的成果，通过一切变化的因而过去了的东西，结成一条神圣的链子，把前代的创获给我们保存下来，并传给我们。"

哲学史研究的是不老的、现在仍活生生的东西

"哲学的工作实在是一种连续不断的觉醒。因此哲学工作的产物并不是寄存在记忆的庙宇里，作为过去年代的古董，而它们现在仍同样地新鲜，同样地生动，如同它们初产生时一样。"哲学史研究的是不老的、现在仍活生生的东西。

东方思想和哲学没多大关系，只是一种一般宗教思想方式，只是范畴的罗列，不能进而取得思辨的概念

黑格尔评述泰利士的哲学——水是一切的本质——他说我们没有兴趣去说明这些原则的性质，我们唯一的兴趣在于追问：说水是原则的这种哲学究竟到了什么样的思辨程度，这一命题是怎样发挥出来的，是怎样证明的？在什么方式下，各种特殊形态可以从这个原则中推演出来？如此，才能建立思想的世界，建立纯粹的统一。四卷本的

哲学史，黑格尔只用了48页讲东方哲学，其中孔子只占1页。他说他附带提到东方哲学，只是为了说明"何以我们不多讲它"。

有与无都只是没有真理的抽象物

"赫拉克利特第一次说出了这样深刻的话：'有不比无多'，它是同样的少；或者：'有与无是同样的'，本质是变。真理只有被认作对立物的统一。一切皆变，这个变就是原则。有不比无多，'变'存在而不存在。人们能认识到：有与无都只是没有真理的抽象物，第一个真理只是变——这是人们在认识方面所得到的一个伟大的洞见。运动是界限的设立，也是界限的废除。部分是与全体不同的东西，也是与全体同一的东西。每一个对方都是对方的对方。这就是赫拉克利特的伟大原理，它可能显得晦涩，但它是思辨的，而思辨的真理对于理智永远是晦涩的，理智坚执着有与无、主观与客观、实在与理想的分离。"

赫拉克利特有一句名言："人不能两次踏进同一条河流。"他的后继者甚至说，一次也不能！因为水流在当下变化着；它是什么，而马上已不是什么。

我们必须始终服务于最终目的，把目的哲学贯彻到一切行为中

"目的是一个自为的固定规定，然后这规定又为活动性的规定所设定，再向前活动以实现目的，给予目的以实际存在。但这实际存在是为目的所统治的，而目的又在这实际中保持着自己。这就是说，目的是真实的东西，是一个事物的灵魂。"这一哲学引申到我们的经营当中，社会的目的即企业的灵魂，统治着企业的一切活动，企业即社

会实现其目的而规定的活动。我们必须始终服务于最终目的,把目的哲学贯彻到一切行为中。而把握目的哲学的方法,则是"事先定义成果物",成果物定义,就是目的的抓手。详细参见《华与华方法》。

止于至善,就是服务于外在的、世界的最终目的

"那个普遍者就是目的(善),它的普遍者(那个共同的善)也同样是善的。苏格拉底总是讲至善、目的。事物的本性必须依照它的概念去认识,则概念就是那自立的、独立的对事物的看法。概念就是事物自在自为的本质。它实现它自己,它变化;但在这种与他物错综缠结中保持它自己。在控制着各种自然原因之间的关系,这个概念就是目的。事物是有用的,是为了一个目的而存在的。但这个规定不是事物自身所有的,而是外在于事物的。"所以,我们可以说,止于至善,就是服务于外在的、世界的最终目的,而不是自己一厢情愿的目的。详细参见《华杉讲透〈大学〉〈中庸〉》。

通常理智在行动中比在思想中的时候好些

在黑格尔《哲学史讲演录》第二卷中,这段话可以作为知行合一的注脚:通常理智在行动中比在思想中的时候好些。人的行动本质是完整的精神,不过人尚未意识到自己是精神,凡是人自己所意识到的,都是法则、规则和一般的命题,这些都被他在意识中认为是真实的;而在行动中,他才抛弃掉他理智的局限性。

忠实于我们对自己的要求,活成我们要求成为的样子

"苏格拉底的哲学并不是真正的思辨哲学,而仍然是一种个人的

行为，而且它的内容也是关于个人行为的真理。它出现在我们面前，是作为那些伟大的天性（个人）之一，具有彻头彻尾的完整性，是一件完美的古典艺术品。而且这件艺术品是自己把自己提升到如此高度的。这些可塑的天性不是被制造出来的，而是自己独立地把自己陶铸成这个样子的；他们变成了他们所要求的那样，而且他们忠实于他们的要求。在一件真正的艺术品中，最主要的是：有一个观念、一种品格被创造出来，表达出来，这件艺术品的每一个特点都为这个观念所决定；因此，这件艺术品一方面是活生生的，另一方面是美的——最高的美，个性各个方面的最完美的充分发展，是根据那个单一的内部原则的。"我想，这就是最好的人生，忠实于我们对自己的要求，活成我们要求成为的样子，把人生当成一场行为艺术，创造一种品格，传达一种观念，留下文化遗产。

只要概念得到了充分的发展，就大义昭然

神话、打比方，还有所谓微言大义，这些感性的表达方式，带来感性的表象，有教化意义，但还不是真正的思想，而正是思想还不知道坚持思想的立场，还不知道从思想自身出发，是思想的软弱无力。区别开什么是思辨，什么是表象，这就是我们的任务。必须把哲学原则作为思想陈述出来，只要概念得到了充分的发展，就大义昭然，用不着微言大义了。

圣人的思想被很多笨拙的手摸索过，越描越黑，所以需要重新擦亮

黑格尔说："柏拉图的著作，无疑是命运从古代给我们保存下来的最美的礼物之一。但是，他的哲学在不同的时代被加以不同的解

释，经过很多笨拙的人，从多方面去摸索过，他们或者是把他们自己的粗糙的观念带进他的著作里面，不能够对于精神的事物给予精神的解释；或者是把事实上不属于哲学本身，而只是属于想象方式的材料，当作柏拉图哲学中最重要最值得重视的东西。但是真正讲来，只有对哲学的无知，才加重了理解柏拉图哲学的困难。"这也是我写"华杉讲透"系列的原因了。我们说的"为往圣继绝学"，因为圣人的思想被很多笨拙的手摸索过，越描越黑，所以需要重新擦亮。

止于至善，就是止于事物本来的目的

亚里士多德说："研究的首要主题，那最主要的知识，乃是对目的的认识；而目的是每一种事物的善，而一般说来，是整个自然中的至善。"这段话可以作为"止于至善"的解释，就是止于事物本来的目的。

目的就是美、善，是"第一性的东西"

"目的乃是每种事物的善，而一般说来，是整个自然中的至善。目的就是美、善，是'第一性的东西'。所有的东西都是以某一种方式安排好的，按照普遍的规律、思想、理性行事，才是最优越的，因为每一事物的原理就是它的本性。"这一段可以呼应《中庸》的"天命之谓性"和《大学》的"止于至善"，也可以作为华与华《设计的目的》的哲学依据。

亚里士多德把美德的原理看成是一种中庸之道，不偏之谓中，无过不及，执其两端而取其中

"亚里士多德把幸福规定为最高的善。善是以自身为目的的东西，就是那不是为了别的缘故而是为了自身的缘故而被渴望的东西，这就是幸福。幸福的定义是：'按照自在自为的实在的（完善的）美德，以本身为目的的实在的（完善的）生命的活动能力。'他同时更把理性的远见当作美德的条件，把善和目的规定为合理的活动。但是理性、智慧这些东西还不构成美德，只有在理性和非理性的双方的统一当中，美德才存在。当热情（意向）和理性发生关系并服从理性的命令而行动时，我们就称此行为为美德。他就把美德的原理看成是一种中庸之道。这样一来，美德就成为两个极端之间的中项。"这和儒家的"中庸"思想几乎完全相同，不偏之谓中，无过不及，执其两端而取其中。

怀疑论永远停留于否定，它给人带来不幸

提案会议中怀疑一切方案的人，这是他们的哲学原型。

怀疑论是最后一个顶峰：存在物的形式，以及对存在物的认识的形式，都完全被取消了。

怀疑论的结果无疑是否定，是消解确定的东西，消解真理和一切内容。积极的哲学是允许怀疑论与它并存的。

正如我们的方案本身就包含了对方案的怀疑。

而怀疑论则相反。它要侵袭积极的哲学，它有办法克服积极的哲学，积极的哲学却无法克服它。事实上，如果一个人真正愿意做一个怀疑论者，那他就是无法说服的。

作为一种思维的运动，怀疑论永远停留于否定，这种对一切规定的否定，就是怀疑论的特点。怀疑论是一种举棋不定，一种悬而不决。怀疑包含着心灵和精神的一种分裂，使人惶惶不安；这是人心中徘徊于二者之间的状态，它给人带来不幸。

怀疑论者有办法克服积极的哲学，而积极的哲学无法克服他

怀疑论的一个主要命题就是：不要表示同意。他们要斩除和避免一切肯定的说法，他们的话语中根本不出现一个表示肯定的词，比如，他们不说'是'，而说'显得'。怀疑的目的，就在于不把一切确定的东西和有限的东西认作真理。自我意识漠然不动，有了自由，便不会失去他的平衡了，因为执着于某物之上便使他陷于不安。

会议中的怀疑论者不会同意任何方案，因为明确的表态意味着一种责任，从而让他不安。如果一定要表态，他宁愿表示反对，因为一来怀疑论者本来就反对一切确定的东西，二来反对的责任总比赞成的责任轻些。至于到底确定什么方案，反正也不是他的责任。他就不断地表示怀疑，并随着你的解释不断提出新的怀疑。正如黑格尔所说，他有办法克服积极的哲学，而积极的哲学是无法克服他的。

怀疑是安宁的反面，安宁则是怀疑论的结果

怀疑论也叫皮罗派哲学。怀疑是安宁的反面，安宁则是怀疑论的结果。"怀疑（zwefel）"由"二（zwei）"这个词而来，是一种反复游离于二者或多者之间的状态；人们既不安于此，也不安于彼——然而我们却应当或者安于此，或者安于彼。怀疑论则相反，无论于彼于此，都一律漠然视之，这就是怀疑论的"不动心"的立场。

孟子也讲"不动心"，孔子说他四十而不惑，孟子说"我四十不动心"，比不惑更进了一步，自己心定。王阳明也讲"不动心"，他第一次科举没中第，他说："我不以不得第为耻，我以不得第而动心为耻。"孟子和王阳明的不动心，在彼此之间，都是笃定于此，而对彼不动心。在《孟子》中，孟子说告子比他更早提出不动心，但是，告子的不动心，是"不得于言，勿求于心"，搞不清楚，说不明白的事情，就不要花心思了。这是一种放弃的态度，搞得清楚的就把它说清楚，搞不清楚的就算了。而皮罗派比告子彻底得多，根本就拒绝搞清任何事情，不是不动心，是死心，一了百了！

打比方是思维不成熟的表现

打比方是思维不成熟的表现。"用打比方来反驳，不是逻辑的说法，也不归到概念，而是以经验的方式，直接反对经验的东西。"

臣民对统治者绝对服从，统治者的意志就是绝对法律

霍布斯试图把维系国家统一的力量、国家权力的本性回溯到内在于我们自身的原则，亦即我们承认为我们自己所有的原则。臣民对统治者绝对服从，统治者的意志就是绝对法律，而且高于一切法律。在霍布斯看来，法律不是别的，只是通过铁的纪律从人类的原始恶性里强迫压制出来的和平条件，也就是在"一切人反对一切人的战争"里寻求和平的条件。

不过他似乎没有试图谋求更好的和平条件。

自我作为理性、表象，而事物便在外面；两者彼此外在，互相反对。这就是康德最后的观点

自我作为理性、表象，而事物便在外面；两者彼此外在，互相反对。这就是康德最后的观点。动物并不是老停留在这个观点上面，他通过实践达到两者的统一。康德的理论理性就是如此。

读到这一段，我在想，知行合一是不是有一种原始性？罗素说，人是因为受了教育才变得愚蠢。鹅湖之会，朱熹和陆九渊之辩，陆九渊说："尧舜之前，何书可读？"

华与华的两大哲学基础：目的哲学和问题哲学

一个客体的概念，就叫作目的，而一物与只有按照目的才可能的他物的性质一致，就叫作这些事物的合目的性。这个哲学，亚里士多德已经把自然本身看成有目的的，目的就是美，就是至善。判断力还有一个方式是审美的判断力，关于美的判断，美不美是一种主观的东西，它是不能成为知识的一部分的，作为审美的统一，它的地位就要低一些。

从这些论述里，我已经找到了华与华文库《设计的目的2》的主题，就是华与华的设计哲学。我们的两大哲学基础：目的哲学和问题哲学。

中国的哲人，只是止步于微言大义

费希特的哲学是康德哲学的完成，他把自我当作绝对原则，因而必须表明宇宙的一切内容都是自我的产物，而自我同时即是它自身的直接确定性。

这就是陆九渊说的："宇宙即是吾心，吾心便是宇宙。"但是，中国的哲人，只是止步于微言大义，而不能构建系统的学说。所以，黑格尔说微言大义不是真正的思想，而是思想的不成熟，是思想的软弱。于是，他就说中国没有真正的哲学了。

自我在自身内就包含着自身区别，包含着对立物

自我在自身内就包含着自身区别，包含着对立物。自我是纯思维，是康德所说的那个"真正的先天综合判断"。这个原则是通过概念把握住的现实性；因为现实性正是把握住了的对意识而存在的他物，从而自我意识也就返回了自身。在那经过概念把握住的东西里，自我意识便确认到自己。除了自我，更无任何别的东西存在；凡是存在于那里的东西，只是存在于自我之内并为自我而存在。

这就是王阳明说的"心外无物"，但是王阳明的"心学"，其实全部就只有这四个字，再加一句话："君未看花时，花与君同寂。君来看花日，花色一时明。"我在写《华杉讲透〈王阳明传习录〉》时，试图用康德哲学来解释王阳明的"心学"，但写了一段我又删除放弃了。因为王阳明并没有那些思想，他也不是唯心主义，他只是在唯心主义的门口，嗅到了一点点飘出来的味道而已。他的哲学，还是儒家的底子。康德从唯心推论出来的是人的自由和不承认任何权威，王阳明则百分之百是君父的臣子。

哲学是科学之母

费希特提出整个知识学的三个基本命题。第一命题是：我与我自身为同一，自我＝自我。第二命题：自我设定一个非我与自身对立，

这就设定了某种不同于绝对自我意识的他物。第三命题：我现在区分出自我和非我，这是两者的综合。自我限定非我，非我为自我而存在；自我设定非我于自我之内，自我设定非我与自我相同一。这样自我就取消了非我的不同一性，取消了非我的非我性。费希特说："我在自我之内设定一个部分的非我与一部分的自我相对立。"一方可以受到另一方的限制。我所掌握的整个领域不是一，而是二。这整个领域应该是自我，不过我设定这领域是可分的，因为其中存在着非我。这个非我使自我受到决定。有时自我是被决定者，但有时，由于自己保持自己，自我又是能决定者，因为它是能思维者。

陆九渊的"吾心便是宇宙"，王阳明的"心外无物"，费希特的三个基本命题就把问题解决了。而中国古代先贤，从来没有发展出这样的思辨，这也就是中国没有发展出近代科学的原因，因为哲学是科学之母。

理论活动是不自觉的，只有在哲学的认识里，它才表现为自觉的

你有没有哲学意识?

理论活动是不自觉的，只有在哲学的认识里，它才表现为自觉的。

自我产生表象和思维的一切规定，但是自己并没有意识到。受限制的观念只是浮在通常意识前面，只有哲学意识才认识到受限制原来是自己设定的。呈现在自我面前作为对象的全部实在，都是自我的一个规定。

就像康德那里的范畴和其他规定一样。理论理性的发展就是这种限制的发展，这种活动就是"范畴"。

抄写是强化记忆，也是发动思考

黑格尔《哲学史讲演录》一共四卷，我以为假期只能读完一卷，就只带了一卷。读书人最大的悲哀，就是假期还有，书却没了！读书不如抄书，记笔记，就是抄写重要的段落。抄写是强化记忆，也是发动思考。同时，保留记录，以后写作引用的时候可以随时查找。

《西方哲学史》 ［英］伯特兰·罗素

使一个人德行完美所必需的就只有知识

苏格拉底一贯坚持说自己是一无所知的，而且他之所以比别人聪明就在于知道自己无知。而追求知识有极为重要的意义。他认为没有人是明知而故意犯罪的，因此使一个人德行完美所必需的就只有知识。德行和知识的这种密切联系，是希腊思想和基督教思想区别的关键，在基督教伦理里，内心的纯洁才是本质的。

真理并非越辩越明，而是偏向于所谓辩才无碍的人

思想无私是最难的，真理并非越辩越明，而是偏向于所谓辩才无碍的人。"不辩论"是我一贯的原则，要么你听我的，要么我听你的，要么不要共事。

面对不同的看法和意见，我们做出反应的次序，首先应该是沉默，沉默一是为了倾听，二是为了思考。一是思考我是否同意、接受他的看法；二是思考如果我不同意，是否从中学到了不同的看问题角度或得到启发。其次是诚恳沟通，看能否达成一致。不能达成一致就

不要相互浪费时间。没有什么比辩论更浪费生命的事。

《逻辑哲学论》 [奥] 路德维希·维特根斯坦

如果答案不能表达，问题也就不能表达

如果答案不能表达，问题也就不能表达。谜是不存在的。如果能提出问题，问题也就可以解决。这就是华与华方法——问题即答案。

学会用行为主义的方式解决问题

"这本书从符号系统的原则和任何语言中词和事物之间必须具有的关系出发，考察传统哲学的每一种情形，都表明传统哲学是由于对符号系统原则的无知和对语言的误用而产生出来的。"整个哲学都是如此，那我们平时的会议，更是出于对词语的滥用和答非所问的思考。一个人一辈子都学不会四件事：听、说、读、写。而人们一思考，上帝就发笑。在会议中，我往往并不关注他们的观点，因为他们也不知道自己到底是什么观点，而是带领大家一起分析我们所使用的语言。有时候，我更建议大家停止思考，而付诸行动，用行为主义的方式解决问题。多接受行为主义的训练，还有一个附加价值，就是帮助我们在人工智能时代走在前列。

在业务会议中，有些问题，需要谋求哲学上的解决

逻辑上完善的语言，意指上精确的符号，可能都不存在。这是我们交流中存在的问题，特别是在业务会议中，必须对方案本身，以及

方案的讨论和决策，都谋求哲学上的解决。每个人必须认识到：1. 当一个人发言，用语言来意指某样东西或表达某观点时，关键不在于他的所指或观点，而在于他的心里在想什么问题。这属于心理学。比如他是在表现自己，引起注意（员工），或者不过是一种焦虑反应（老板）；2. 在思想、词语和句子与他所指称的东西之间，到底有什么关系。这属于认识论。多数情况下都是词语的滥用，其实他也不知道自己在说什么，他只是觉得自己应该说点什么；3. 使用一些词语来表达，这属于阐述这些词语的专门科学，比如战略、品牌、定位，每个人的理解和掌握程度都不一样，导致交流困难；4. 一个事实要成为另一个事实的符号，它与后者有什么关系？这是逻辑问题。语言或多或少是模糊的，没有语言，我们就无法沟通；而正是因为使用了语言，又导致我们无法沟通。

大部分问题都只能交给命运

这本书只有那些本身已经一度思考过这本书中所表达的思想或类似思想的人才能理解，这本书的全部意义可以用一句话概括："凡是可以说的东西都可以说得清楚，对于不能谈论的东西必须保持沉默。"这本书要为思想划一个界限，或者说为思想的表达划一个界限。我认为，问题从根本上已经获得最终的解决，而且，当问题被解决时，我们所做的事情是多么的少。

我喜欢维特根斯坦，因为我的态度和他的完全相同，我们能在一起交谈，是因为我们本来就一致。如果我们不一致，我们就不要交流。你的地盘我走开，我的地盘你走开。如果我们不一致，又不得不在一起，要么你听我的，要么我听你的，只要你不跟我讨论就行，特别是不要辩论。辩论既伤感情，又伤真理。在我的领域，我认为能解决的问题已经被彻底解决。解决这些问题所需要做的事情非常少，我们能解决的问题也非常少，大部分问题都只能交给命运，这就是我们的边界。

本能是天命之性，人不能理解自己的本能，唯有诉诸行动学习

思想是命题，命题是语言，人有能力构造并使用语言，但不能从日常语言中获得语言逻辑。语言是机体的一部分，我们能说话却不知道声音是怎么发出来的。语言掩饰着思想，就像衣服掩饰着身体，因为衣服的设计不是为了显示身体的形状。大多数哲学命题，不是假的就是不存在的，无意义的，因为它们都是因为我们不懂得我们语言的逻辑而产生的。因此，用不着奇怪，一些最深刻的问题实际上根本不是问题。全部哲学都是一种"语言批判"，一个命题表面的逻辑形式不一定就是它真正的逻辑形式。

维特根斯坦以此终结了三千年的哲学，我对苏格拉底的语言游戏一直不以为然，读到维特根斯坦就释然了。西方哲学催生了科学，又逐渐为科学所取代。仅剩的形而上学地盘又被维特根斯坦占领，哲学是不是就只剩"知行合一"了。哲学是语言问题，而语言首先是口语，是说话。说话是人的本能，本能是天命之性，人不能理解自己的本能，唯有付诸行动学习，所以只有知行合一，才是"后维特根斯坦时代"的新哲学。

在经营问题上，为思想划定界限尤为重要

哲学不是一门学说，而是一项活动。哲学的目的是从逻辑上澄清

思想，哲学著作从本质上看是由一些解释构成的。哲学的成果不是一些"哲学命题"，而是命题的澄清。可以说，没有哲学，思想就会模糊不清。哲学应该使思想清晰，并且为思想划定明确的界限。

在企业经营的领域，也是一样，德鲁克说："管理不是科学，而是实践。"唯有实践，才能知行合一。经营问题不在于"解释"，也不在于"命题"，而在于"课题"，经营的成果是课题的解决和经验曲线以及品牌资产的积累。要明确课题，准确把握现状，找到真因，制定对策，巩固成果。在经营问题上，为思想划定界限尤为重要，不要有孔子说的"意必固我"，不要有熊彼特说的"思想的僭越"，管理过程，把结果留给运气决定。

知道自己的界限，才能真正拥有自己智慧的领地

哲学应当为能思考的东西划定界限，也为不能思考的东西划定界限。哲学将通过清楚地表达可说的东西来指谓那不可说的东西。凡是能思考的东西都能清楚地思考，凡是可以说的东西都可以清楚地说出来。

我们的问题，就是花了太多时间思考不能思考的东西，也说了太多不可说的东西。不知道自己的界限，不会真正拥有自己智慧的领地。

《自由与权力》 ［英］约翰·阿克顿

仅靠一门研究成不了有修养的人，必须还要受到自然、社会、道德

等不同思想熏陶

方法不过是对常识的重复。观察最优秀的人在各种活动中对方法的运用，是获得方法的最佳途径之一。从本专业里学到的东西，往往还不如对其他领域的学习。仅靠一门研究成不了有修养的人，他必须受自然、社会、道德等不同思想熏陶。要保证归纳的完整和可靠，同时限制和妥善使用假设和类比。

谬误和真理一样有益

谬误和真理一样有益，因为谬误有助于发现新的反对意见，而我们常常是通过考虑反对意见来学习……阿克顿是英国历史学家，就是那位说出"权力导致腐败，绝对权力导致绝对腐败"名言的人。

《论扯淡》［美］哈里·G. 法兰克福

当一个人有责任或机会，对某些话题发表超过他对该话题的理解时，他就开始扯淡

当一个人有责任或机会，对某些话题发表超过他对该话题的理解时，他就开始扯淡。扯淡不需要分析和深思熟虑，更多是即兴表演、渲染和想象。微博是"扯淡圣地"。我的扯淡也不少，不过扯淡而不自知，被别人指出来，也学到了东西。但是扯淡不只扯，也有其社会仪式性。

我们的文化里充斥着扯淡，但是还缺一个关于扯淡的理论

哈里·G.法兰克福说，我们的文化里充斥着扯淡，但是还缺一个关于扯淡的理论。可惜，他这本书只是把问题提出来，却没有去构建这个理论。我觉得这活儿我倒是能干。如果我有时间，我可能会把这个理论搞出来。

《维特根斯坦与哲学》［英］A.C.格雷林

我对维特根斯坦的兴趣，在于他的"语言游戏"

我对维特根斯坦的兴趣，在于他的"语言游戏"。语言游戏是我的工作，也是这个世界上最重要的游戏，还可以说，它包含了所有游戏。这套"牛津通识读本"很棒，我买了其中的不少本。读原著，也读这种顶级扫盲书。

大师的思想，你只有信服，才能理解

这本书看完了。前半本看得还行，后半本看得就有点迷糊，看得走神。到最后作者总结评述，明白为什么了，原来他不同意维特根斯坦的语言哲学观点，居高临下地说维特根斯坦不对。唉！罪过！对大师的思想，你只有信服，才能理解。你不信，又不服，觉得自己比大师还明白，那你去写介绍人家思想的书干什么呀？

《维特根斯坦精选集：蓝皮书和棕皮书》

[奥] 路德维希·维特根斯坦

品牌纯粹是一种语言游戏，品牌资产就是品牌言说

思维是"精神活动"的说法具有误导性。我们可以说思维本质上是符号的运算活动……我会在将来一次又一次地提醒你注意我称为语言游戏的东西。语言游戏是儿童开始使用语词的语言形式。语言游戏的研究是原始语言或原始语言形式的研究。

"占领消费者心智"的说法本身具有误导性，传播和说服本身是一种符号运算活动，所有的算法都在符号的规则中。而品牌纯粹是一种语言游戏，品牌资产就是品牌言说。

看起来似乎有某种确定的精神过程与语言的运作密切相关，通过这一过程，单一的语言能够发挥作用

看起来似乎有某种确定的精神过程与语言的运作密切相关，通过这一过程，单一的语言能够发挥作用。我指的是理解和意指的过程。我们的语言符号如果没有这些精神过程，那看起来就几乎是死的；并且这些符号的唯一功能就是产生这样的过程，以及它们是事物，这才是我们真正感兴趣的。因此，如果有人问你名称与它命名的事物之间的关系是什么时，你会倾向于回答这个关系是心理上的东西，并且也许当你这样说时，你会从关系结构的特点思考。这就诱使我们认为语言行为由两个部分组成：无机部分，即对符号的处理；有机部分，这个部分我们称为理解这些符号，即意指它们，解释它们，思考它们。后面这些行为似乎产生于某种奇怪的媒介——心灵。心灵的机制，我

们似乎不太明白它的特性——能够产生一种不能由物质机制产生的效果。

《黑天鹅》 ［美］纳西姆·尼古拉斯·塔勒布

三个误区

1. 过度关注于自己已知的知识，而对自己不知道的东西缺乏准备；2. 习惯于学习精确的东西，而不是从整体上把握；3. 总是学习事实，而不学习规律。

过度解释与因果圈套

过度解释与因果圈套：人们喜欢故事，喜欢总结，喜欢简化，习惯于过度解释，偏好简洁的故事，而不是原始真相。这是人性的弱点，它严重扭曲了我们对世界的思维反应，使得我们对事实总要编造一个解释、一个原因，无法在不编造理由或者强加一种逻辑关系的情况下纯粹地观察事实。

这让我想起另一个实验：复印机前排队，一个人走到最前面要求说："我能先复印吗？"他得到的是拒绝。重新实验，这个人说："我能先复印吗？因为我需要马上复印。"很多人会同意这个请求。人们需要理由，需要解释，而不管它是什么，只要听到"因为"二字，就能做出让步，这几乎是脊柱神经的条件反射。

叙述为信息打包

叙述为信息打包：练习比较信息的简单罗列与情节。"国王死了，王后也死了"和"国王死了，接着王后死于悲伤"，第二句增加了信息，但减少了整体复杂性，实际变为一条信息，我们能毫不费力地记住，也就可以把它告诉别人，或者说，作为一条打包的信息卖出去。

《心理类型》［瑞士］荣格

本能是集体的，自我是个体的

本能是集体的，自我是个体的。个性也并非个性，而是集体的一种类型。无论人们宣称如何追求理性和真理，人们总是摆脱不了建立在直接的感官印象基础上的情感事实。

至高无上的集体态度才是人类心灵和文化历史的主根系

圣体同一说与圣体类似说。理性的内倾型思维和程式的外倾型思维。唯名论与唯识论。"个性"概念的东西是人类心灵和文化史上新近才获得的产物，至高无上的集体态度才是人类心灵和文化历史的主根系。

要人客观看待问题的要求完全不值一提，因为那是不可能的

要人客观看待问题的要求完全不值一提，因为那是不可能的，只要他不过于主观，我们就十分满意了。只有当观察者完全了解他本人人格的界限和性质时，这一基本条件才具备。只有他很大程度上摆脱

了集体观念和集体情感的强制性影响，他才可能完全了解自己。原始人没有个体观念，只有集体的关系和"神秘参与"。集体的态度阻止我们对一种有别于主体心理的心理进行了解和评价，而具有集体取向的心灵除了借助于投射，没有其他任何方式来进行思考和感觉。"个体"概念是人类心灵和文化新近才获得的产物。知识被心理化，而宗教则排斥知识。

他们各自带着最大的愿望，把自己的观点强加于他人而彻底摧毁对方的主要价值

他们各自带着最大的愿望，就是把自己的观点强加于他人而彻底摧毁对方的主要价值。

内倾型思维是理性的，而外倾型思维是程序性的

"化体说将圣餐礼中的酒和饼看成基督的鲜血和肉体，说基督化体的过程是'在真理上，在现实上，在实体上（in truth, in reality, in substance）'。"这似乎是所有宣传的符号学手法——以鲜血来献祭，加大刺激信号的能量。操纵象征符号，将思想变得粗俗而诉诸感官，从纯粹的感官感知中释放心理过程。"内倾型思维是理性的，而外倾型思维是程序性的。理性往往显得冷酷和僵化，而感性给人提振生命的感觉，把每个人所渴望的东西具体化了。"

个体概念的东西只是人类心灵和文化的历史中新近才获得的

个体概念的东西只是人类心灵和文化的历史中新近才获得的，在人类历史的初期，集体主义是至高无上的，集体态度阻止我们对一种

有别于主体心理的心理进行了解和评价，使得知识也被"心理化"，充斥着被投射的心理。

善哉斯言！慎终追远，就是文明

"失去生命的躯体的确应该获得我们的赞誉、尊敬，甚至我们作出自我牺牲的奉献的权力，我们对已逝的先人就是这样。倘若我们扯断了那些联结到我们的绳索，使我们陷入野蛮之中，我们就会使自己的灵魂遭受可怕的创伤。"善哉斯言！慎终追远，就是文明。

思维如此艰难，所以人们宁愿下判断！越是没有判断功能，越是要掩盖，要表现出自己判断功能很强

"思维是如此艰难，所以人们宁愿下判断！自我批判的乏力和独立思想的丧失，让人们丧失了判断功能。"但是，越是没有判断功能，越是要掩盖，越要表现出自己判断功能很强。所以，人们就迅速地胡乱做出一个判断，像发现一根救命稻草一样，死抓不放。

集体无意识不是源于个人的获得物，而是源于遗传的一般心理功能的可能性

集体无意识不是源于个人的获得物，而是源于遗传的一般心理功能的可能性，即源于遗传的大脑结构。这就是神话联想、神话主题和神话意象，它们无须依赖于历史传统或移植就可能萌生于任何时代和任何地点。

自以为深信启蒙和理性的人，他也不过是深陷在文化模式里而不

自知而已

我们深信启蒙，仿佛我们面临的理性变化以某种方式对情感过程产生了某种深刻的影响，甚或对无意识产生了更深刻的影响。我们全然忘记了，长达两千年的宗教是一种心理态度，一种适应外在和内在世界的特定形式和方式，它建造了某种特定的文化模式，创造出一种任何理性的否定都完全无法影响它的氛围。

信哉斯言！即使自以为深信启蒙和理性的人，他也不过是深陷在文化模式里而不自知而已。法国大革命就是启蒙，而且是最"理性"的，还摧毁教会，搞理性节，塑造理性女神。那就是理性的巅峰吧。

原初意象是观念的母体

原初意象（原型）总是集体的，对整个民族来说是共同的，是一种记忆沉淀，作为一种神话主题，它是一种恒久有效的和不断出现的表现形式，它重新唤醒某些心理经验，并且以一种恰当的方式将心理经验程式化。原初意象是观念的前身，是它的母体。观念就像一个有生命的、自行发展着的统一体，被赋予了增值的能力，不断产生先前所没有放进去的东西。

大抵和华与华方法"寻找母体，回到母体，成为母体，壮大母体"的文化母体论相同。

一旦意义被和盘托出，一旦表达形式被找到，象征就死去了，成为符号

象征的概念应该与符号严格区分开来。任何把象征表达理解为一种对已知事物做类比的或缩略的意指的观点都只能是符号的。而把象

征表达理解为对一个相对未知的事物做最恰当的阐释，因而难以对之做出更清晰更具特征的表达的观点是象征的。只有当象征包孕着意义时，它才是富于生命的。但是，一旦意义被和盘托出，一旦表达形式被找到，象征就死去了，成为符号。

这可以解释"超级符号"的英文翻译：Super Signs。

《管理心理学》范逢春　主编

霍桑试验：影响生产率的最重要因素是工作中发展起来的人际关系

霍桑试验：影响生产率的最重要因素是工作中发展起来的人际关系，非正式组织的规范和行为会对生产率产生重要的影响。人是社会人，生产效率取决于士气，而士气取决于家庭和社会生活，以及企业中人与人的关系。组织竞争中的"心理资本"概念出现，我想这些概念，就相当于《孙子兵法》里的"治气"。

印象管理，指人们试图管理和控制他人对自己所形成印象的过程

"印象管理，指人们试图管理和控制他人对自己所形成印象的过程。"这个极其常见，特别是在工作会议的时候，你以为他在发表工作意见，其实他是在做自己的印象管理。

我们大多数时间都是在懈怠、鬼混

"哈佛研究：在缺乏激励的环境中，人的潜能只能发挥出20%～30%，充分激励可以发挥出80%～90%。"我想这都是短程的。

你有没有想过，在你的整个一生，自己的潜能能发挥出多少？估计也就20%吧！我们大多数时间都是在懈怠、鬼混。能勤奋坚持，专注聚焦积累，也就能发挥50%以上了。没有什么是比虚度光阴更悲哀的事情了。年轻时虚度光阴，到了老年，只有沮丧、羞辱和悔恨。

人的需求理论

"人的需求理论：1. 马斯洛需求层次理论；2. 阿尔德弗ERG理论；3. 赫茨伯格双因素理论；4. 麦克利兰成就需要理论。"表面上看都对，但是实际情况要复杂得多，需要新的理论。比如马斯洛的需求层次理论，生理需求、物质需求在最低一级，但是它的权重很难说，人们会为了生理上、物质上的满足牺牲所有高层次需求。至于安全需求，人性侥幸的弱点，让他漠视危险，不顾自己的人身安全。而更高层次的社会需求、尊重需求、自我实现需求，全都可以出卖。再说麦克利兰的成就需要理论，三大成就需要都可以通过幻觉实现，比如在网上一起捧成功的名人，就可以同时实现自己的这三大需求。人性非常的卑微，人最大的需求，就是苟且偷生而已；而最高境界，也无非是自得其乐。

华与华超级符号方法可定义为行为主义符号学，就是研究刺激信号和行为反射

我试图把华与华超级符号方法定义为行为主义符号学，英文译为Super Signs，就是研究刺激信号和行为反射，因为我们的最终目的，不是消费者的看法，而是他们的行为。行为主义的理论发展脉络，从笛卡儿开始，到谢切诺夫、巴甫洛夫、华生、斯金纳。行为主义的理

论也算是唯物主义的营销传播理论。

每个人都有枯竭的危险，要想不枯竭，就要有只问耕耘、不问收获的精神

"职业枯竭"这个概念非常好！我曾见过很多职业枯竭的人，有的人在一开始就枯竭了，这就是一辈子啃老的人。有的人在工作中长期没有成绩，没有成就感，没有突破，熬不住，然后枯竭了。每个人都有枯竭的危险，要想不枯竭，就要有只问耕耘、不问收获的精神，有乐于付出、不求回报的气量。这样的修养，是一种根本性的强大，足以跨越枯竭。

沟通不能追求独特，而要基于共同

沟通（communication）一词含有告知、散布消息的意思，其词源为"commue"，意为"共同化"。这个词源很有启发性，就是沟通不能追求独特，而要基于共同。共同的什么呢？徐卫华老师说是"共同的文化契约"，就是大家都共同知晓和理解的东西。华与华称为"文化母体"，一个妈生的，一家人不说两家话，只说家常话。

广告文案必须使用口语

语言沟通必定伴随影响巨大的非语言成分。语言沟通的信息约有55%来自面部表情和身体动作，38%来自音调，只有7%来自实际使用的语言词汇。这就是为什么华与华强调广告文案必须使用口语，书面语被绝对禁用。那么，为什么人们那么愿意使用书面语呢？也是一种心病。书面语在历史上为精英阶层所垄断，使用书面语是一种精英阶层的自

我彰显和保护，由此形成了一种集体潜意识，病根很深。而广告人呢，大多数广告人既不使用口语，也不使用书面语。他们创造了一种独特的"广告新话"，这种新话既非人们日常交流所用，也不会出现在任何书面文章中，只在广告中能看到，当然也是沟通力最差的了。但是，广告人通过使用自己的新话，来彰显一种"专业感"。这也是职业心病，我把这种病，命名为"广告文案写作的语言障碍综合征"，又称"广告《1984》症"。这么多病人要治啊！我深感自己责任重大！

建立和管理心理契约的能力，就成为重要的领导力

"心理契约，psychological contract，指组织与员工之间隐含的、未公开说明的相互期望的总和。"我觉得这个概念非常好！不仅是组织与员工之间，而且是人与人之间，要有心理契约和心理信誉，很多的冲突，都是心理契约的失衡和心理信誉的破产导致的。在中国社会，由于历来就缺乏契约机制，所以心理契约变得尤为重要。建立和管理心理契约的能力，就成为重要的领导力。

教材是一个专业领域的"人类总智慧"

读完这本《管理心理学》教材，我前后花费20天的时间。我喜欢读教材，因为教材就是一个专业领域的"人类总智慧"集大成者。如果还想深入，就在后面的参考文献中找书继续学习。我有些"铁粉"，看见我读什么书他就跟着读什么书，我觉得没有比这更有害的了。每个人志向不同，学习需求不同，认知程度不同，照别人的书单读书是最盲目的，证明你根本不知道自己要学什么，如此自欺欺人地假装学习，还不如开开心心出去玩。

《认知心理学》 [美]布里奇特·罗宾逊-瑞格勒等

华与华的超级符号方法，在学术上可定义为"行为主义符号学"

华与华的超级符号方法，在学术上我把它定义为"行为主义符号学"。因为我们的最终目的是消费者的行为反射，所以我天然倾向于行为主义，就像行为主义的开山祖师、美国心理学家华生，他也是一位广告人。行为主义认为应该把意识从心理学研究中驱逐出去，在刺激信号和行为反射之间，意识是一个不适合科学研究的黑箱。这一点我基本同意，所以我的书《超级符号就是超级创意》英文版为*SUPER SIGNS*，也可以再中译为"超级信号"，以超级刺激信号引来超级行为反射，比如我们在蜜雪冰城广告歌中所做到的。还有一个特别重要的问题：在刺激和反射之间的黑箱中，并不是只有意识，还有潜意识！所以，在对不理解超级符号理论的人讲解时，我喜欢用结构主义的方法，帮助他们认识自己的意识、潜意识、无意识，让他看到自己是如何被自己的无意识推理引入歧途的。格式塔心理学在华与华也应用广泛，可以说，每一个平面设计，都是在"建造一座格式塔"。虽然它是反行为主义的，但我倒觉得它们是一样的，一个强调直接经验，一个研究直接行动。总之，华与华就是要直接，因为直接意味着高效率和低成本，这是我们的商业目的所决定的。

文字是声音的记号，但当它重新通过视觉被阅读时，也必须转换为脑海里的声音

语言的设计，是通过听觉通道接收。语言是一组声音，文字是写在纸上的记号。文字只是声音的记号，实现储存和位移，但是，当它

重新被接收时，虽然是通过视觉进行阅读，也必须转换为脑海里的声音。

超级符号本身是一个双重驱动的程序设计

知觉的加工过程，自下而上的数据驱动加工和自上而下的概念驱动加工，可以解释华与华的超级符号方法。超级符号本身是一个双重驱动的程序设计，以固安工业园区为例，发送者发出的编码数据——我爱北京天安门正南50公里——目的在于驱动接收者意识中已有的"天安门"和"我爱北京天安门"这两个概念集合，从而获得强大的认知动能。由此，信号和反射在传播中不仅没有损耗，反而还获得了放大和播传的流量循环，无限生发和接力。

商业的设计不是挂在博物馆墙上供人欣赏，而是在不同的环境中夺人眼球

"大东西总比小东西容易识别"，这是实验结果。一些人对纤细有一种美感偏好，而这所谓的"美感"只是一种不受打扰的安全感，和营销传播无关。还有一个概念叫"反应时间"，我们的设计不是挂在博物馆墙上供人欣赏，而是在街道、商场或网页上纷乱的环境中，在电光石火之间夺人眼球。

不要用演绎法，要用归纳法

在华与华，强调不要用演绎法，要用归纳法。为什么呢？演绎法差不多都会走向自我中心偏见和信念偏见，它的前提和逻辑都是错误的或者残缺的，但它的结论是武断的。归纳法也不可靠，但是归纳法

有一个优点，就是它从不假定自己一贯正确，而是随时准备承认错误并重新归纳修正。

《行为心理学》 [美] 约翰·华生

心智之争往往是妄加揣测碰运气，而消费者的行为，只要肯下苦功，就能直接观测和把握

超级符号是运用集体潜意识的方法，是心智。但华与华方法在很大程度上是行为主义的。基于心智、潜意识的心理学是唯心主义，而行为心理学是唯物主义的，只研究刺激信号和行为反射，对心智不仅不关心，甚至加以否定。巴甫洛夫说："一切都是假的，只有肌肉和腺体的反射是真的。"我不是心理学家，学力不足以评判孰是孰非，但是二者对我都有用。总的来说，运用潜意识和心智是高超的艺术，不是肉眼凡胎的常人可及，但是行为观察和测量则是每个人都可以去做的。华与华在词语和符号两大核心技术之外，将"持续改善"称为华与华第三大核心技术，就是因为它是行为主义的。从今天的趋势来看，大数据和人工智能是百分之百的行为主义，所以，将华与华方法的算法程序化、智能化，就是我们未来十年的研发方向。理解行为主义对华与华的客户来说非常重要，因为心智之争往往是妄加揣测碰运气，而消费者的行为，只要肯下苦功，能无我，就能直接观测和把握。

人们很难忘却童年时代，总希望可以保留童年时代支配父母的那

种记忆

每个人都想成为国王和王后，过常人难以企及的生活，得到自己想要的东西，有专人伺候，吃最好的食物，住最好的房子，满足更多欲望，而这些东西很大一部分是童年时代能享受到的。所以，人们很难忘却童年时代，总希望可以保留童年时代支配父母的那种记忆。

那些被称为"遗传"的素质，大都是在摇篮期就接受了训练

没有"天赋"这回事，人们认为是天赋的行为，实际上是在成长过程中，受到社会上各式各样的刺激条件而形成的反应。而那些被称为"遗传"的素质，大都是在摇篮期就接受了训练。

行为心理学家通过刺激—反射的方程式来解决社会问题，积累刺激—反射的数据资料，建立刺激源数据

行为心理学家通过刺激—反射的方程式来解决社会问题，积累刺激—反射的数据资料，建立刺激源数据。华生的SR理论认为，有机体的行为完全是以刺激与反应的术语进行解释的。他不考虑有机体的内部状态，认为这一部分是不实际的。华生认为学习的实质是形成习惯，而习惯是通过学习将遗传对刺激做出的散乱、无组织、无条件的反射变成有组织、确定的条件反射。他提出学习的基本规律：探寻有效刺激，刺激可以被替代，反射也可以被替代。华生的理论源头是巴甫洛夫。不过，巴甫洛夫用狗做实验，华生用婴儿做实验。20世纪40年代，维纳在此基础上思考：既然这刺激—反射在有机体里有，能不能抽离出来放进机器里呢？他就提出了机器学习和机器繁殖的理论，成为"信息时代之父"，奠定了今天的大数据和人工智能。他们都否定弗洛伊德。不过，华与华方法从运用潜意识的超级符号开始，结合"丰田生产方式"的持续改善。我想大野耐一也是个百分之百的行为主义者。王阳明呢？致良知和知行合一，他也是偏行为主义的。知行合一是行为主义，致良知则是要把被环境混乱刺激习来的混乱反射，回复原初的刺激反射。

研究行为主义对华与华来说有重要意义

华生1908年任美国约翰斯·霍普金斯大学心理系主任，1915年当选美国心理学会主席，1921年进入智威汤逊广告公司，1924年任副总裁。他是行为主义奠基人，也可以说是史上最有学问的广告人。研究行为主义对华与华来说有三大意义：一来它本身是强有力的理论工具，可以指导我们的创作和管理；二来是说服客户接受华与华方案的理论武器，一切以消费者的行为反射为决策依据；三来行为主义就是大数据和人工智能，是营销的未来。对巴甫洛夫、华生、维纳和斯金纳的思想，都要进行系统学习。

《行为主义》 ［美］约翰·华生

做广告要始终聚焦于测试消费行为反射，而不是一厢情愿地去猜测消费心理

华生是美国行为主义心理学奠基人，是约翰斯·霍普金斯大学教授，因为和学生的婚外恋风波被迫辞去教职。此后，他成了一名非常成功的广告人。他的理论确实是实用的广告理论。他说心理学必须以

行为研究为中心，而不是所谓心灵。因为只有行为是可以观测记录研究的，心灵是无法观测的，都是你自己主观臆断在总结描述。就像我们做广告，你要始终聚焦于测试消费行为反射，而不是一厢情愿地去猜测消费心理。

华生不相信才能可以遗传，他说才能都是后天习染、信号刺激反射积累而成

华生不相信才能可以遗传，他说才能都是后天习染、信号刺激反射积累而成。一个家庭的兄弟姐妹成长后差别很大，因为他们成长在完全不同的刺激反射环境中，他们和父母之间以及他们相互之间的刺激反射都不一样。这观点符合萨提亚的原生家庭理论。华生说给他一打婴儿，无论什么种族出身，理论上他都能把他们培养成任何人，无论是科学家还是小偷。巴甫洛夫用狗做实验，华生用婴儿做实验，他的研究是革命性的。

伟大的科学研究，总是运用非常简单、非常笨、非常枯燥的研究方法

伟大的科学研究，总是运用非常简单、非常笨、非常枯燥的研究方法。巴甫洛夫研究狗的条件反射，就是在唾液腺开一个口，接一个瘘管，每次刺激后再数滴了多少滴口水。华生研究儿童的情绪，就是把儿童每一次哭和笑都记录下来。华与华的管理顾问要大家开展"时间去哪儿了"的管理活动，就是记录自己每天的每一分钟在干啥，以改善工作效率。大家都坚持不了，只有负责三维的王川坚持了下来，年终总结他能报出每个合伙人团队、每个项目用了他的支持工作多少

小时。所以公司决定送他去念EMBA。

《条件反射》 [俄] 巴甫洛夫

万物同理，一理万殊

心理治疗有两条路，一是荣格、弗洛伊德——精神分析法；二是巴甫洛夫——条件反射、行为治疗。华与华方法的广告慰疗也是这两条道：一是荣格、弗洛伊德，就是集体潜意识、潜意识、文化母体、品牌原型、超级符号；二是巴甫洛夫，刺激反射、行动指令，这也是传播学的基本原理和底层逻辑。归结起来，两条路径是同一条，都是运用全人类与每个人与生俱来的整体性经验，"以其人之道还治其人之身"，所以效率最高。

华与华的核心技术是符号技术和词语技术。词语本身是符号的一部分，而索绪尔在奠基符号学时又将之归类为普通心理学的一部分。学问之道，在于不断追根溯源，找到"原理"，这又回到三现两原：现场、现物、现实，原理、原则。

万物同理，一理万殊。在深度上深挖其根，在广度上穷尽其枝，则能浑然全体，出神入化，参天地之化育。

巴甫洛夫把词语和符号称为人类独有的"第二信号系统"

巴甫洛夫把词语和符号称为人类独有的"第二信号系统"，让我确信翻译老师将华与华的超级符号翻译成Super Signs是精确的。巴甫洛夫说"词让人成为人"，这是哲学家的话。他一生痛恨心理学，痛恨自己被和心理学家联系起来，因为他认为自己是一个自然科学领域的生理科学家。不过，他死后还是被祭祀在心理学家的殿堂。他冒犯列宁，但列宁还是支持他、照顾他，或许是因为他的这种唯物主义立场。不过，"词让人成为人"这句话，已经让他闯进哲学家的殿堂了，而且，听起来不那么唯物主义呢！

条件刺激越强，反射就越大

"条件刺激越强，到达大脑两半球的能量就越多，而条件反射就越大。"这可以解释为大创意就是版面大、字体大，因为刺激强，能量多，反射大。对这一点，一定要知行合一。

《心理学统治世界》 [法] 古斯塔夫·勒庞

观念只有变成情绪，才会发挥作用

只有那些知道运用感情来影响群众的人，才能成为真正的政治家。观念只有变成情绪，才会发挥作用。权力做好事不够，做坏事却绰绰有余。破坏很容易，建设却很难。

《20世纪思想史》 [英] 彼得·沃森

艺术作品是革命性的，而房子必须是保守的

阿道夫·洛斯说，建筑不是艺术，艺术是艺术家的私事，艺术作品就是要将受众从他们的舒适区赶出去，而房子则必须为他们的舒适服务。所以艺术作品是革命性的，而房子必须是保守的。设计不如艺术，因为设计是保守的。当人们能明白两者之间的区别时，就能得到思想的自由。

语言是人类的第一技术

语言是人类的第一技术，但是这一技术始终不成熟。"如果我们想要言之有物，就必须降低自己的眼界"，就低不就高。

在任何岗位都要有经营意识

"传统的欧洲的思想家把社会分为三个阶级：上层阶级、中产阶级和工人阶级。而林德夫妇的社会学研究，把美国社会分为两个阶级：经营阶级和生产阶级。经营阶级的孩子智商也更高。"人和人的差别，就在经营意识，在任何岗位都要有经营意识。

华与华方法，是符号学的方法，也是行为主义的方法

维特根斯坦说不是回答问题，而是让问题消失，他的《哲学研究》也确实使一些问题消失了，比如心智问题。斯金纳也认为"心智"是一种形而上学的落伍之物，科学家应该关注的主要对象是行为。华与华方法的"实用"，也是因为我们不关注"心智"，更不关注评价，我们始终诉诸行为，关注消费者的行动反射。华与华方法，是符号学的方法，也是行为主义的方法。

《人性论》 ［英］大卫·休谟

人们通常用词语来代替观念，并在推理中用谈论来代替思想

人们通常用词语来代替观念，并在推理中用谈论来代替思想。我们用词语代替观念，是因为二者往往密切地联系着，致使心灵容易把它们混淆起来。

我们根本不可能想象或形成与印象有种类差别的任何事物的观念

心中除知觉之外再也没有其他东西存在，而一切观念又都是心中先前存在的某种东西得来的。因此，我们就根本不可能想象或形成与印象有种类差别的任何事物的观念。我们纵然尽可能地把注意转移到我们的身外，把想象推到天际直到宇宙尽头，实际上也超越不出自我。

判断与想象的关系，也如判断与情感的关系一样，是互相协助的

判断与想象的关系，也如判断与情感的关系一样，是互相协助的。信念给予想象活力，而活泼有力的想象，在一切能力中也是最足以取得信念的权威的。对于任何鲜明有力的色彩给我们描绘出来的东西，我们要想不同意也很困难。

无论你从事什么工作，哲学都是最底层的原力

哲学书晦涩难懂，是因为本身词语的短缺。词语在大众交流中形成，大家不交流，就没有词语。哲学家探寻到思想深处，无词可用，他就只能用现有的词语拼接组合，努力传达他所要表达的那种感觉。

翻译者领会他的意思，又在本民族语言里搜刮词语，再打散重组，再现那种感觉。这中间的损耗有多大，只有天知道！那怎么能读懂呢？只有你本身就关心那些问题，在思考那些问题，本身就有感觉，你才能感觉到作者的感觉，译者的感觉，你才能享受哲学，也知道人类在这些思辨领域做了多少耕耘。无论你从事什么工作，哲学都是最底层的原力。

致良知

"人类心灵的主要动力或推动原则就是快乐和痛苦。道德上的区别完全依靠于某些特殊的苦乐感，只要考察或反省起来的时候给予我们快乐，就是善；让我们不快，就是恶。"或许，这就是王阳明的致良知，良知自然会知，如好好色，如恶恶臭。

《西方的智慧》［英］罗特兰·罗素

逻各斯，相当于中国的"道"

存在着一条通达智慧的途径，而且这是通过掌握事物的基本原则达到的，这就是逻各斯，万物都根据逻各斯产生。如果我们不认识逻各斯，那么我们学到的许多东西都毫无用处。智慧在于掌握任何事物，这是共同的公式。我们必须遵循这一点，就像遵循法律。逻各斯，相当于中国的"道"，《中庸》说："道也者，不可须臾离也。可离，非道也。"

欲得其果，必求之于因

欲得其果，必求之于因。在经营中，最难的是找到真因。亚里士多德的四因论可为借鉴，物质因、形式因、动力因、目的因：自身的资源禀赋是物质因，外部环境条件是形式因，自己的志向和使命是动力因，始终服务于最终目的，社会的目的是目的因。

讨论问题必须使用语言，而语言实在是无法满足讨论之需

亚里士多德说德行是中庸之道，罗素质疑，举例说诚实是一种德行，但不能说它是撒弥天大谎和不撒谎之间的中庸之道。这个质疑令我惊讶，以罗素的智慧，竟然也会这么讨论问题。可见没有知行合一，就没有智慧可言。讨论问题必须使用语言，而语言实在是无法满足讨论之需。

终身教育自己，免于无知和愚蠢，不断追求更高的智慧和更好的人生

罗素说："希腊哲学传统本质上是启蒙和解放运动，它旨在把心灵从无知的束缚中解放出来，通过把世界描述成理性可通达的东西，而排除对无知的恐惧。它的载体是逻辑，其愿望是在善的形式指导下对知识的追求。不偏不倚的探究本身在伦理上被看作是善的，与这种研究传统一起，有一种没有虚情假意的乐观的观点。对苏格拉底来说，未经审视的生活是不值得过的。亚里士多德坚持，关键的不是生活得长久，而是生活得更好。"我想这也是我的本性，终身教育自己，免于无知和愚蠢，不断追求更高的智慧和更好的人生。三纲八目：明明德、亲民、止于至善；格物、致知、诚意、正心、修身、齐

家、治国、平天下。

民粹主义本身是封闭的

希腊城邦，其政治理论本身是一种小国理论，公民权仅属于城邦居民，其他人都是外乡人和奴隶，这种理论注定了它们的灭亡。而罗马以其开放的世界主义思想，成为历代西方大国的"祖"国。民粹不可能成功，因为民粹主义本身是封闭的。

经院哲学与古典哲学的区别在于：它的结论先于事实

哲学和神学并不对立，但二者互相削弱。在理性能够处理事实的地方，启示就是多余的，反之亦然。理性的标准根本不适合宗教信仰，灵魂完全可以忠于其所相信的东西。

理解和整合前人的成果，就是大师的意义

"力学理论的大部分概念都曾经被暗示过，但牛顿是理解前人探索的全部意义的第一个人。"这就是"为往圣继绝学"吧，所有的地方前人都耕耘过，而理解和整合前人的成果，就是大师的意义。

先验、理性主义的大厦，由一个前提、一个理论演绎而成

先验、理性主义的大厦，由一个前提、一个理论演绎而成，就像一个倒立的金字塔，若抽掉底下那一块，它就坍塌了。经验哲学的建筑，是一个正立的金字塔，即使我们发现其中一些地方有错误，仍不会倒塌。

所有的哲学困惑都是滥用语言的结果

"所有的哲学困惑都是滥用语言的结果。"我经常说:"您提的问题不存在,请查证后再提。"因为对方只是在使用自己都不知道是什么意思的词语,在驴唇不对马嘴的语境,组成一个提问的句式,庸人自扰而已,我绝对拒绝参与。

《打开:周濂的100堂西方哲学课》周濂

读自己喜欢的哲学原著,再读老师的哲学史讲座,可以起到穿针引线的作用

非常好!读哲学,先读自己喜欢的哲学原著,再读老师的哲学史讲座,可以起到穿针引线的作用。

一个人的习惯活动是怎样的,他的品质就是怎样的

我们反复做的事情成就了自己。亚里士多德说:"一个人的习惯活动是怎样的,他的品质就是怎样的。从小养成这样的习惯还是那样的习惯,绝不是小事。正相反,它非常重要,或宁可说,它最重要。"我们搞5S管理,最后一个S即素养,就是习惯。全公司养成共同的工作习惯。

中国哲学都是微言大义,西方哲学家则追求穷极

亚里士多德讲中道,说中道就是处于两种恶之间,这两种恶就是过度与不及。这几乎和中庸的表述完全一样,中庸叫"无过不及",

没有过度，也没有不及，恰到好处，极致完美。王阳明讲善恶即好恶，又和休谟的观念一致。不过，中国哲学都是微言大义，够用就行，输在"不及"。西方哲学家则追求穷极，一直穷极所不能再往前一步处，即人类理性的边界。建立完全穷尽，相互独立的架构。

《乌合之众》 [法] 古斯塔夫·勒庞

历史是一个民族的神话，重要的不是其事实，而是其象征；不是其理性，而是其感情

"史学著作只是纯粹想象的产物，是对观察有误的事实所做的无根据的描述，混杂着对思考结果的解释。对释迦牟尼或穆罕默德，我们可能一句真实记录都没有。他们的真实生平无关紧要，我们想要知道的，只是他们在大众神话中的形象。"勒庞的话，切中历史的本质，历史是一个民族的神话，重要的不是其事实，而是其象征；不是其理性，而是其感情。可以说，没有历史学，只有"量子史学"，历史随观察者的改变而改变。你心里有一个真相，那只在你的心里，在你心之外，别人的心里又有他的真相。不认清这一令人绝望的现实，就不能认识世界。

断言、重复、传染

领袖的动员手段：断言、重复、传染。断言要简洁有力，不理睬任何推理和证据。因为你一推理，就提高了受众接受观念的成本，他们会避而远之。断言之后就是重复，没有重复就没有宣传。重复能进

入无意识的深层区域，形成行动动机，就算他死也不会相信你的话，只要重复的次数足够多，时间足够长，他也要按你说的做，哪怕是为了验证一下你怎么骗他。最后是传染，这个不用读勒庞，读塔尔德的《模仿律》。

社会下层对社会上层的反作用：下层意识形态决定上层建筑

社会下层对社会上层的反作用：下层意识形态决定上层建筑。"领袖和鼓动家把群众的信念取为己用，加以歪曲，组织传播，在篡改过程中更上一层楼，成为大众的真理，最终征服社会的上层。"

《新工具》[英]培根

从感觉和具体引出一些原理，并持续探索，就是华与华方法

"探求和发现真理的道路只有两条，一条是从感觉和具体上升到普遍，其真理性被认为不可动摇，再根据这些原则进而去发现一些中级的公理。"这是无数谬误产生的根源，因为其断言的真理完全不可靠，但是因为已经成为其学说的基础而不愿改变。"另一条是从感觉和具体引出一些原理，循序渐进，逐渐巩固一些普遍原理"，并持续探索，这就是华与华方法。

对因果的分析钻研是做任何事情的基础

"要想产生预期的效果就必须把握原因，在思辨中作为原因的，在行动中就作为原则。"对因果的分析钻研是做任何事情的基础，只

有找到真因，才能制定对策。

严禁使用演绎法，一定要用归纳法

命题由词语组成，词语是概念的符号，但是词语本身不可靠。所以我们需要真正的归纳法。演绎往往存在随意和想象，在华与华写PPT，我一贯严禁使用演绎法，一定要用归纳法。

形成原理：不要辩论，要辨析

"通过辩论形成的原理对发现新事物没什么好作用，因为自然的奥妙绝不等同于辩论的精微。"君子不辩，因为辩论即争胜，而胜心是学术之大敌，所谓"屡变以求胜"，越辩论，就离真理越远。不要辩论，要辨析，"根据事物的特殊性和理解的信息性形成原理"。找到事物的特殊性，不断穷尽其理。而理解一定是循序渐进的，知行合一的。

剧场假象：每一种学说体系，都是一个剧场，引导你进入它的剧本

人类理解力的缺陷，"剧场假象"就是每一种学说体系，都是一个剧场，引导你进入它的剧本。为了更好的演出效果，人们编的故事总是比历史上的真实故事更为紧凑、精彩，更符合人们希望的样子。唯有科学归纳，不要急于填写答案，而是摸索前进，知行合一，持续修正，才能保护你不掉入思想的剧场陷阱。

"为往圣继绝学"，就是逆流而上，打捞人类思想的压舱石

逝者如斯夫！时间如河水，将轻浮的东西流传，而听凭有分量的

东西沉没。所谓"为往圣继绝学"，就是逆流而上，打捞人类思想的压舱石，再为天下人定心。

认识世界，一定要用科学归纳法

所有问题都是哲学问题，要从哲学上解决，特里定位论的流行，就是基于培根所言"人类理解力的共性缺陷"，因为是全人类理解力的共性缺陷，所以掉坑里的人特别多。这个所谓"定位理论"，正是培根所讲的那种"理论"："与其说是帮助着追求真理，毋宁说是帮助把建筑在流行概念上面的许多错误固定下来并巩固起来。所以它是害多于益。"演绎推理，步步都是坑。认识世界，一定要用科学归纳法。

培根总结了误导人类理解力的四大假象：族类假象、洞穴假象、市场假象、剧场假象

族类假象是全人类的、共性的，人是万物的尺度，是依个人的量尺而不是依宇宙的量尺，所以总有变形和褪色。洞穴假象是各个人的，每个人都是一个洞穴，有自己的偏见。（注意培根的洞穴和苏格拉底的洞穴不是一个意思，苏格拉底说人在洞穴里，培根说每个人本身就是一个洞穴。）市场假象称为"语言假象"更合适，中文版的"文字"也应该译为"语言"更准确。培根用市场来讲交流，交流需要使用语言，语言就是最大的问题！语言强制和统辖着理解力，弄得一切混乱。剧场假象是指各种理论和学说，每个学说都是一场舞台戏剧，是人们依照虚构的布景创造出来的一些世界。王阳明在他的名篇《拔本塞源论》中也把各家学说以剧场作比，这可以说是培根的科学归纳法与王阳明知行合一学说的联系了。

一旦受骗，就会为虎作伥

在一经采取了一种意见之后，便会牵引一切其他事物来支持、强合于那个意见。纵然在另一面可以找到更多的和更重要的事例，他也会忽略或排斥。只记取那些相合的，其不合的，纵然遇到的多得多，也不予注意而忽略过去。

这是人类理解力的共性缺陷之一：一旦受骗，就会为虎作伥。

骗他，就给他打个比方

人类理解力的共性缺陷之二："最容易被同时而陡然打入心中从而足以充填想象力的一些事物所引动，之后他就会自动假想一切其他事物都与之相似。"所以，你跟他讲道理是没有用的，打一个比方，激发他的想象力产生画面感，他就信了。黑格尔说："打比方、微言大义，这些感性认识的表达方式，都不是思想，而恰恰相反，是思想不成熟的表现，是思想的软弱无力。"但是，对于思想不成熟、思想软弱无力的人，也就是绝大多数人来说，他们没有能力理解真正的思想，他们就吃打比方这一套，而一旦吞下一个观点，他们就会为这个观点为虎作伥。如果你想要拯救他，会被他视为对他个人的否定而成为他的敌人。

相信符合自己期望的谎言

大凡人对他所愿其为真的东西，就比较容易去相信它。因此，他排拒困难的事物，由于不耐心于研究；他排拒清楚明白的事物，因为它们对希望有所局限；他排拒自然中较深的事物，由于迷信；他排拒经验的光亮，由于自大和骄傲，唯恐自己的心灵看来似为琐碎无常的事物所占据；他排拒未来一般所相信的事物，由于要顺从流俗的意见。总之，情绪有着无数的而且有时觉察不到的途径来沾染理解力。

这是人类理解力的共性缺陷之三：相信符合自己期望的谎言。

世人听骗不听劝

人类智力还有一种独特的、永久的错误，就是他比较容易被正面的东西所激励，较难被反面的东西所激励。只要给他描绘一个美好的前景，就很容易欺骗他。所以马克·吐温说"世人听骗不听劝"，让他们相信自己被骗了，比骗他们还难！因为他们不接受负面信息，而对正面信息的轻信是完全没有底线的。

市场假象不如称为"语言假象"

培根说："市场假象是四类假象中最麻烦的一个。"我前面说过，市场假象称为"语言假象"更准确，我也把后文中的"文字"替换为"语言"："它们是通过语言和名称的联盟而爬入理解力之中的。人们相信自己的理性管制着语言，而同样真实的是语言也起反作用于理解力。因此我们常见学者们的崇高而正式的讨论往往以争辩语言和名称而宣告结束。荒诞的假想会产生一些'有名而无其实'的名称出来。"培根触及了语言问题，而语言问题最终发展成为哲学的核心课题，并在维特根斯坦那里达到顶峰。

人们不愿意显得自己并无观点而沉默，就匆忙用词语像搭积木一样搭起一个观点，如果他们能保持沉默，就是对会议最大的贡献

培根说："亚里士多德急切就文字来对问题提供答案并肯定一些

正面的东西，实远过于他对事物的内在真理的注意……诚然常常涉及实验，但这事实亦不值得我们予以任何高估。因为他是先行达到他的结论的。他首先依照自己的意愿规定了问题，然后再诉诸经验，却又把经验弯折得合于他的同意票，像牵一个俘虏一样牵着它游行。"这是我们在会议中经常看到的情况，人们不愿意显得自己并无观点而沉默，他们就匆忙用词语像搭积木一样搭起一个观点，然后不停地添砖加瓦加固以至于顽固。他们不知道，如果他们能保持沉默，就是对会议最大的贡献。

生而知之，不学而能

培根说："我们必须以坚定和严肃的决心把所有这些东西（人类理解力的共性缺陷，四大假象）都弃尽摒绝，使理解力得到彻底的解放和洗涤；因为建立在科学之上的人国的大门和天国的大门没有什么两样，那就是，没有人会走得进去，除非像一个小孩一样。"这就好比王阳明的"致良知"。孟子讲"良知良能"，就是生而知之，不学而能，就是要像小孩子一样。

结论必须是普遍的和绝对的，不能有一个反例

培根说："邪恶的论证可以说是假象的壁垒。现有的论证不外是把世界做成人类思想的奴隶，而人类思想又成为语言的奴隶。现在的归纳法是不当的，它是以简单的枚举来推断科学的原则，而不是照它所应当做的那样使用排除法和性质分解法。必须以正当的排拒法和排除法来分析自然，有了足够数量的反面事例，然后再得出根据正面事例的结论。这种归纳法才是我们的主要希望之寄托。"结论必须是普

遍的和绝对的，不能有一个反例，有一个反例，就要推翻结论重来。

《谈谈方法》 [法]勒内·笛卡儿

思辨离常识越远，所产生的虚荣心就越大

思辨离常识越远，所产生的虚荣心就越大。因为一定要花费很多心思，想出很多门道，才能把那些道理搞得像真理。这就是儒家说的："舍其易者而不行，究其难者以为学。"古往今来，人的毛病都是一样的。

听其言，一定要观其行

听其言，一定要观其行。这不仅是因为不少人不愿意说真心话，也是因为很多人并不知道自己的真心是什么。相信一件事并不等于知道自己相信这件事。这是两种思想活动，常常分道扬镳。我们常常说某些人人格分裂，其实他从来就没有统一过。所以要更多地采用行为主义的方法。

华与华方法，集中、西、日之正道

重读两位归纳法的奠基人——培根的《新工具》和笛卡儿的《谈谈方法》，培根给他的书命名为《新工具》，是针对亚里士多德的《工具论》，他的工具确实比较新，距今才400年。华与华为得到企业创作的品牌口号"知识就在得到"，就改编自他的名言"知识就是力量"。笛卡儿给他的书命名为《谈谈方法》而不是《方法论》，也是

表示他对演绎法，对三段论的怀疑，我不下定论，我就谈谈，谈谈正确运用自己的理想在各门学问里寻求真理的方法。什么方法呢？差不多就是"致良知"，笛卡儿说："良知，是人间分配得最均匀的东西，人人都有充分的良知，只是在于正确地运用。运用正确，在正道上前进，即便十分缓慢，也比离开正道飞奔的人走在前面很多。"这就是日日不断，滴水穿石，集义而生，不疾而速，参天地之化育了。华与华方法，集中、西、日之正道，我就像一个织女，每一天都在编织。

《美学》 [德] 黑格尔

艺术美的追求和商业目的相矛盾

我的习惯，是对一切问题都要做哲学上最根本的解决。同时，划定哲学的界限，对不能解决的问题禁止讨论。所以，我把对商业设计美学做哲学上的彻底解决，也视为自己的责任与使命。黑格尔说："艺术是生活的松弛和闲散，而人生重要的事业却需要精神的紧张。美的艺术不配作为科学研究的对象，因为它们只是一种愉快的游戏，纵然它们也有些较严肃的目的，实际上它们和这些目的的严肃性相矛盾。艺术美诉之于感觉、感情、知觉和想象，它就不属于思考的范围。我们在艺术美里欣赏的正是创作和形象塑造的自由性，是想象的自由活动。科学所研究的是本身必然的东西，美学就不仅显然得不到必然的东西，而且离开必然的东西反而越远了。"这开篇已经很清楚了，艺术美的追求和我们的商业目的相矛盾，因为我们比政治艺术更加不允许创作自由，只有商业宣传技术和对美工手艺的要求。

没有创意，战略等于0；没有手艺，创意等于0；没有执行，一切还是0

黑格尔说："艺术作品有一个纯然是技巧方面，很接近于手工业，这种熟练技巧不是从灵感来的，它完全要靠思索、勤勉和练习。艺术家需要深刻地表现心情和灵魂的深度，这种深度需要学习和探索，才能认识到这种内容。只有到了成熟的年龄，歌德和席勒才能创造出第一流的诗歌。荷马也是到了老年，才作出他不朽的诗篇。"在华与华，我们说：战略来自思想，创意来自经营，好作品来自手艺。没有创意，战略等于0；没有手艺，创意等于0；没有执行，一切还是0。

商业和广告艺术，是第四种艺术——信号型艺术，它既不是为了抒发自己的感情，也不是供人欣赏或寄托，而是谋求行动反射

黑格尔把艺术类型分为象征型艺术、古典型艺术和浪漫型艺术。象征型艺术的理念含糊，理念对形象的关系只涉及某一个抽象的属性，比如用狮子代表强壮。这些象征骚动和紊乱，把自然形象夸张为不确定不匀称的东西，发酵沸腾，勉强歪曲，疏离、散漫、庞大和堂皇，这就是东方原始艺术的泛神主义性格（我想龙的形象很典型）。二是古典型艺术，把理念自由妥当地体现于本质上就特别适合这个理念的形象，是完美理想的艺术创造和观照，就是古希腊的艺术，就是人的形象。生命在演进中必然要达到人的形象，因为人的形象才是唯一符合心灵的感性形象。三是浪漫型艺术，在较高的阶段上回到象征型艺术所没有克服的理念与现实的差异和对立。我想，我们从事的商业和广告艺术，是第四种艺术——信号型艺术，它既不是为了抒发自己的感情，也不是供人欣赏或寄托，而是谋求行动反射，是巴甫洛夫的艺术。

材料在形状、颜色、声音等方面的抽象的纯粹，成为美的本质的东西

黑格尔说："材料在形状、颜色、声音等方面的抽象的纯粹，成为美的本质的东西。天空的纯蓝、空气的透明、平静如镜的湖泊都使人愉快。人的口音如果很纯，也有无限动人的力量。北欧各国语言的母音往往被子音影响而变得不够响亮，而意大利语言却保持了这种纯粹性，所以最宜于歌唱。颜色也是一样，要尽量用未经混合的纯粹的颜色。"这方面和华与华的经验非常一致，比如西贝的标识，之前的设计就很混合，不美，华与华改成纯粹的红白，美感就出来了。洽洽每日坚果的包装，华与华的设计师到工厂仔细调整了包装和包装上每一颗坚果的颜色，保证美的吸引力。对口号的创作也是一样，对语感、节奏、音律和押韵的把握，都是追求一种声音之美，使人愉悦。

什么是真正的美

真正的美就是具有具体形象的心灵性的东西，就是理想，就是绝对心灵，就是真实本身。这种为着观照和感受而用艺术方式表现出来的神圣真实的境界就是整个艺术世界的中心，就是独立的自由的神圣的形象。美首先显现为客观现实，即单纯的自然环境，然后是内在认识到的神圣性，即内心世界的真实，神变成了他的对象。最后，我们从神本身进到信众的虔诚膜拜。

尽量使用具象的设计，而避免使用抽象的设计

黑格尔首先讲抽象的美，在抽象的美里，又把"平衡对称，整齐一律"列为第一。这和华与华的设计方法一致。通常我们尽量使用具

象的设计，而避免使用抽象的设计。因为抽象的形象不易理解、记忆和描述。而一旦我们使用抽象的设计，基本上就是平衡对称，整齐一律的格子和条纹。这是有美学理论支撑的。

华与华的广告，如果是一句口号能解决的，那就不用配图

黑格尔说："美就是真，我们现在已不把艺术看作体现真实的最高方式。大体说来，人类思想很早就已反对艺术，说它只是对神圣的东西做图解式的表现。例如犹太人和伊斯兰教徒都是这样看，甚至希腊人也如此。柏拉图就反对荷马描写的神。"对这种图解破坏了神圣的思想，我很有体会，华与华的广告，如果是一句口号能解决的，我什么图都不愿意配，觉得配任何图都削弱了我的能量。

设计师要掌握古老样式，或者对美的代表作进行几何测量，以此找到不同比例的美感标准

《美学》中讲柱式建筑之美，如果柱子的高度比直径大不到四倍，柱子就会矮胖局促，反之，如果大过十倍，就过于细弱。柱身应该光滑，不能雕花，不过上下不能一样粗，从下中部到上部要逐渐变细。柱身可以有竖槽纹，这样柱子显得粗些，槽纹下部浅，上部深。最早的柱子高度仅为下部直径的六倍，甚至只有四倍，显出笨重严肃的男人气概，晚期时达到七倍、七倍半。柱与柱之间的距离，从较古的纪念坊来看，是柱的直径的两倍，少数达到两倍半……这些知识太有用了，就是我们平时设计中最常遇到的，线条的粗细，或者波点之间的距离。设计师要掌握古老样式，或者对美的代表作进行几何测量，以此找到不同比例的美感标准。

我们必须使用口语和语音，才有震颤

这段话作为华与华方法的佐证："语言也是精神在外界里的表现，但语言只是作为声音、作为运动，或一个完整的物体和空气这一抽象元素的震颤，语言才能成为传达精神的媒介。"所以，我们必须使用口语和语音，才有震颤；加以修辞，让震颤更有节奏、韵律和愉悦，才更能将人卷入。

品牌设计就如同黑格尔说的"人像雕刻的服装选择"

品牌设计就如同黑格尔说的"人像雕刻的服装选择"，一定不能追流行趋势。因为现在流行的，过几年就可能会滑稽可笑。所以，设计既要具有一个时代的特色，又要有一种比较持久的典型。

设计的常识：要把作品放在环境中去观察

黑格尔说柏林歌剧院屋顶上阿波罗乘坐半狮半鹫怪物拉的车的雕塑不好看。它之前的模型放在工作室里，效果是顶好的。但是一摆上屋顶，看的角度不对，就全都不对了。这就是设计的常识，你不能在电脑上看，或拿在自己手上看，一定要放到环境中去观察。

华与华方法最根本的基础：传播是一种听觉现象

黑格尔说，声音是回旋震颤。听觉和视觉一样是认识性的，而不是实践性的，并且听觉比视觉更是观念性的，是观念性的心情活动。声音比实际独立存在的物体更富于观念性。音乐是心情的艺术，直接针对心情，耳朵一听到，所产生的印象就马上刻在心上了。声音的余韵只在灵魂最深处荡漾，灵魂在它的观念性的主体地位被乐声掌握住，也转入运动的状态……这一段，和我之前的观念十分契合，"传播是一种听觉现象"，是华与华方法最根本的基础。怀特海说："口语是人性本身。口语在它表现于动物和人类的胚胎阶段，其变化是在情感表达和信号之间发生的，它很快成为二者的混合物。在语言越来越精确的发展中，口语保留了这三个特征，即情感表达、信号及二者之间的相互结合。"口语的性质，也是在于听觉。我又想起叶挺的一段诗："为人进出的门紧锁着，为狗爬走的洞敞开着，一个声音高叫着：爬出来吧，给你自由！"那一定是高喊的声音，而不是写在墙上的标语。

《潜意识与心灵成长》 ［瑞士］荣格

品牌以动物为命名或形象的魅力，来自远古的集体潜意识的原力

"象征是心灵的符号，一定程度上是人类情感和认知的主要载体。在象征符号中，动物符号有着举足轻重的作用。半人半兽的形象，可能就源自原始部落戴着动物面具的酋长或萨满。"我想，品牌以动物为命名或形象的魅力，就是来自远古的集体潜意识的原力。

抽象的现代艺术，甚至用垃圾来创作艺术品

抽象的现代艺术，甚至用垃圾来创作艺术品。从心理学角度讲，暗示着与集体心理的分离，这种分离状态的出现，让文明与人的本能越发疏远。以垃圾创造艺术，其原型是古老的炼金术，寻找神秘的目标、万物暗藏的灵魂和物质中的精神。这就是潜意识。

在广告创作和评论中也是一样，人们渴望与集体心理分离，凸显自己的艺术。而他们的身体却很诚实，永远受原始本能所支配。

集体潜意识是华与华超级符号方法的核心概念

荣格说潜意识是改变心灵的超级力量，不只是心理学独有的概念。我要说，集体潜意识是华与华超级符号方法的核心概念。荣格举例说一些动物形象代表有名望的智者，源自古希腊先知的幻觉。这正是华与华为"得到"App设计猫头鹰标志的依据，而且，它确实发挥了心灵的超级力量。人的认知只有五感，只是广博大自然的很小一部分。人类意识发展之路相当漫长，在人类意识的领域，绝大部分区域是未知的，我们可以称为"心灵区域"，只有潜意识和幻觉，才能触及。

超级符号，融合了象征和信号，也就是融合了弗洛伊德、荣格和巴甫洛夫

荣格说："符号总比它所要表达的内容的意义少得多，而象征却总是存在于比它本身直接的内涵多得多的对象中。"就是这样，如果按索绪尔最初给出的符号学定义，能指和所指，那就是个规定的代号而已。华与华发明"超级符号"这个词来代表我们的思想。在英国出版的时候，我想译为Super Symbols，即象征。但翻译老师建议译成Super Signs，即信号，更符合华与华方法的思想。所以，超级符号，融合了象征和信号，也就是融合了弗洛伊德、荣格和巴甫洛夫。前两位估计没啥意见，巴甫洛夫恐怕不高兴了。荣格说："象征是大自然的产物，没有人能用逻辑和理性去创造一个象征。"这也是我们在华

与华经常说的，超级符号是寻找和挑选的，不是创造的。华与华从来不创造符号，而是把创造视为设计禁忌。

《福柯的生死爱欲》 [美] 詹姆斯·米勒

失败的国家，都是管理不善的国家

福柯把"西方各种大型权力结构"分为三个阶段，首先是"司法国家"，其次是"行政国家"或"警察国家"，最后是"管理国家"。这个分法倒是有点意思，国家的成功或失败，就是管理和政治的平衡与否。失败的国家，都是管理不善的国家。

六七十年代的西方左派知识分子，就是"温室里的鸦片"

读完《福柯的生死爱欲》，这些20世纪六七十年代的西方左派知识分子啊，就是"温室里的鸦片"，他们的所谓"斗争"，无非是没遇上真正的暴政。否则，只有自杀一条路，还有什么街头运动呢。在SM和毒品中寻求"极限体验"的哲学家，太没哲学了。

《原始思维》 [法] 列维-布留尔

集体意识中没有"怎样"或者"为什么"的问题，而是受强烈的激情控制

"集体表象在一个社会群体中世代相传，在每个成员身上留下

深刻烙印，对有关客体产生尊敬、恐惧、崇拜等感情。例如语言，虽然只存在于操这种语言的个人意识当中，但它仍是以集体表象的总和为基础的无可置疑的社会现实，因为它是把自己强加给这些个体的每一个，它先于个体，并久于个体而存在。"正如华与华超级符号原理的文化母体理论，始终是基于集体表象编织最深刻的传播和发动。集体意识中没有"怎样"或者"为什么"的问题，而是受强烈的激情控制。不同人类社会的集体意象结构是彼此不同的，不同的社会，实际上是不同的人类。

现代人也有原始思维，现代社会也是一个"现代原始社会"，每个人都是不同程度的"现代原始人"

原始思维，是一种集体智力活动，是一种"原逻辑"思维，以情感和运动，借助"互渗律"来想象和感觉。我们的每一个概念背后都有一系列的、整个的概念系统相联系，他们的没有。所以他们反而会将最不相干的事联系起来。为什么要研究原始思维？因为现代人也有原始思维，现代社会也是一个"现代原始社会"，每个人都是不同程度的"现代原始人"。

现代社会靠逻辑推进，原始社会靠记忆复制

现代社会靠逻辑推进，原始社会靠记忆复制——"原始思维只容许有限的概括和初步的抽象，就引起形式和词汇的丰富。逻辑思维占上风的地方，获得知识的社会宝藏是通过概念来遗传和保存的，每一代人培养着下一代，教他们分析这些概念，认识并使用抽象推理的手段。而原始人如同儿童般模仿，靠记忆而不是智力来实现。因此它是

不容易进步的。假定这种社会集体的环境和制度不变，它的一般思维也不变，它的心象—概念的丰富储存必定是不经巨大变化地世代相传着"。

《思维方式》[英]怀特海

我们的身体处在我们自己的个人存在之外，身体是与它连在一起的外部世界的一部分

我们的身体处在我们自己的个人存在之外，身体是与它连在一起的外部世界的一部分。事实上，它正像别的任何东西，比如一条河、一座山、一朵云一样，是自然界的一部分。如果我们可以做到吹毛求疵的精确，那我们就不能确定身体始于何处，外部世界终于何处。

语言是最大的符号系统

语言有两种功能：与他人交谈和与自己交谈。后一种作用往往被人们忽视了。语言是一个人的过去到一个人的现在的表达。语言就是思维。人类文明是语言的结果，而语言又是向前发展的文明的产物。语言是最大的符号系统。

传播的关键在于传

"人类显示出一些对自然界的表面关系，例如视觉、听觉、味觉、嗅觉、触觉，人类将他们与世界的联系虚构为一种表达手段，就是语言。语言是人类天才的胜利。值得注意的是，在看和发声这两个

不可兼得的东西中，发声是最早发展起来的媒介。发声是有机体存在的深层经验的天然符号。"在《超级符号就是超级创意》一书里，我提出"传播是一种听觉现象"，平面设计必须做"能说出来的设计"，电视广告必须当广播广告来做。无数关于广告的研究声称人类从视觉获得的信息超过听觉获得的信息。我认为他们答非所问，因为传播的关键在于传，而视觉只能播，不能传。从怀特海的观点来看，不管什么感觉经验，都必须转换为语言来表达，而口语居于首要地位，发声是深层经验，也就是说，发声才能打动集体潜意识。

口语相对于书面语，有更大的刺激信号能量，更能激发消费者的行为反射

怀特海说："我们必须努力回到心理学，因为心理学造成了语言的文明。我们运用两种不同形式的语言，口语和书写语，书写语的历史不过一万年，作为一种具有广泛影响的思维的有效工具，顶多五六千年（我想汉语的白话文，只有一百年），而口语的历史和人本身一样悠久，是构成人性的基本因素之一。口语是人性本身。口语在它表现于动物和人类的胚胎阶段，其变化是在情感表达和信号之间发生的，它很快成为二者的混合物。在语言越来越精确的发展中，口语保留了这三个特征，即情感表达、信号及二者之间的相互结合。"在《超级符号就是超级创意》中，我指出"传播是一种口语现象"，广告要禁用书面语，怀特海的论述，结合我在《华与华方法》一书中所说的"信号能量原理"，则表明口语相对于书面语，有更大的刺激信号能量，更能激发消费者的行为反射。

人类的精神活动和人类的语言彼此创造

关于人性的最后结论是：人类的精神活动和人类的语言彼此创造。如果我们想肯定语言的产生是一个给予的事实，那说人类的心灵是语言给予人类的礼物就一点不是夸大。上帝给人类以语言，人类于是就成了万物之灵。

理解，是一项无法完成的任务，总有一种理解不能为我们所领悟

我提请大家注意，理解，整个说来是一项无法完成的任务，总有一种理解不能为我们所领悟。其理由是：脱离被理解的事物的纯抽象的理智概念是一种神话。因为全面的理解乃是完全掌握整个宇宙，我们是有限的存在，我们不可能有这种掌握。

专业学科之后，又需要交叉学科，把切碎的东西重新编织起来

文明的思想发展所必要的专门化，对理解事物产生了最为不幸的影响。人们理解的宽度越来越窄，研究越深入就离整体认识越远。专业学科之后，我们又需要交叉学科，把我们切碎的东西重新编织起来，这就是"所有的事都是一件事"的华与华方法。

只要与过程的关系未弄清楚，任何事物最后都不被理解

什么是理解？理解总是包含了结构概念。这就是格物致知。只要与过程的关系未弄清楚，任何事物最后都不被理解。

哲学的困难在于表达自明的东西

语言处于直觉之后。哲学的困难在于表达自明的东西。我们的理

解超出了词语的日常应用的范围。哲学与诗类似。哲学是寻找诗人作出生动暗示的惯用语汇的努力，力图创造一套可以用于思维的其他连接的语言符号。哲学的这种关联性说明了一个事实，即理解主要不是以推理为基础。理解是自明的。但是我们直觉的清晰性是有限的，而且明灭不定。因此推理是我们用以达到我们所能达到的那些理解的手段。证明是我们扩大我们的不完满的自明性的工具。它们预先假定某种清晰性，也预先假定这种清晰性表现了我们对于周围世界的模糊不清的认识的一种不完满的渗透。

从根本上要永远对自己的思维方式保持怀疑，才能尽可能地堵塞错误的源泉

怀特海说："纯粹的感性知觉不提供解释它本身的材料，这个结论是休谟哲学所体现出来的伟大发现。这个结论说明为什么休谟的《人性论》成了所有以后的哲学思想的不可辩驳的基础。"信哉斯言！我读《爱因斯坦传》，书上说他的"思想试验"受休谟影响很大。然后我就开始读休谟。最震撼的是休谟说我们把两个总是前后出现的现象总结为因果关系，其实是毫无依据。这个太有体会了，在我们的工作中，找到因果关系，才能制定对策。但是找对"真因"太难了！所以，从根本上要永远对自己的思维方式保持怀疑，才能尽可能地堵塞错误的源泉。

哲学研究是一种对全知加以否定的工作

什么是哲学？一种真理如果从它无限的关联上被透彻地理解了，那它一点也不比其他真理更是哲学真理。哲学研究是一种对全知加以否定的工作。

《精神分析与灵魂治疗》[瑞士]荣格

就算我们有纯粹智性的人生态度，也无法抹灭自己的本能人格

就算我们有纯粹智性的人生态度，也无法抹灭自己的本能人格。"我们的现代态度傲慢地回顾迷信的阴翳，鄙视中世纪和原始时代的盲信，完全忘记了我们至今仍在理性意识的摩天大厦底层，保留着我们的全部活生生的过去。意识的真正历史并不保存在知识性的书卷中，而是保存在每个人活生生的心理有机体中。"

野蛮的本能随时会压倒理性的光辉，让理性毁灭成灰

"'一战'的灾难有助于唤起对白人的头脑究竟是否一切正常的怀疑。"而今天，我们再次发现，野蛮的本能随时会压倒理性的光辉，让理性毁灭成灰！

《人类及其象征》[瑞士]卡尔·荣格

所有的英雄神话总有一个强有力的人或"神人"，这就是人们集体潜意识里的需要，是具有数万年生命力的原初意象

原型，或者"原初意象""集体意象"，是一种古代残存物，不是固定的神话意象或主题，那只是有意识的表象。原型是形成主题的这种表象的趋向。潜意识本能地深思熟虑，原型有其积极的和特殊的能力。所有的英雄神话总有一个强有力的人或"神人"，这就是人们集体潜意识里的需要，是具有数万年生命力的原初意象。野心家或骗

子就可以轻易扮演这个原型。

我们受内在力量的影响，也受到外在的刺激而行动

歌德的《浮士德》中说"起初是行为"，行为永远不能被发明，只能被实施。思想则是人类稍晚于行动的发现。人类被潜意识因素所推动来行动，只有经过一段时间后，他才开始反省促使他行动的原因，认识到那是一个荒谬的观念。心灵或精神也就是他本身存在的创造者，由于心灵这么长时间一直在发展，所以它仍在发展。我想起阿西莫夫《银河帝国》里的心灵史学，他也是受荣格影响吗？因此，我们受内在力量的影响，也受到外在的刺激而行动。在华与华方法，内在力量就是文化母体、超级符号。外在刺激就是刺激反射，行为主义的方法论。

我们的今天，是历史上发生的一切事物的总和的结果

"现代人是他长期的头脑发展所获得的特征的奇怪混合物。"我想起历史学家的一句话："我们的今天，是历史上发生的一切事物的总和的结果。"

广告本身就有愈疗功能

"我们还远没有理解潜意识或原型——这些动力性心灵'核'——的全部内涵。我们现在所能理解的只是原型对个体有巨大的作用力，形成他的感情、伦理和精神观点，影响他和别人的关系。因此，也就影响到他的整个目的。我们还可以理解到，原型象征的排列在个体的完整模式之后，对象征的正确理解有着治愈的作用"——广告本

身就有愈疗功能。

　　"潜意识的强大力量也表现在神话、宗教、艺术和其他文化活动中。人类就是在这些活动中表现自己。显然，如果所有人都有共同传承下来的感情和精神行为模式（荣格把这称为原型），我们只需希望在实际的人类活动的每一领域中，去发现他的产物（象征性的幻觉、思想和行为）。"

《社会学的想象力》［美］C.赖特·米尔斯

我写《华杉讲透〈资治通鉴〉》，是转译和赋能，是中国的历史社会学

　　该书的中文版序言就打动了我，米尔斯说社会学的技艺在于转译（translation）和赋权（empowerment），社会学是历史学的一部分，是历史社会学。我想empowerment可以翻译为"赋能"，我写《华杉讲透〈资治通鉴〉》，就是转译和赋能，是中国的历史社会学。

我们所看到的、听到的，往往不是它们本身

　　"奇怪的社会行为主义"，我喜欢这个词，我们所看到的、听到的，往往不是它们本身，而是人们的一种"奇怪的社会行为主义"。

《忏悔录》 [法]卢梭

一位对人类文明有如此巨大影响的思想巨匠，却又是一个笨拙破碎的人

在机场流量控制中，我把卢梭的《忏悔录》读完了。乱糟糟的生活和各种烂人破事，都是负能量。读完更憋闷了。一位对人类文明有如此巨大影响的思想巨匠，却又是这么一个笨拙破碎的人，可见人是复杂的。

《亚里士多德》 [美]克里斯托弗·希尔兹

四因论可以用于提案会议讨论，减少我们在上面的损失

四因论我看可以用于提案会议讨论，华与华是动力因，做出的设计方案是为了实现市场目的。会议中的反对意见往往也同意该方案能达到目的，但他就是对质料和形式有意见。而我的形式本身就是目的，形式因和目的因是等同的。"哲学级洞察，原理级解决方案"，我一直谋求在哲学层面彻底解决会议决策问题。因为每年在这上面的损失都太大了！

《社会契约论》 [法]卢梭

卢梭说，在他看来，会有一场革命，让俄罗斯的附庸和邻居鞑靼人

成为俄罗斯及欧洲的主人

卢梭说，在他看来，会有一场革命，让俄罗斯的附庸和邻居鞑靼人成为俄罗斯及欧洲的主人。这或许预言了斯大林。他又说，他预感科西嘉岛会震惊世界。那应验的就是拿破仑了。

《理想国》 ［古希腊］柏拉图

语言本身就是不能穷尽表达的

孔子的话是微言大义，因病发药。苏格拉底则是要穷尽逻辑的每一个角落。但是真的穷尽了吗？语言本身，就不能穷尽表达。

《利维坦》 ［英国］霍布斯

霍布斯的基本理论是：国家主权至高无上，人民的义务是绝对服从

今天开始读霍布斯的《利维坦》。霍布斯是彻底的无神论者和专制政体的鼓吹者。他的基本理论是：国家主权至高无上，人民的义务是绝对服从。国家的职责有三：1. 对外御敌，保障国家安全。2. 对内维护社会和平安宁。3. 保障人民合法致富。其他呢，其他就没有了，其他权力，人民为了保平安，自愿放弃，交给国家了，服从国家的意志，服从国家的判断。

《精神现象学》[德] 黑格尔

人的见解习惯于把真理和谬误的对立视为固定的

人的见解习惯于把真理和谬误的对立视为固定的，习惯于不是赞成就是反对，习惯于在其中寻找赞成或反对，而不把不同的哲学体系理解为真理的前进发展。对那些具有坚实内容的东西最容易的工作是进行判断，困难的是对它进行理解，而最难的则是结合两者做出对它的陈述。

《简单的逻辑学》[美] D.Q.麦克伦尼

逻辑之重要：逻辑是对思想的剖析，是智慧的开端，是思想和推理的技术

语言逻辑以事实为基础，逻辑是对思想的剖析，是智慧的开端，是思想和推理的技术，是让人信奉真相的技术。每天开会遇到的困难，大多是与会者没逻辑。我准备系统地学习逻辑学，先拿这本小书做预读材料。我选对了，这本书非常清楚准确、简明扼要，是逻辑学入门的不二之选！

《很久很久以前》

[美]玛格丽特·马克　　[美]卡罗·S.皮尔森

如果你需要一个副标题，就直接用副标题做标题，不要画蛇添足

作者理论与实践兼备。可惜书名不对——《很久很久以前》——谁知道写啥的呢？若叫《品牌十二原型》，就可以再卖五十年。或者用副标题《以神话原型打造深入人心的品牌》，也不至于没得加印，害得我加价买旧书。记住：如果你需要一个副标题，就直接用副标题做标题，不要画蛇添足。但是人们总觉得副标题"太直接了"，要加个标题掩护一下，掩护之后又担心别人不知道自己说啥，于是又加上副标题。何必呢？不愿意"太直接"，都是潜意识里有一种自我否定的心理。

《人类知识原理》[英]乔治·贝克莱

我们必须超越语言去思考，脱离文字的欺骗

"语言是致误的根源，知识虽然是由语言所传授的，但是大部分知识被文字的滥用和寻常的说法淆乱和蒙蔽了。"我们必须超越语言去思考，脱离文字的欺骗。

《儒教与道教》 ［德］马克斯·韦伯

儒教的"礼"，只是一种训练方式，并不是中心概念

孝是元德，是服从的基础。事实上，儒教的"礼"，马克斯·韦伯所说的礼仪规范，只是一种训练方式，并不是中心概念。礼的中心概念，是秩序，是上对下的无限权力和下对上的绝对服从。从孝到礼，贯穿始终的就是两个字：听话。

《词与物》 ［法］米歇尔·福柯

研究问题要有考古意识，才能抓住根本

福柯将他的《词与物》副标题定为《人文科学考古学》。他说考古学并不确切地指一门学科，而是指重构和考察作为认识、理论、制度和实践之深层的可能性条件的知识。华与华方法说研究跨国公司的成功是个考古学问题，你不能学人家今天怎么干。研究问题要有考古意识，才能抓住根本。

《文化和价值》 ［奥］路德维希·维特根斯坦

只有和真理亲如一家的人才能够讲出真理

维特根斯坦说，当一个人仍然不能把握自己，他就不能讲出真理。他不能讲出真理——不是因为他还不够聪明。只有和真理亲如一家的人才能够讲出真理。仍然生活在谬误之中或仅仅偶尔走出谬误而迈向真理的人是讲不出真理的。

《活法》[日] 稻盛和夫

事情的关键全在现场，现场有答案

事情的关键全在现场，现场有神灵。到现场去，倾听工作现场的神灵之声，答案就在那里。

《保守主义》刘军宁

你若喜欢读一本书，最好重视它后面的参考书目

书后的参考书目也是该读的。你若喜欢读一本书，最好重视它后面的参考书目。比如《超级符号就是超级创意》书后的参考书目，都是很重要的。如果不照单全收，就太可惜了。

五

管理及经营之道

《德鲁克管理思想精要》 [美]彼得·德鲁克

对自己有发展目标，有高标准要求，就能成长为杰出人物

随时自问："我能对公司、对小组有什么最大贡献？"就等于是说："我需要怎样的自我发展，我应该学习什么知识和技能，才能有助于我的贡献？我应该将我的哪些优点用在我的工作上？我应该为自己设定怎样的标准？"对自己有发展目标，有高标准要求，自己就会制订计划，就能成长为杰出人物。

我想用我的经验，把中国传统智慧和价值观，用于构建中国企业战略、企业管理、企业文化及价值观体系

"发展中国家管理者的基本挑战是，如何发现和确定本国的传统、历史与文化中哪些内容可以用来构建管理，确定管理的方式。在这一点上，日本成功了。"我写作"华杉讲透"系列，就是多年前受到德鲁克这段话的影响，想要用我的经验，把中国传统智慧和价值观，用于构建中国企业战略、企业管理、企业文化及价值观体系。希望再过十年，我这项工作能取得一定规模。

员工的人生、顾客的价值，是对我们同样重要的内外两个目的、两个结果

德鲁克的话，我只有这句觉得有点别扭："管理的成果只存在于企业的外部，企业的内部只有成本。"这句话很美国。但是企业的内部有什么呢？是人！员工的人生、顾客的价值，是对我们同样重要的内外两个目的、两个结果。在西贝30周年庆典，我就看到了企业内部的结构，以人为本。

没有一个专业人员可以保证他一定能为顾客带来利益

"没有一个专业人员可以保证他一定能为顾客带来利益，能做的只是尽力而为而已，所以专业人员的首要责任是'不明知有害而为之'。"这就是华与华的核心价值观：不骗人。但是，侥幸心理会让人看不到危险，因为一厢情愿和侥幸心理，客户自己也会明知有害而为之，你拉都拉不住。这就是"道高一尺，魔高一丈"。正道是有限的，魔道则没有什么不可能。

当你把自己的话落实了，才能懂得价值观的意义

"与目前有关社会责任的宣言中响亮的口号相比，'绝不明知有害而为之'可能显得温和。但是，正如希波克拉底所发现的那样，这并不是一条容易遵守的准则。"华与华的核心价值观"不骗人"是非常难做到的。当你努力改掉"自己说的话自己都不信"的习惯，真把自己的话落实了，才能懂得价值观的意义。

作业成本法是华与华工作方法和核心

"作业成本法可以大幅降低制造业成本，达到三分之一甚至更多。然而，受该方法影响最大的可能是服务业。"作业成本法是华与华工作方法和核心，就是减少动作，排除动作浪费。动作少，人就少，工作做得好，资产积累快。曾国藩说："少举事。"就是管理会计的作业成本法。

企业逐渐官僚化，成本飙升

杜兰特通用汽车企业联盟成本优势的丧失，除了工会的崛起，还有一个原因，就是它之前收购的零部件供应商只有50%的产品销售给通用汽车，另外50%卖给其他汽车公司。后来，"其他汽车公司"都消失了。通用的零部件供应商100%卖给通用。也就是说，它本来是一半的内部交易，一半的外部交易。变成100%的内部交易后，可以想象企业逐渐官僚化，成本就飙升了。

收费站战略

我在2016年公司年会上提出做"国民咨询公司"，就是一种收费站战略，在中国经济中建一个收费站。企业发展到几个亿规模，能支付一年几百万咨询费，就可以到华与华报到。实行收费站战略的公司，要满足三个条件：1.有独一无二的技术。我这活儿别人谁也干不了。2.收费金额在客户的成本结构中微不足道。3.不贪心，不乱收费。

管理者必须首先服务于内部，最糟糕的管理者则急于获得外部成果

管理是人文艺术，也是人文科学，涉及人和人的价值观、成长和

发展，涉及知识、自我认知、智慧和领导艺术等基本要素。管理是一种实践和应用，管理者从人文科学和社会科学（心理学和哲学、经济学和历史学、自然科学和伦理学）中吸取所需要的知识，并把这些知识集中到效益与结果上。

不过，德鲁克"管理的成果只存在于企业的外部，企业的内部只有成本"这句话可能带来一些误解。管理者必须首先服务于内部，服务于员工的成长和发展。最糟糕的管理者，则是急于获得外部成果。

目标管理

"企业必须设定多种目标而不是唯一的目标，目标是工作和安排工作的基础。管理企业，就是在各种各样的需要和目标之间进行权衡。目标决定企业的结构和必须从事的主要活动，目标还决定了人员安排，以便各司其职。没有特定目标的领域会被忽视。在影响企业生存的各个关键领域中，都需要设定明确的目标。各项具体的小目标——每一目标领域中目的——取决于企业的不同战略方案。我们必须在以下8个领域设定具体目标：市场营销、创新、人力资源、财务资源、物质资源、生产率、社会责任、利润要求。"

目标要有明确的衡量标准，并且有进度报告。目标必须转化为各项具体的工作，而工作始终是具体的，始终有清楚、明晰、可以衡量的绩效，完成的期限和责任的具体分配。但是，成为企业发展障碍的目标则是十分有害的。目标始终是以期望为依据的，而期望至多只是一些有意识的猜测。

企业战略不是企业的战略，而是企业为解决某一社会问题而为社

会制定的战略

"企业和公共服务机构都是社会的重要器官。它们并不是仅仅为自身的目的而存在，而是为了实现某种特殊的社会目的，并旨在满足社会、社区或个人的某种特别需要而存在。就其自身而言，它们本身并不是目的，而是手段。"在《华与华方法》一书里，我引用了这段话，并把它称为企业第二定律——社会职能定律，作为我们制定企业战略的基础——企业是社会的公器，为社会解决某一方面的问题。企业的产品和服务，就是解决该社会问题的完整的、先进的、可持续的方案。所以，企业战略不是企业的战略，而是企业为解决某一社会问题而为社会制定的战略。

企业社会责任是企业的业务，而不是义务

对于企业社会责任，德鲁克的思想仍停留在定义为企业要为企业经营给社会造成的影响或问题承担责任，或者，作为社会的企业公民承担社会责任层面。但是，他提出要把社会问题当成商业机会，用商业手段解决，就像现在的碳交易市场一样。受他的启发，加上一直厌恶传统的企业社会责任理论，华与华重新定义了企业社会责任，提出企业社会责任是企业的业务，而不是义务，任何企业的建立，都基于对某一社会问题的解决。这样，就提出了华与华方法企业战略三位一体模型，企业社会责任、经营使命、企业战略三位一体。某一社会问题＝企业社会责任＝企业经营使命＝企业战略＝产品和服务组合＝社会问题解决方案。这是华与华建立的新的企业理论，也是我们未来的一个学术课题。

《战略品牌管理》 [美]凯文·莱恩·凯勒

华与华方法始终服务于最终目的，从终点——购买和播传反向倒推，重新构建整个品牌理论

美国市场营销协会将品牌定义为"一个名称、专有名词、标记、符号和设计，或者上述元素的组合，用于识别……并且和竞争对手区隔"。这个定义更接近于"商标"。扩展完整的品牌系统，华与华用产品结构、话语体系、符号系统的"华与华品牌三角形"来概括。至于产品，教材定义为"满足某种消费需求和欲望的东西"，而华与华更愿意将其定义为"一个购买理由"，比如华与华的产品，超级符号是产品，是一个购买理由。品牌五年计划，也是一个产品，一个购买理由。通过改变购买理由来重新定义、重新命名产品，是重大的企业战略。同时，产品还要涵盖购买指令和购买指南，加上购买理由，就是"三个购买"。这三个购买，最高效率是都在命名中解决。这就是"产品即命名"。教材中对产品五个层次的划分，太复杂而又缺乏目的性，容易把人引进支离破碎，越走越远。对于品牌资产，华与华将其定义为能给我们带来效益的大众口语报道。同时又把效益概括为两个效益：买我产品和传我美名。买我产品，还是购买理由。传我美名，传什么？这二者都归为话语体系。所以，华与华方法不是对概念进行定义和分解，而是始终服务于最终目的，从终点——购买和播传反向倒推，重新构建整个品牌理论。

品牌对于B2B企业，要比B2C企业有价值得多

教材从降低顾客选择成本角度介绍品牌。对此，华与华方法提出品牌降低三个成本：社会监督成本、顾客选择成本、企业营销成本。并且把成本作为评估一切品牌营销举措的第一要素和创作指导原则。教材说品牌是一个重大的应对风险手段，特别是B2B交易。这一条尤为可贵。品牌对于B2B企业，要比B2C企业有价值得多！但是99.999%的B2B企业都不懂得此理，华与华要把"华与华"做成B2B品牌的史诗级案例，以印证我们的理论。

品牌的第一功能是接受监督

在华与华方法品牌三大原理——社会监督原理、品牌成本原理、品牌资产原理中，我把社会监督原理列为品牌第一原理。事实上，正式的、法律意义上的品牌诞生，源于1266年英国对面包标识的要求。或者，你也可以以中国明代的城墙砖要求标记窑客和督工官姓名为例，都是为了监督和追溯。所以，品牌的第一功能是接受监督，从这一原理，也发展出华与华方法的公关理论——出事就接受惩罚，不要公关，要买单，而且要主动多买单。主动加大对自己的惩罚，就是品牌之道。学术，有君子之学，有小人之学。大多数学术，都是小人之学。要致良知，才能格物致知。

《战略品牌管理》教材对基于顾客的品牌资产定义不够准确

《战略品牌管理》教材将基于顾客的品牌资产正式定义为：顾客品牌知识所导致的对营销活动的差异化反应。包括三个重要组成部分：1.差异化效应；2.品牌知识；3.顾客对营销的反应。这一定义太糊涂了！这就是华与华要编写品牌教材的原因。

提问时要问可以让被访者直接回忆陈述就有答案的问题，不要让被访者思考、归纳和总结

以西贝为例，你不能去问消费者："你对西贝的印象和感觉如何？"他会回答："还行。"你什么也得不到。你也不能问："你觉得你和西贝关系如何？你们之间有多少联系？"他更是胡乱组织语言应付。调研应该问什么问题呢？要问：提到西贝，你想到什么？你去过西贝吃饭吗？为什么去？如果朋友拉着或推荐去的，他当时怎么说？在西贝吃饭，印象最深的是什么？哪道菜你觉得最好吃？你记得当时的服务员吗？他跟你说了什么？你向朋友推荐过西贝？你怎么跟他说的……这些问题才是真问题，才是真有用的问题。只问让被访者直接回忆陈述就有答案的问题，不要让被访者思考、归纳和总结。甚至你写报告也不要归纳总结，归纳总结没有用，罗列就行，罗列出来的事实才是有价值的。

《丰田生产方式》 ［日］大野耐一

排除浪费，挖掘潜力，追求"100%纯作业"

记住几条：排除浪费，挖掘潜力，追求"100%纯作业"。浪费会打滚，会造成二次浪费、三次浪费。有错立即纠正，欲速则不达，等待时机成熟。建立公司的微调机能，无须大脑指令就能反射的脊柱神经。准时化、多工序操作。这些都是华与华的创意生产方法。

我们要始终服务于最终目的，而不是解决自己的"问题"，完成自

己的"任务"

一切答案都在现场，所有人要到现场；所有人都要清楚工作的最终目的，要为最终目的服务，而不是解决自己的"问题"，完成自己的"任务"；员工不能只有所谓"专业能力"，首先要有普适性的"工作能力"；专业能力，各是各的专业；工作能力，所有工种都一样。

华与华方法，就是"一次做对，杜绝生产过程的时间浪费"和"一以贯之，杜绝积累进步的时间浪费"

华与华方法就是"一次做对，杜绝生产过程的时间浪费"和"一以贯之，杜绝积累进步的时间浪费"，其理也真，其情也切，但是彻底理解的人不多，还得我多动笔写。

《改善》 [日]今井正明

每个人都要就地解决自己的问题，绝不推给下一环节

问题的问题在于：人们制造了问题，但这一问题并没有影响到他，而是影响了别人。所以我们总是对别人制造的问题很敏感，对自己制造的问题则不以为意，不断地把问题推给别人。管理层自己制造了问题，却压给下属解决。要破除这一恶性循环，就要求每个人就地解决自己的问题，绝不推给下一环节！

要建立工作标准，并让遵守标准成为员工的第二天性

要建立工作标准，并让遵守标准成为员工的第二天性。标准来

自有权威的个人实践。个人经验传授给其他人，也传授给组织，让个人的技能成为公司的技术。这让我想起克劳塞维茨的话："天才并不需要理论，但是理论需要天才，因为理论家要把天才的实践总结出理论。"

我们的问题，就是只有老板有权推进或停止

就像海底捞的服务员有权给顾客免单，丰田汽车的工人有权停下整条生产线。只要工人发现一个故障部件，就可以按下一个键，自动停产，甚至连带停下整个工厂生产线。我们的问题，就是只有老板有权推进或停止，员工要么等老板拍板推进而耗费大量时间，要么因为没得到停工指令而大量生产废品。这样的情况每天发生在几乎所有行业的所有公司。

贯彻任何事，关键是管理层的关注和回应

个人主导的改善，靠员工主动提改善意见。每份建议无论说啥，都给钱，比如一条10块。这个人提了16 821条建议，就挣了16万多了。在华与华，我们一份建议给50块，却也没多少人看得上。那天我提起这事，有提了建议的同事说，根本没收到钱。看来提案不多，管理层也忘了算账。贯彻任何事，关键是管理层的关注和回应。我也要检讨自己了。

同一本书要反复读

坐高铁的好处是可以看很长时间书，刷完了今井正明的《改善》。这是第三遍读了，体会又不一样。同一本书要反复地读，隔两

年又读一遍。因为人只能读懂自己本来就差不多懂的东西，这就是知行合一。自己进步了，从书里读懂的东西就更多了，然后又进步了。

《丰田物语》［日］野地秩嘉

中庸的生产方式：无过不及

喜一郎提出"过与不足皆无的状态"，这就是《中庸》的"无过不及"，没有超量，也没有不够，始终保持刚刚好。英二说这是"非比寻常的气魄"，因为孔子也说"中庸不可能也"，那是一个理想状态，只可趋近，不可达到。但是，喜一郎马上根据新的生产方式来重新设计工厂。

及时化是华与华创意生产的基因，但目前还有很大差距

TPS的两大支柱是及时化和自动化。及时化从一开始就是华与华创意生产的基因，是我们有今天的效率和盈利的核心。但是，与每个人都能及时感知错误，停止生产，不把不良品传递到下一道工序，还有很大差距。如果每个人都能不返工，每个人都能一次做对，效率至少还可以提升五倍。

丰田的哲学是"凡事彻底"，抓最平凡、最基础的事，达到不平凡的结果

喜一郎认为，如果他设想的生产方式上轨道的话，连周转资金都不需要！事实上结果正是这样，丰田一年2600多亿美元的销售收入，

没有一分钱银行贷款。中国的企业家习惯于抓"重要而紧急的事"，这是最坏的工作习惯。发明这个词的是"时间管理专家"，是最不懂得什么叫时间的。那些"不重要"和"不紧急"的事累积起来，就拖垮了企业。丰田的哲学是"凡事彻底"，抓最平凡、最基础的事，达到不平凡的结果。

华与华的员工是多技能工人

"多技能工人"是丰田生产方式的基石，不能说你只干车工，钻工、铣工也都是你！在华与华，没有AE，文案设计一起下市场、布置店面、体验做售货员，到跟客户老板开会，都是那几个人。每周一早上全公司一起大扫除，清洁工作都能干，也就没有什么工作不能干了。

公司如果处罚员工的错误，那每个人都会掩盖错误

下属犯了错，通知上司，上司要说："谢谢你让我知道。"而不是骂："死小子！"公司不处罚员工的错误，而是鼓励自曝错误。因为如果处罚，那么每个人都会掩盖错误，直到盖不住来个大的。

要排除一切浪费，只追求工作的本质

一旦你仔细观察人们的工作，就发现无处不在的惊人的巨大的浪费，而且人们习惯了浪费。而老板往往是最大的浪费根源，比如等老板回复意见的时间浪费；明知不对也不顾后果积极落实老板指示的浪费。要排除一切浪费，只追求工作的本质。

要排除不必要动作上的浪费

大野耐一说，要把气动扳手拧紧螺丝时发出"咿"的一声之前的所有动作，都当成浪费来排除。有一个笑话说，一个人吃五个包子吃饱了，他说早知道不吃前面四个，直接吃第五个。在排除动作浪费上就要这么思考，前面四个包子都是浪费！

丰田之道，就是知行合一之道

"做到"比"知道"难，而已经"做到"的人，要教会别人"做到"，更是难上加难。这就是知行合一之难。丰田之道，就是知行合一之道，公司每一个人都知行合一，而不是"民可使由之，不可使知之"，就能够持续改善。

丰田生产方式的内容

丰田生产方式的内容就是：1. 排除浪费；2. 每个人积极思考，做改善提案；3. 在工程中精密地制作，不把次品传给下一道工序；4. 营造流畅的生产线。

这四条映照过来，就是我们的普遍现状：1. 大量废动作；2. 不动脑筋；3.随时制造次品；4.窝工、怠工、停工、赶工、返工。

作业就应该是：所有的事都是一件事

F1方程式赛车比赛中途，车手开车进入维修区，大家围上来拆换轮胎，然后赛车马上回到赛道。我很留意这个场景，作业就应该是这样，所有的事都是一件事，所有人一起做所有事，一次做全，一次做对，一步到位。

提高效率不是要加快动作，而是要减少动作

提高效率不是要加快动作，而是要减少动作。可能动作更慢了，但是花的时间更短。我们的毛病是老板总在喊"快！快！快！"，结果员工干的全是废动作，干出来的全是次品，过后再返工。

《以奋斗者为本：华为公司人力资源管理纲要》

黄卫伟

企业立足的"三个先进"

《以奋斗者为本：华为公司人力资源管理纲要》一书中，任正非反复强调以客户利益为核心的价值观，于我心有戚戚焉。从经营伦理上说，客户第一，员工第二，股东第三，无论利益分配还是破产"分尸"，股东都是最后拿钱的人。从来就没有股东利益最大化这回事，说股东利益最大化，既不能得到，还白白遭恨。

同样，也没有企业利益最大化这回事，利润是企业投入竞争的资源，德鲁克说，企业的作用，往往也是以最小利润换取最大竞争力。获取竞争力的目的，也只有一个：活下去，永不出局，永续经营。企业跟执政党一样，最大且唯一的目标，就是永远执政，不下台，其他基本可以协商。说企业利润最大化，也是白说，不仅得不到，还招恨。

企业立足的基点在哪儿呢？就靠三个点立足，即始终代表行业的先进生产力，始终代表行业的先进文化，始终代表客户的利益。这三条是最深刻的终极价值，要反复琢磨，自问有没有做到。

需要警惕：员工三感的被破坏

任正非谈员工三感：高层员工的使命感、中层员工的危机感、基层员工的饥饿感，赚钱的公司，这三感破坏了，员工就富而骄，骄而惰，中层以上都腐化了，这是我们需要警惕的。孔子说："富之，教之，劳之。"你让员工都富裕了，结果他们都享受生活，不愿意劳动了，那是你自己太笨了。

不管你是大老板、小老板，都要跟任总学当老板

《以奋斗者为本：华为公司人力资源管理纲要》这本书讲得特别细特别实在，每一页，每一句话，每一个字，都有用。怎么当老板？不管你是大老板、小老板，都要跟任总学当老板！

《熵减：华为活力之源》华为大学

企业也好，个人也好，最大的任务就是和自己的惰性作斗争

企业也好，个人也好，最大的任务就是和自己的惰性作斗争。不要留在舒适区，永远要勤劳、要奋斗。没有什么是理所当然，都是难得可贵；没有什么是一劳永逸，都需要不断获取。

"财务自由"背后就是人的惰性

要说最诱人也最有害的一个词，莫过于"财务自由"，这背后就是人的惰性，想要不劳动也有得吃。我的朋友们都知道我的财务口号："把钱花光！"一是压倒性投入战略储备；二是分配或投资给员工培训；三是有钱就消费，为拉动内需做贡献。总之不要做守财奴。钱多了会让人懈怠，就像身上的肥肉，要减肥。任正非总说华为最大的问题是赚钱太多。我们赚的钱虽然比他少好多个零，我也觉得华与华赚得太多了，要花掉！

熵减的原理，就是科斯的交易成本管理

熵减的原理，就是科斯的交易成本管理，降低企业的内部交易成本。中国在降低内部交易成本上最了不起的有两家公司——华为和海底捞。其他公司不是不知道这个道理，但是没有真正知行合一，还是始终处在"等死"的状态。究其根本，还是赚钱太容易，没有紧迫感。

《公司的概念》[美]彼得·德鲁克

如何让组织变小，就是员工治理和发展出领导者的关键

通用汽车公司的领导者总是来自分权的小型的分部，而不是大型的集权的分部。大约在1941年，当公司将一个大型分部分拆为45个新的小型分部时，着手建立这一分部的经理表示反对，说影响效率。公司告诉他生产效率根本不是要考虑的主要问题。关键是要为员工创造45倍于现在的机会，锻炼出更多独当一面的领导者。

如何让组织变小，就是员工治理和发展出领导者的关键。无论集权体制效率如何，它在培养和训练具有决策能力和责任担当的领导人上都不如分权体制。对于一个机构而言，培养新的领导者远比生产效率重要。市场和价格不仅是经济手段，也是社会手段，客观检验管理者的能力，提供人员更替原则。否则就只能靠定期"整改"和权力斗争。

很多事情，如果把它看成一个管理问题，就很快能找到正确答案

　　德鲁克说《公司的概念》并不是第一本关于组织和管理的著作，第一本的荣誉应属于托克维尔的《论美国的民主》。这话我太同意了。政治和管理往往界限不清，很多事情，如果把它看成一个管理问题，很快就能找到正确答案了。但是搞成了政治问题，就会往最坏的方向发展。

《企业的性质》

[美]奥利弗·E.威廉姆森　　[美]西德尼·G.温特

科斯的交易成本理论似乎是企业家须知的常识，但是都不能做到知行合一

　　科斯的交易成本理论似乎是企业家须知的常识，但是都不能做到知行合一。企业、事业的领域和规模为什么不能无限扩张，是受交易成本限制的问题。但为什么要扩张，是人性问题。征服欲会让人忘记常识，相信"协同效应"。协同效应不是原理，交易成本才是原理，效应来源于交易成本的降低，而不是协同。但是"协同"这个词，增强了扩张的欲望。

熊彼特的企业家以创新推动经济发展，自己也获得"企业家利润"

什么是企业家？这是个问题。科斯因为研究企业内外部交易成本，把只要企业里能下命令配置资源的人都称为企业家。熊彼特研究创新，企业家的桂冠不仅不轻易给人，给了也随时准备摘除，他说只有创新的时候才是企业家，所以一个企业主一生中可能只有很少的时间段才能被称为企业家。科斯的企业家为社会降低交易成本，自己也所获不多。熊彼特的企业家以创新推动经济发展，自己也获得"企业家利润"。所以，在企业家定义上，我听从熊彼特。

《成果管理》[美]彼得·德鲁克

不要让薪酬体系鼓励了错误的行为

德鲁克说，不可能设计一个科学的薪酬体系。在建立薪酬体系时，要宁简毋繁，要允许加入主观判断，并根据个人工作情况做调整。要加强警惕，不要让薪酬体系鼓励了错误的行为，比如绩效工资的短期倾向。

在职能社会中追求自己的专业水准是值得鼓励的，但也是危险的

德鲁克说，在职能社会中追求自己的专业水准是值得鼓励的，但也是危险的，它会使专业人员背离企业真正的目标，把职能性工作本身当成最终目的。

不要尝试为未来进行创新，要为现在进行创新

除非创新立刻就能应用，否则只是聪明的创意而已。成功的创新者都从小规模的、最简单的创新开始。许多企业都声称："十年后，我们有90%的收入来自今天不存在的产品。"这是言过其实。成功的企业，是今天在正确的市场销售正确的产品的企业。十年后，四分之三的收入仍会来自今天的产品及其衍生产品。事实上，如果今天的产品不能持续产生大量现金流，企业也无法获得创新未来产品所需的投资。

没有什么比对错误的问题做出自以为的正确决策危害更大

德鲁克说，决策的第一要素，是判断是否需要做出决策。决策要学习外科医生的思维，尽量避免做不必要的手术。没有什么比对错误的问题做出自以为的正确决策危害更大。

沟通不是一种组织手段，沟通是唯一正确的组织模式

德鲁克说，如果把沟通看成从"我"到"你"，就不会有沟通存在。沟通是从"我们"中的一个成员到另一个成员。沟通不是一种组织手段，沟通是唯一正确的组织模式。

任何领先都是短暂的

要把资源分配给机会，而不是问题。成果和成本成反比关系。90%的成果是由10%的事件创造出来的，消耗了90%成本的其他事只创造了10%的成果。所以我们开会，要看哪些事情做得好，继续挖掘，放大机会。而人们往往是认为做得好的既然没问题，就不用再讨论，把资源全投入去解决有"问题"的。

任何领先都是短暂的。知识就是资源，领先是知识成果，而市场就是成果的载体，当你的产品投放于市场，知识已普遍可及。所以企业不去设计新的款式，而老是在过去的衣服上缝缝补补，是非常危险的。

管理者的任务不是"解决问题"，而是远离问题

管理者的任务不是"解决问题"，恰恰相反，是远离问题，而把经营的重心放在机会上。问题是永恒的，我们就是在问题中前进。领先是短暂的，下滑是必然的。必然从遥遥领先到相对领先，再到平常平庸。领导者要远离问题，集中资源于机会，用新的活力和新的方向取代迟钝和惰性。

德鲁克在《成果管理》中把企业的产品分为11类

德鲁克在《成果管理》中把企业的产品分为11类：1. 今天的生计来源；2. 明天的生计来源；3. 能创造价值的特色产品；4. 开发中产品；5. 失败产品；6. 昨天的生计来源；7. 需要采取补救措施的产品；8. 多余的特色产品；9. 没有存在理由的特色产品；10. 管理层自以为是地实施的投资；11. 灰姑娘（蓄势待发者）。波士顿在此基础上发展出波士顿矩阵。麦肯锡在此基础上发展出GE麦肯锡矩阵。因为波士顿矩阵先出，所以很多人说麦肯锡是学波士顿的。事实上都源自德鲁克，波士顿把它变得更精练，麦肯锡则对其有所发展。这就是为什么读书要读经典。

补充一下，GE麦肯锡矩阵对波士顿矩阵的"发展"部分，也是德鲁克的思想，就在这本书后面，不起眼的一句话："如果一块业

务，在公司经营很好，但如果给别的公司经营会更好，那么把这块业务卖给更好的主人。"这就是杰克·韦尔奇的行事方针。

《营销管理》 [美] 菲利普·科特勒　　 [美] 凯文·莱恩·凯勒

"新知识"会毁掉真知识

真知为什么失传？因为"新知识"会毁掉真知识，老行尊也会进行"知识自杀"。想不到菲利普·科特勒也会在他的新教材里用"人员、流程、方案、绩效"的"新4P"来替代老4P，断言"很明显4P已不再是市场营销的全部"。可见不能知行合一者，终究都会晚节不保。

营销就是设计产品、制定价格，选择销售渠道和传播媒介，与销售商和传播服务商合作，把产品卖给顾客，并把顾客转化为产品推介者的过程

我想做一本《华与华简明营销教材》，就以4P为框架，营销就是设计产品、制定价格，选择销售渠道和传播媒介，与销售商和传播服务商合作，把产品卖给顾客，并把顾客转化为产品推介者的过程。所谓十个主要类型的实体，一律以"产品"概括，因为你必须有产品思维，才能开始营销。

三种媒体：付费媒体、自有媒体、免费媒体

三种媒体：付费媒体、自有媒体、免费媒体。华与华方法最大的不同是"商品即信息，包装即媒体"，把产品本身当成最大的自有媒

体（owned media），并且重兵投入在自有媒体。对免费媒体，我们通过创意驱动，把消费者转化为传播者。付费媒体永远是我们考虑的最后一步，但绝对是标配。我们认为任何行业都应该花钱打广告，这是一个信号能量问题，不花钱就没能量。但是，我们不赞成用大规模的广告把什么东西"打"起来，因为那是不可持续的豪赌，犯不着。

"为往圣继绝学"，重新擦亮良知良能

这些所谓"新4P"都是"犯罪"啊！4P已经说得清清楚楚，完全穷尽，相互独立。但是他一定要"更新"，另立新说。王阳明说，这就是治学的"胜心"——其说本已完备，非要另立一说以胜之。干的都是"拔本塞源"的活，把根本拔出，把源头堵塞。所以，需要"为往圣继绝学"，重新擦亮良知良能。

商业计划始于市场营销，根据STP制定4P

STP模型：市场细分、目标市场选择、市场定位。商业计划始于市场营销，根据STP制定4P。也就是华与华方法产品开发流程：商品企划、4P策划、产品命名及包装设计、产品开发、上市。"爱的是酒"就是这个流程的标本式案例。

调研只是验证自己的想法和寻找灵感

书中以《星球大战》的调研报告说这电影不会有市场，来作为"蹩脚的调研"的例子。在华与华，我经常说"少搞调研"，因为调研一定是先入为主的，如果你没有先入为主，就不要去搞调研。调研只是验证自己的想法和寻找灵感。没有先入为主的想法，调研就没有

意义。就像拿破仑讲侦察，你不能派出侦察兵，命令他们去侦察敌人在哪儿，那多少侦察兵都不够用。拿破仑是自己先想好了敌人会出现在哪几个可能的地方，然后再派侦察兵去验证。

华与华超级符号的方法，是基于人们的潜意识认知

人们每天接触到1500多条广告或品牌信息，他们只能选择性注意，一是与自己当前需要有关的，二是符合期待的，三是与一般刺激物差别大的。华与华超级符号的方法，则是基于人们会注意到自己熟悉的，就像走在大街上遇见熟人，这就是潜意识认知。科特勒说潜意识认知不切实际，这要看他怎么理解潜意识了。

草根营销活动，都是汗水的浇灌

耐克最初的成功很大程度上归功于其通过草根营销活动吸引了目标消费者。我很喜欢"草根营销"这个词，耐克、可口可乐都是非常草根的品牌，就是靠地面活动做起来。今天的营销也是一样，比如海底捞说："客人是一桌一桌抓来的。"比如葵花药业的地推活动，都是汗水的浇灌。

一个拥有良好定位的品牌应该在概念和执行上都是独特的

品牌替代测试：如果一个营销传播活动，把活动主体替换为另一个竞争性品牌也可以，那么这个活动就不应该被实施。一个拥有良好定位的品牌应该在概念和执行上都是独特的。比如西贝的亲嘴打折节是独特的，莆田的食材节是独特的。定位的成果是创立以顾客为基础的价值主张。

"品牌播传"的品牌资产定义：能给企业带来效益的消费者品牌谈说

品牌资产，华与华给的定义是"能给企业带来效益的品牌认知"。"品牌知识"（brand knowledge）也是很准确的定义。但是问题在于，当我们对品牌知识进行归纳总结，特别是"提炼"的时候，我们就干预了品牌知识。真正起作用的是消费者的原话，所以，我想或许可以称为"品牌赞誉"，或者"品牌谈说"（brand saying）。品牌资产是能给企业带来效益的消费者品牌谈说。这才是"品牌播传"的品牌资产定义，也规定了我们规划品牌资产的方法。

品牌人物能提升品牌喜爱度，让品牌变得富有乐趣

品牌人物具有拟人特征，能提升品牌喜爱度，让品牌变得富有乐趣，更容易与消费者建立联系。同时，也避免了很多困扰真人代言人的问题，如不会劈腿，不会离婚，也不会变老。华与华就是这么想的，小葵花、蜜雪冰城雪王、老娘舅和最新出炉的盼盼食品PP熊，都是我们的代表作。

除非公司每个人都践行品牌，否则品牌承诺不会被传递出去

内部品牌化，除非公司每个人都践行品牌，否则品牌承诺不会被传递出去。这一点我在华与华抓得很紧，确保公司每个人处理每件事都践行同样的立场、观点和行为准则。我最遗憾的就是，有的客户把华与华提供的品牌传播方案只当成一个广告创意，而不是自己真正认同的信条，所以他就不能坚持，这招好使了，再找下一招。

所有企业都应该打广告，但不应该"砸"广告

品牌强化，就是广告投放的"吃药三原则"——药不能停、药不能换、药量不能减。广告应成为品牌标配，所有企业都应该打广告。但是，我不赞成"砸"广告，你用钱狂砸广告，超过了自己的承受力，砸起来就生，砸不起来就死，那不是品牌强化，是品牌赌博，犯不着。踏踏实实就能做好，何必冒生命危险呢？但是，总有赌赢的，就激励着前赴后继的一将功成万骨枯。

宁愿关系破裂，也不能在观点立场上有半点含糊

顾客资产的定义是"所有顾客的终身价值的总和"。这一点是我特别重视的。我专门统计过每一个客户付给我们的钱，结论当然是合作时间越长的客户价值越大。这也是为什么我一定坚持年费制，绝不做项目制。不过，我并不主张"顾客关系管理"，而是聚焦于"出品质量管理"。顾客留下的原因是你的优秀出品质量，不是你跟他关系好。相反，对于咨询业，维护顾客关系往往等于牺牲产品质量，因为你为了投其所好，不敢坚持自己的意见。我们的原则是：宁愿关系破裂，也不能在观点立场上有半点含糊。

培训是公司最重要的事，办企业就是办教育

"丰田的员工是这样领会他们的三重目标的：制造汽车，制造更好的汽车，教会每一个人知道如何制造更好的汽车。"最后一条至关重要，管理最重要的就是，让每个人都尽可能知道所有信息，让每个人都尽可能掌握所有技能。所以，培训是公司最重要的事，办企业就是办教育。

顾客可视边界的界定，就是"打造强大现场"的地方

书中的酒店服务蓝图很有参考价值，列出了顾客旅程，所有接触点，可以改善服务和体验的地方，并且按酒店和顾客的距离划分了互动边界、顾客可视边界和内部互动边界。

体验的价值－服务的价值＝创造体验的机会。

在图里一目了然。而顾客可视边界的界定，就是"打造强大现场"的地方。还有顾客看不见的部分呢？我们还有慎独精神！

服务业：让顾客愉悦是永远的核心

"丽思·卡尔顿的服务三步骤、十二条服务准则、晨会，都值得进一步研究。超出职责之外的'精彩故事'，是最精彩的部分，因为每一个故事都强化了公司正在寻找的服务方式。"服务行业很大程度是挣"打赏"的，所以让顾客愉悦是永远的核心。

挑剔别人的创意，是很容易的事

学到一个新词，误舍错误（Drop-error），以后可以用来"指控"那些不接受华与华方案的客户。"挑剔别人的创意，是很容易的事。一旦想起来自己差一点舍弃某些后来获得巨大成功的创意，或者意识到自己曾经放弃了很好的创意时，一些公司会感到不寒而栗。"华与华每年都会发生这样的事，我知道是让他发财的创意，但客户就是不接受。我心痛啊！在我的心痛名单上，每年都会增加新的客户名字。蜜雪冰城的雪王，也是一个差点被否掉的创意，因为大家都说它"太Low（低级）了"，后来基于对华与华的信任，蜜雪冰城放弃了自己的观点，"盲目"听从，全盘接受了华与华的方案。一年之后，

292

大获成功，蜜雪冰城老板说："一年前如果没有用华与华的方案，今天的一切都不会发生！想起来都后怕！"这就是书上的话，一模一样的啊！

定价是个经营艺术问题

定价是个大难题，定价定生死。但是，定价纯粹是个经营艺术问题。科特勒《营销管理》的七种定价方法，可以说都不是重点，而且居然没有一条和渠道与推广相关。可见4P在科特勒自己身上也失传了。定价主要是受渠道政策和推广方式影响，不谈渠道和推广，就没有定价。而且定价会改变产品，或者通过改变产品配置来改变定价，以适应渠道要求。4P一体，每一P都无法单独讨论。单独讨论，则每一句都是错的。

Costco的案例永远值得模仿

Costco的案例永远值得模仿。我的总结：1. 你管得越少，就管得越好；2. 以独特的经营活动，实现独特价值和总成本领先；3. 始终保持确定性和信息透明，让顾客安心；4. 好公司必须首先对于员工来说是好公司，员工的愉悦是顾客愉悦的前提；5. 对顾客有明确要求，要享受服务，就要守规矩。

购物者营销就是围绕现场发展出来的一套方法论

研究表明，消费者70%～80%的购物是在商店内做出的，购物者营销（Shopper Marketing）就是围绕现场发展出来的一套方法论。在这方面，华与华比较擅长，我们的企业文化是三现主义（现场、现物、现实），我们的客户有超过5万家门店，华与华的消费者理论把消费者分为受众、购物者、使用者和传播者四个角色，对购物者的刺激信号是我们高度关注的。而华与华的持续改善活动，首先就落实在门店。购物者营销，是一个我们值得投入学术研究、搞出新成果的领域。

华与华方法对营销传播过程模型的新贡献，就是提出"播传"理论，把"接收者转换为传播者"理念提高到前所未闻的重要位置

看了很多教材和专著，确信华与华方法对营销传播过程模型的新贡献，就是提出"播传"理论，把"将接收者转换为传播者"理念提高到前所未闻的重要位置。这也是对消费者行为学的新发展。要加快完善这方面的学术体系。另外，"知晓—了解—喜欢—偏好—信服—购买"的模型也太复杂，购买，特别是第一次购买，就是一个尝试行为，核心是鼓动尝试，如果要信服之后才购买，那营销成本太高了。这是很多人做广告的误区。最后，传播最重要的目标，就是发动所有人为我们传播。教科书上的目标太想当然了。

《技术与管理》 ［美］彼得·德鲁克

华与华方法就是运用接收者自身所有的整体性经验和人类的集体潜意识

沟通是感知。森林中有棵树倒了，没人听见，就没有声音，只有声波。因为声音是由感知决定的，沟通由接收者的感知决定。感知不是逻辑，而是经验，这是修辞学的常识。华与华方法基于符号学和修辞学，是运用接收者自身所有的整体性经验和人类的集体潜意识，就是这个道理。

沟通是期望，认识到这种不可避免的人类共性缺陷，可以少走弯路，少上当受骗

沟通是期望，人看到的都是他期望看到的，听到的都是他期望的。一个多世纪的试验证明，人类思想倾向于将观感和刺激纳入期望的框架中，强烈抵制任何让他"改变思想的企图，即感知那些自己不期望感知的事物"。这个问题培根也曾指出，他称为"人类理解力的共性缺陷"。认识到自己的这种不可避免的人类共性缺陷，可以少走弯路，少上当受骗。

修辞学自有绕开消费者心理防线的办法

沟通是要求，总是要求接收者变成某人，做某事，或者相信某种观念。华与华方法说"三个购买"——购买理由、购买指令、购买指南，就是强调要明确地要求，并提供行动指南。人们会对报纸里无关痛痒的消息感兴趣，是因为他们知道这些内容对他们没目的，没要求。就像家人苦口婆心地叫他少抽烟喝酒他都不听，某天一个偶然的道听途说，他突然就听了。因为他知道这道听途说的消息源，对他没要求、没目的，所以他没有心理防线。人们对各种宣传"耳闻目染"，自然就对一切宣传有心理防线，而修辞学自有绕开心理防线的办法。因为都是人，人性已经被哲学研究透了。觉得人性不可捉摸，是因为读书太少。

我们只是思考未来发展最坏的可能性，并试图避免

不要试图预测未来，预测未来是愚蠢的，未来不可预测。随便翻一下新闻头条，想想你去年能否预测，就明白了。我们只是思考未来发展最坏的可能性，并试图避免。但是，避免最坏的可能性，需要马上就放弃既得利益，人们做不到，所以心怀侥幸。于是，所谓"黑天鹅"就出现了。

大数据营销，是基于信号和行为反射的统计和概率预测

沟通是感知，信息是逻辑。对有效信息的需求和对有效沟通的需求是彼此对立的。信息是具体的个别数据，而沟通是感知整体情景。事实上，沟通不仅是感知整体情景，也调动接收者的整体经验和潜意识。沟通的意义层次很多，包括字面意义、比喻意义、寓言意义、象征意义。信息永远无法取代沟通，但是，大数据营销，既不是沟通，也不是信息，而是基于信号和行为反射的统计和概率预测。这完全是行为主义的，是另一个逻辑。

学习历史，是帮助我们理解自己，理解现在，做现在该做的事

"科学管理的最佳例子是字母表，而人类历史影响最大的技术创新是灌溉技术。"人们总是会夸大自己所处时代的变革，动不动就认为自己身处"三千年一遇之大变局"，事实上不过都是历史的涟漪。"学习历史并不是为了盘点过去，而是帮助我们理解自己，理解现在，做现在该做的事。"

经营的本质，就是经营风险，如果没有风险，就必然没有利润

追求"风险最小化"，甚至把"消除风险"当目标，是管理的误区。试图消除风险，必定是徒劳无功。管理科学的主要目标必须是使企业有能力承担适当的风险，甚至是更大的风险。

我在《华与华方法》中说过，无论我们在什么行业，我们经营的本质，就是经营风险，如果没有风险，就必然没有利润——徒劳无功。比如广告投放，如果按效果付费，你没有承担风险，那利润就属于那个卖流量给你的人，因为是他在承担风险，你就是他养的肉鸡罢了。

《管理的实践》 ［美］彼得·德鲁克

企业的任务是赚到足够的利润，以继续维持事业

德鲁克说"利润最大化"是个伪命题，"最小利润"才是获利目标。最小利润是维持企业生存发展所需的最小利润，是在资本市场融资所需的最小利润。可以说根本没有利润这回事，只有经营事业的成本和继续维持事业的成本。企业的任务是赚到足够的利润，以继续维持事业，能做到这点的企业并不多！

千万不要在晴天乱开支票，而当天边出现第一片乌云时就大砍支出

德鲁克认为管理企业支出，没有科学公式，只能靠个人判断。几乎任何一项都可大幅增加或削减，而且之后很长时间都看不到效益或副作用，却可以马上改变财报表现。但是，突然削减经费能在一夜之间摧毁长期耕耘的成果。所以，千万不要在晴天乱开支票，而当天边出现第一片乌云时就大砍支出。

不要把表格和报告当控制工具，而是当效率工具

德鲁克认为西方文明对表格有一种迷信。事实上，表格和报告往往会吃掉企业一半的利润。企业必须把表格和报告控制在最低限度，定期检讨，清除不能提高效率的表格和报告程序。不要把表格和报告当控制工具，而是当效率工具，除非它能提高效率，否则取消。

报告就像热带雨林的植被一样茂密，缠住了整个公司。如何清理呢？一个极端的做法是暂停所有报告两个月。两个月后，没它就活不下去的报告再恢复。这样可以砍掉四分之三的报告。

员工的职能分工越细，效率可能越低

"人力资源是所有经济资源中，使用效率最低的资源。"员工的职能分工越细，效率可能越低，工作的自豪感和成就感越低，个人的成长性也越差。半个多世纪以前，IBM推出"工作丰富化"政策，提高了工作效率。丰田生产方式的U型生产线、多技能工人，同理。要打破分工。

习惯法的治理，是每个人的自我管理习惯和每一层级的管理习惯

"管理者是企业最稀有、最昂贵、最脆弱的基本资源，能不能管理好管理者，决定了企业能否达到目标。老板不能把公司当私人财产来经营，也不能靠众多助手的辅佐来治理。管理的功能和责任由任务和目标决定，而不是老板的授权。"所以，我觉得华与华应该按

"华与华习惯法"治理，是每个人的自我管理习惯和每一层级的管理习惯。

公司每个人都应该对公司负有全责

"管理者的工作范围和职权应尽可能宽泛，凡是不能明确在外的事务都应该视为管理者的职责。"公司每个人都应该对公司负有全责，公司出现问题是谁的责任？是"我"的责任。谁最先发现问题，就是谁的责任。

上下级的关系：上级为下级的"助手"

"管理不仅是下级对上级负责，更要注意上级对下级负责。上级必须明白他和下级的关系是一种责任，而不是督导。"如果上级只是对下级考核奖惩，那当老板岂不是太容易了？IBM称上级为下级的"助手"。

最需要培养管理者计划的是还没有优秀到能步步高升却也没有糟糕到需要解雇的员工

最需要培养管理者计划的不是后备人选或公司想提拔的人才，而是还没有优秀到能步步高升却也没有糟糕到需要解雇的员工。他们承担了大量实际工作，十年后可能还在今天的岗位。要让他们不断提升以满足公司未来的需求，而不应过分强调升迁。

所有层级的人都应该尽可能地"直接掌握信息"

所有层级的人都应该尽可能地"直接掌握信息"，而不是"听汇报"或"通过沟通渠道"。"通过沟通渠道"掌握信息不只是组织不健全的症状，而且也是起因。

稳定的雇用政策、自下而上的小组改善活动，是重复发挥个人才能和成就个人的大道

"人力资源是所有经济资源中，使用效率最低的资源！"IBM实施"工作丰富化"政策，训练每位员工能够兼顾多项作业，这和丰田汽车多技能工人及U型生产线的理念一致。而稳定的雇用政策、自下而上的小组改善活动，也是重复发挥个人才能和成就个人的大道。

标准是用来达到的，纪录是用来打破的

不要"绩效标准"，要"绩效纪录"。标准是用来达到的，纪录是用来打破的。关注标准，就变成开会时不关注已经达标的，只关注没有达标的。那么，没达标的，下次也达不了标。已经达标的，反而松懈了。定标准的思维，就是企业往下走的原因。

我的管理思想和经验的五个来源

我的管理思想和经验有五个来源：第一是来自客户老板，其中一些对我的影响是决定性的；第二是中欧商学院和其他课程的学习；第三是服务于华与华的管理顾问公司；第四就是反复读这些经典；第五是自己的实践和比照客户公司的起起落落。

《**组织理论与设计**》 ［美］理查德·L.达夫特

人力资源部门应该聚焦于人员发展领域

我一直疑惑人力资源部门怎么会懂得公司所有不同专业工作岗位的招聘和考核呢？部门需要人的时候报给人事部门，人事部门去招聘再把人派来。连面试都不用部门领导，人事部门就决定了。今天学习的案例，取消了人力资源部门的招聘和业绩考核职能，全给部门。人力资源部门应该聚焦于人员发展领域。

将华与华方法运用于组织和企业文化建设，是我们很重要的实践

符号参考系将组织看成一个戏院，管理者强调符号、愿景、文化和激励。将华与华方法运用于组织和企业文化建设，也是我们很重要的实践。

宜家并非从供应商处购买产品，他们购买的是闲置的产能

宜家的采购，并非从供应商处购买产品，他们购买的是闲置的产能。所以，让船帆制造商生产坐垫，让窗户厂家生产桌子，让雪橇厂在淡季做椅子。

《**组织行为学**》 ［美］斯蒂芬·罗宾斯　　［美］蒂莫西·贾奇

公民行为，是一种员工自觉从事的行业

我很喜欢"组织公民行为"这个词，因为我的理想就是将华与华

建成一个"员工自治的事业社区"，大家都要做社区好公民。公民，就是有公心。而公民行为，是一种员工自觉从事的行业，它不包含在员工的正式工作要求中。好的"公民员工"，愿意帮助团队中的其他成员，主动多做工作，避开不必要的冲突，恪尽职守，并能从容应对工作中偶尔发生的不愉快和小麻烦。

应该关注培养员工，让员工的技能、品格和精神风貌，成为核心竞争力

"苹果在中国生产并不仅是成本问题。苹果领导层更在乎的是他们在中国雇用的劳动力所具备的内在特性——灵活、勤奋，技术优于美国劳动力。中国工厂交货快，时间短，这已经成为传奇。他们的速度和灵活度简直不可思议，没有美国哪家美国工厂可以和他们相比，美国已无法提供具备这些技能的工人。"所以，我们应该关注培养我们的员工，让员工的技能、品格和精神风貌，成为我们的核心竞争力。

工作特征模型：技能多样性、任务完整性、任务重要性、工作自主性和能得到反馈

工作特征模型：技能多样性、任务完整性、任务重要性、工作自主性和能得到反馈。能有这样的工作，你可以说就很幸福了。要实现这样的工作，就是三句话：所有的事都是一件事，所有人都知道所有事，所有人一起做所有事。这就是华与华方法！

在华与华，钟声是我在公司群里发红包

美国的癌症中心有一个传统，一旦某个儿童化疗结束并成功战胜

了癌症，这个儿童就会去把钟敲响，钟声在医院的各个地区播放，而员工就能得到激励。在华与华，钟声是我在公司群里发红包。

我后半生的任务就是要建立严密的学术体系，投资实证研究，才能真正成就一门学问

"商业畅销书往往都有一个吸引眼球的书名，把管理工作描述得就好像只需要五个简单的步骤。而这些书大多是基于作者的观点，而不是大量的实证研究。我们只有稍微肯下一点功夫，就能得到货真价实的知识，为什么要把我们的管理哲学建立在这些畅销书基础上呢？"我很认同这段话，人们不仅从畅销书学习，而且从电视连续剧学习。因为学习教科书对他们来说，门槛太高了，所谓"稍微下一点功夫"，那是绝对做不到的。华与华方法和超级符号理论，也是从畅销书开始。但是，我后半生的任务就是要建立严密的学术体系，投资实证研究，才能真正成就一门学问。

当一个人的成就需求和权力需求都得不到满足时，他就会有另一种强烈的需求——破坏他人的成就感

"麦克利兰需求理论和马斯洛的需求层次理论相比，该理论更关注于激励因素，共有三种：成就需求、权力需求、归属需求。"我发现，当一个人的成就需求和权力需求都得不到满足时，他就会有另一种强烈的需求——破坏他人的成就感，这就是"掮神"的诞生，一种另类的成就需求和权力需求，同时和其他捣蛋者一起满足归属需求。

"头脑风暴"是一种非常糟糕的浪费

我认为"头脑风暴"是一种非常糟糕的浪费，基本就属于没谱范畴！如果你有方法，就有方向，就不会有稀奇古怪的想法，而且一步步地推进。我们的创作方法是"三现主义"，即现场、现物、现实，全组成员一起到销售现场实习，一切答案都在现场。

辱虐管理，让人警醒

"辱虐管理"，这个词很好，让人警醒。我们作为管理者，都可能虐待他人。辱虐管理会对健康有负面影响，导致抑郁、情绪低落和工作紧张。

我们需要一致的人，需要共同的节拍，而不是让不一样的人去"碰撞"

"团队共享心智模型"这个词太好了，有效团队中的成员能够共享准确的心智模型，在华与华，没有什么比这个更重要，共同的价值观，共同的心智模型，共同的工作方法。我们需要步调一致的人，需要共同的节拍，而不是让不一样的人去"碰撞"。所以，我们的价值观和方法论都有强烈的排斥性，排出和我们不一样的人。就像四千多年前牧马童对黄帝说的：你治理天下，跟我牧马的道理一样，就是把害群之马牵出去。世界是多样化的，但我们只是其中一样。如果内部多样化，我们就什么都不是。

多读教材，可以完善知识系统，做到算无遗策

今天把这本《组织行为学》教材读完了，前后大概一个月时间。

我喜欢读教材。学习是盲人摸象，而读教材呢，是完整地把整头象摸一遍。咱们百战归来再读书呢，又是睁着眼睛摸象。所以现在读教材特别有价值，可以完善知识系统，做到算无遗策。

《基业长青》 ［美］吉姆·柯林斯　　［美］杰里·波勒斯

我们不是要创建"可以"长青的基业，而是要创建"值得"长青的基业

我们不是要创建"可以"长青的基业，而是要创建"值得"长青的基业。假如我们公司不幸消亡，这世界会不会若有所失？你可以填空问一下：假如新浪／搜狐／盛大／360／淘宝／万科／万达／可口可乐／娃哈哈不幸消失，你会不会若有所失？你会发现有些会，有些不会，这就是差距。

成功的公司应不断为未来投资

成功的公司应不断为未来投资，而不是关注于在现有业务上更多地压榨利益。

《创新者的窘境》 [美]克莱顿·克里斯坦森

新技术带来的不仅是技术迭代，而且是从企业内部外部、上游下游、竞争对手，一直到顾客的整个价值网络迭代

就着今年第一杯明前碧螺春，读了克莱顿·克里斯坦森的《创新者的窘境》。这本书提出的价值网络理论，对今天面临互联网迭代焦虑的大公司，特别有启发意义。新技术带来的不仅是技术迭代，而且是从企业内部外部、上游下游、竞争对手，一直到顾客的整个价值网络迭代。不认清这一点，下多大决心搞企业变革也是枉然。这是读这书的第一个收获。

读该书的第二个收获，是准确定义了核心能力。他说核心能力包括资源、流程和价值观三个方面。企业要从这三个方面去检测自己的能力。资源是人员、设备、技术、资金、产品设计、品牌、信息、供应商、分销商等。流程是我们将资源转化为价值的互动、沟通、协调和决策模式。价值观是我们确定决策优先级别时所遵循的标准。这个界定感觉非常清晰，对照自己也是那么回事。我们年纪越大，经营的时间越长，资源就越多，流程就越有效率，价值观就越坚决。因为随着我们资源的增多、实力的增强，我们抵御诱惑的能力越强，就越能坚持自己的流程和价值观。但是，当整个价值网络发生迭代，困死我们的正是这些资源、流程和价值观。因为组成价值网络的核心就是它们。所以越是管理得好的公司，越容易失败，越容易趋向于延续性技术，而不是破坏性技术。因为破坏性技术不光破坏它，也破坏它的客户，它的供应商，它的分销商，它的一切。而它的整个流程系统就是为响应这些价值关联方而运转的。

第三个收获关于不可知论。如德鲁克所言："未来是不可知的。关于未来，我们只知道两条是确定的：一、未来不可知；二、未来肯定和现在不一样，也和我们预测的不一样。"《创新者的窘境》说我们不知道新技术的应用范围、应用产品、应用市场会是什么，甚至提出了一个叫"不可知营销"的新词。德鲁克也说过同样的话：我们不知道新产品的顾客是谁，不知道他们从哪儿冒出来。德鲁克举过一个到印度卖加了小马达的自行车的例子。最后自行车没卖出去，小马达卖成了一个大市场，因为农民买来做稻田的抽水机。一个技术出来，我们不知道它会发展出什么，所以公司的创新，不能是自上而下的控制，而是分拆小团队的化育，谁出结果就往谁那里投入资金和资源，这才是创新型组织。

《战略：高管的视角》

［美］科尼利斯·德·克鲁维尔　　　［美］约翰·皮尔斯二世

认真读这本书，能帮助你决定哪些方法适合在你的企业和工作中推行

这是一本简明扼要的战略指南，介绍了全球主流的几大企业战略方法与模型，脉络清晰，概括准确，评论恰当。认真读这本书，能帮助你决定哪些方法适合在你的企业和工作中推行。毕竟，像杰克·韦尔奇那样思考，可能不适合你。

5个战略忠告

战略忠告：1. 高增长是人们期待的，多数情况下，增长总是和利润联系在一起；2. 高市场份额是有益的，但我们不知道什么时候争取份额是正确或错误的；3. 大规模本身可能不带来盈利，但能带来其他重大战略优势；4. 花在研发和广告上的钱都和盈利能力的提高有很大关系；5. 过多的债务会损害业绩。

《管理思想史》

[美] 丹尼尔·A. 雷恩　　　　[美] 阿瑟·G. 贝德安

学习历史，是进入任何领域的大门

一切学科都是历史学。那些宣称传统理论已不适用于今天的人，只是因为他们没有学过传统理论。那些宣称自己获得了某项理论上的新发现的人，只是因为他们不知道前人已经在那里耕耘过。在几乎所有领域，先辈们都留下了宝贵的遗产。学习历史，是进入任何领域的大门。

领导人的质量不高，管理的质量就没办法提高

企业领导人首先要考虑的，是领导的质量问题，也就是自己的质量问题。如果自己的质量不高，管理的质量就没办法提高。

《专业服务公司的管理》 ［美］大卫·梅斯特

公司不应该只考量全公司的经营指标，还应考核每个合伙人的利润率、劳动生产率和杠杆率

杠杆率，也就是初级员工与资深员工的比例，是咨询公司盈利的关键。华与华近五年的高速发展，就是因为合伙人制给我加了杠杆。不必采用不晋升就出局的制度，而是有"永久的庞大的中层创作群"，让合伙人能带领更大的团队作战。而公司不应该只考量全公司的经营指标，还应考核每个合伙人的利润率、劳动生产率和杠杆率。

华与华的全部时间都应该用在为已经付款的客户工作上，而不是去"撩"新客户

作者认为组织小型研讨会和在客户行业会议演讲，是咨询公司获得新客户的最高效方式，而广告是"临时抱佛脚"。这一点和华与华的做法倒是完全相反。我极不情愿参加行业演讲，偶尔去一下都是因为客户老板邀请，面子抹不开，更不用说去组织研讨会了，也不希望华与华的合伙人去出席这些活动。因为时间成本太高了！我们的全部时间都应该用在为已经付款的客户工作上，而不是去"撩"新客户。新客户让他们自己来，我们投广告招呼他们来。华与华开放培训课程和创意大赛观摩，也不是为了把他们转化成咨询客户，而是为了孵化培训业务。培训业务有机会做到比咨询业务更大规模。

狩猎采集是生产力的最低阶段

梅斯特把公司分为猎人公司和农民公司，华与华也有类似说法，

分为狩猎采集和农耕文明。但是我们不认为这两种是各有优劣，而是否定前者，提倡后者。有的公司做到了上千亿规模，还是靠狩猎采集，不断追寻新的猎物，极端情况就是到了没新猎物就转动不了的地步，直到崩盘为止，乐视就是案例。狩猎采集是生产力的最低阶段，至少要进入农耕文明，改良土壤，兴修水利，培育良种，一分耕耘，一分收获。

《管理会计教程》 ［美］查尔斯·T. 亨格瑞等

唯有形成自己独特的管理会计系统，才能体现出真正的成本

企业的成本，在财务会计报表上只是一个结果，并不是其原因，唯有形成自己独特的管理会计系统，才能体现出真正的成本，以及成本产生的原因和过程，从而时刻改善生产经营作业及流程，通过兴废增减来调整成本结构，以独特的成本结构实现总成本领先和效益最大化。

边际贡献率高和经营杠杆率高的公司投广告合算

什么样的公司投广告合算？边际贡献率高的公司和经营杠杆率高的公司。边际贡献率高的公司，比如航空公司和餐饮企业，座位空着也是白费，投广告就合算。咨询公司经营杠杆率高，也值得投广告，而且销售收入越高，我们的利润率越高。

《打造一家好公司：做最了不起的小企业》

［日］塚越宽

公司要保持合适的成长速度

关键是缓慢成长，"缓慢成长的意义在于放慢速度，无限地持续发展。因为快速成长往往紧接着快速衰落"，所以公司要保持合适的速度。不要只有"不景气对策"，要有"景气对策"，如果公司突然飞速发展，就要警惕，是外部环境一时的变化，还是自身的实力真正达到了可以这么快发展？就要制定对策，不能发展太快。公司要年轮经营，每一轮都要长得密实，长得太快，就会在组织内形成空洞，最终在这儿折断。

录用新人，防止公司的整体年龄构成失调

要坚持录用新人，"不愿在培养员工上面付出时间和金钱，只顾提高眼前的效率而录用老手，公司的整体年龄构成就会失调"，就会没有人才梯队。要把公司每十岁年龄段的人进行统计，培养未来的领导者。

经营就是"让所有人都知道"

经营就是"让所有人都知道"。这一点和华与华很一致，我一直坚持的就是"三个所有"：1.所有的事都是一件事；2.所有人一起做所有事；3.所有人都知道所有事。公司的秘密越少越好，最好是没有。除了关于客户的机密，尽量让所有人知道公司的一切信息。

《西贝的服务员为什么总爱笑》贾林男

人与人智慧和性格的分界线：看人或事是看优点还是看缺点

人与人智慧和性格的分界线：你看人或事是看优点还是看缺点？人有两种，一种人是在人或事的优缺点中找出优点，然后根据优点做决策，取其优点；另一种人是找出人或事的缺点，然后根据缺点做取舍，他得到什么他都不认账，他只看他没得到的，那么结果当然是舍，一票否决。在《西贝的服务员为什么总爱笑》一书中，讲到某大厨毛病很多，别人问他老板怎么看你的缺点。他说："老板只看我优点。"这就是贾国龙的仁心和智慧。这个道理，不仅适用于老板，也适用于员工。员工也是两种，一种是公司有一点价值就留下来；一种是公司有一点让他不爽就离开，却不知道样样都爽的公司世上根本不存在。

《商业地产投资建设》《商业地产运营管理》

大连万达商业地产股份有限公司

难得的业务攻略教材

这两本书事无巨细，和盘托出，令人叹服。几乎没想过企业能编这么一本业务攻略教材，并公开出版。多数员工对自己公司业务都搞不清楚，就是浑浑噩噩干自己那点"流程"。这个企业能编这样一本业务攻略，善莫大焉！

《微笑走出自己的路》 施振荣

光有价值不能胜出，要做一个有附加值的人

"上班族更是如此，想要升迁、成长，就要认清公司给你的分工是什么？然后想办法提高这个分工的附加价值。在微笑曲线上，每个分工可能同时是整合者与被整合者，你更要弄清关系，做足准备。

以主管来说，既是部属的整合者，也是老板的被整合者。每个人一开始都是先把自己的分工做到最专、最精，然后再利用这个分工，了解职场生态，弄清产业（职场）上下游关系，做到'上下'逢源。当你对其他分工有所了解，等到有一天往上走，就能变成称职的整合者，创造新角色的价值，不会因为不清楚、能力不足而做白工。"

每个职场人士，都应该认真体会、践行施振荣老先生这两段话。能懂得，做到这两段话，你就是一个有价值的人。不！施先生说了，光有价值不能胜出，因为人人都有价值。要做一个有附加值的人。

老板交给你一项工作，你要把自己的"附加价值"发挥出来

老板交给你一项工作，你要把自己的"附加价值"发挥出来，而不是相反，连老板的要求都达不到。

《麦当劳准则》 [美] 保罗·法赛拉　[美] 阿迪娜·戈恩

解决问题是第一发现人的责任

"不能对任何问题视而不见，必须把问题解决。"谁发现谁解决，一发现马上解决。解决问题是谁的责任？是第一个发现该问题的人的责任。

《21世纪的管理挑战》 ［美］彼得·德鲁克

德鲁克：真正的新信息革命是信息，而不是信息技术

德鲁克并没有把电子书看成书的替代品，而是看成书的新的销售渠道，新的销售渠道总是会改变通过它们销售的产品，就像我们在营销上根据渠道开发产品一样。德鲁克还说"真正的新信息革命"将会到来。他说真正的新信息革命是信息，而不是信息技术，领导这新革命的不是信息技术人员，而是出版商。

六

传播学与营销

《理解媒介：论人的延伸》

［加拿大］马歇尔·麦克卢汉　著

［加拿大］特伦斯·戈登　注释点评

走向新时代——互联网社会

1. 技术是人的延伸，增加或延伸人的力量，并创造新的社会模式；2. 从生理上说，人在正常使用技术的情况下，总是不断受到技术的"修改"，反过来，人又不断修改技术；3. 逆转：人成为技术的延伸。

技术与人不可分割

为什么不要问"消费者需求"？因为只要你有新技术，就能强制他需求。技术是人肉身的延伸，人是技术的伺服系统，或者说是新技术的生殖系统，人类是机器人的祖先。技术和人不可分割，而语言是最古老的技术。

麦克卢汉是第一个互联网思想家

先有互联网思想，后有互联网。为什么说麦克卢汉是第一个互联网思想家，即使他生前互联网还没出现？因为他当年的《理解媒介：论人的延伸》这本天书，一对应互联网，你就全懂了。今天最前沿的互联网思想，都是在炒麦克卢汉的冷饭，而且还远远没有达到他的深度和高度。这就是思想家，可以轻松领先时代一百年。

广告不是供人们有意识消费的，而是作为无意识的药丸设计

广告不是供人们有意识消费的，而是作为无意识的药丸设计。设计人们不需要对广告关注，更不需要专注观看就能服下潜意识的药丸。这是无意识的猛攻，是集体潜意识的自动化原理，越专注关注就越无效。这可以解释为什么"泰国式广告"不能建立品牌，因为他们的"有意识"太强，违背了广告的基本原理，把广告做成小电影了。

麦克卢汉：带薪学习正成为一种主导的就业方式，成为社会新财富的源泉

"自动化使学习本身成为一种主要的生产和消费。可见惊呼失业是愚蠢的。带薪学习正成为一种主导的就业方式，成为社会新财富的源泉。这是人的新社会角色。机械时代专业分工的职业观念失去意义了。每一门产业都不得不重新通盘考虑。自动化不仅迫使产业和市镇规划与社会现实相联系，而且迫使政府和教育界与社会现实相联系。"麦克卢汉五十年前的这段话，在今天把"自动化"换成"互联网和人工智能"，就更确切了。

媒介学是传播学的分支，但涉及的范围又超出传播学

媒介学是传播学的分支，但涉及的范围又超出了传播学。麦克卢汉是多伦多大学的英美文学教授，他却开创了一个新的传播学学派，并且被称为"多伦多学派"。

人们虽然读不懂名著，但还是人人都要读

一本名著，往往是一个天才把他的思想拉扯出来——比如《战争论》，倾泻出来——比如《理解媒介：论人的延伸》，开始时人们并不能读懂，后来经过一代代思想者的加持，成为世界名著。人们虽然还是读不懂，但人人都要读，即便不读，也要买来放在书架上。

互联网确保所有社会议题处于最大分歧

麦克卢汉在1957年发明了"地球村"这个词。可以说，他在互联网出现之前就有了互联网思维，并预言了我们今天的互联网社会。他说，以光速运动的电力信息创造新的传播范式和社会互动。"瞬时内爆"，空间传播推进到一个极限，电力媒介使我们介入彼此的生活，结果是，人人生活在彼此极端邻近的状态中。电子媒介尤其是数字媒介对空间的驾驭使地球缩小到村子的维度——"地球村"。麦克卢汉说，他从来没有认为，统一和宁静是地球村的特性。地球村实际上确保了所有议题的最大分歧，因为村庄条件的增加创造了更多的不连续性、分裂性和多样性。人人互联使得很多人感觉不堪重负，失去了个人认同。对此的回应是暴力。战争、酷刑、恐怖主义和其他暴力行为都是在地球村里对认同的寻求，导致屠杀对方成为最常见的部落游戏。麦克卢汉于1980年去世。在互联网出现之后，麦克卢汉的弟子们把互联网称为人类的返祖现象，重返部落化。

对任何问题，要有哲学级洞察和原理级解决方案

这本书我读了五遍。对任何问题，要有哲学级洞察和原理级解决方案。我们今天对各种群魔乱舞的观点感到十分不安，哲学级洞察就是之前这些人舞不到你面前来，现在都能舞到每个人跟前。那么，原理级解决方案是什么呢？就是坚定地执行拉黑政策，第一时间拉黑，不让他侵入你的生活。

《议程设置：大众媒介与舆论》

[美] 马克斯韦尔·麦库姆斯

媒体塑造拟态环境

拟态环境是我们头脑中对世界的看法。我们的行为是对拟态环境的反应，而不是对真实环境的反应。媒体塑造拟态环境，新闻联播是一个拟态环境，新浪微博又是一个拟态环境，都不真实。真实环境呢？真实环境不存在，因为它得不到反应。没有反应，就无法存在。

互联网历史性地让每一个人都能设置议程，加入议题竞争

导向需求指个体需要引导和寻求背景信息，买房买车导向需求强，买饮料导向需求弱。议题竞争指各种议题激烈竞争以图进入公众议程。互联网历史性地让每一个人都能设置议程，加入议题竞争。

《舆论》 [美] 沃尔特·李普曼

在营销传播策划中，最愚蠢可笑的事，莫过于"消费者画像"

在营销传播策划中，最愚蠢可笑的事，莫过于"消费者画像"，我觉得那就跟柏拉图的洞穴语言差不多。我有时嘲笑他们："你能不能给自己的太太画一个像，然后就知道怎么跟她沟通？"你不如好好给自己的产品画个像，你就知道你到底能把什么地方做得更好。至于谁买，来的都是客，给钱咱就卖。

权力的行使过程，比权力的来源更加重要

"民主理论基于'全能公民'的前提，但是，政治事务的范围远远超出人们的想象力，但是人们仍然习惯于从个人和有限视角做出判断，为了拯救全部理想，他们不惜牺牲任何一个理想。所以，民主主义者把小国寡民视为民主制度的前提，如杰斐逊，以简单自足的社群为自治得以实现的必要条件。对汉密尔顿等制定的联邦宪法的忠诚和对民主的忠诚似乎是难以兼容的。所以，权力的行使过程，比权力的来源更加重要，也是我们对一种文明发展程度高低的判断标准。"这就是美国体制。

《皮尔斯：论符号》 [美] 皮尔斯

符号学的成果可用于任何科学

符号学的成果可用于任何科学，它是"科学的共识之学"。物理

学研究的是自然符号，心理学研究的是心理符号，语言学研究的是语词符号，人类学研究的是社会规约符号，艺术批评研究的是视觉美学符号。

超级符号学研究的，就是运用自然符号、语词符号、规约符号以及一切能触动感官和心理反射的符号，以最高效的编码发动购买和播传。

华与华的超级符号学，侧重不在逻辑学，而在修辞学

规范科学有三个次阶，对应于真、善、美古典价值三分法：逻辑学或符号学、伦理学、美学。

华与华的超级符号学，侧重不在逻辑学，而在修辞学。因为"真"就是"真"，没有"超级真"，在《超级符号理论与实例》一书中，我们称超级符号学为行为主义的符号学，因为它研究的是最能劝服他人和促使人行动的学问，而这正是修辞学的任务。至于美学，超级符号之美，不是一般学者定义的"无用之美"，而是有用之美。美的本质是使人愉悦，这又是修辞学了，美的修辞学。

皮尔斯认为"无论什么知识，均来自观察"

皮尔斯认为"无论什么知识，均来自观察"。我认为这是非常重要的一个原则，华与华强调丰田的三现主义，即现场、现物、现实，就是一切都要亲身观察。一切创意和手艺，都来自观察。"搜尽奇峰打草稿"，就是无时无刻不在观察。

有关何谓心智概念的意义这一问题，我们只有通过对符号解释项

的研究才能解决

有关何谓心智概念的意义这一问题，我们只有通过对符号解释项的研究才能解决。为此，我们找到三种普遍的分类：第一种，符号自身会产生一种感觉，我将这种感觉称为"情绪解释项"。第二种，如果一个符号要进一步产生出更深一层的意指效力，则需要卷入更多的意指行为，我将这种意指行为称为"能量解释项"。第三种是"逻辑解释项"，它是一个心灵符号，一种心智类型，产生一种心灵效力，而心灵效力是一种习惯改变。

皮尔斯的论述非常生涩，似乎是思想断断续续艰难思考推进的语音记录，我的笔记已经帮他"通顺"过了。用巴甫洛夫的刺激信号、信号能量、行为反射，以及华与华超级符号理论的文化母体四部曲，可以解释他这三个解释项。

符号编码应该百分之百基于接收者的熟悉之物，而不是发送者的想法

符号为了传达更多的与对象相关的信息，而假定了一种熟悉之物。如果有人认为符号不需要与任何已知的事物有关，如果存在着任何传达了信息的事物，在接收者进行理解时，对信息没有任何一点直接或间接的了解，那么这样的信息就是非常奇怪的。

这段话可以解释超级符号，就是利用接收者超级熟悉之物来进行编码。而且，在使用这些超级熟悉之物的时候，你不能进行过多的"艺术加工"。所谓"过多"，就是把熟悉加工得不熟悉了。这就解释了在设计蜜雪冰城雪王符号的时候，我要求做一个最普通的雪人，而不是一个独特的雪人。这个原理，也让我们懂得辨别广告创作中充

斥的太多的"非常奇怪的信息"。符号编码应该百分之百基于接收者的熟悉之物，而不是发送者的想法。

所谓"心智模式"，就是一个符号过程

符号过程是一种活动或一种影响，是符号、对象和解释项的合作过程。符号是心灵上被某种东西所代替的某种东西。符号得以存在，如下三个条件必不可少：首先，符号必须具有某些品格，从而使我们能够将它与其他对象区分开来。其次，符号必须在某些方面被它所意指的对象所影响，其对象的变化与符号某方面的变化存在一种实在的因果关系。最后，符号必须可以与心灵对话，必须具备可解释的能力，心智意义之中有关思想的科学其实就是有关符号规律的科学。

思考问题要讲逻辑学，但解决营销传播问题，最终都是修辞学

符号的三分构造：符号、对象、解释项，这是一种三元关系。符号是一个携带心灵解释项的再现体，解释项不停地变成新的符号，如此延绵以至无穷。人的思想自身就是符号；假如所有其他符号最终都会在思想符号中得以解释是事实的话，那么这个事实就与逻辑本身无关了。

我们思考问题要讲逻辑学，但解决营销传播问题，最终都是修辞学。

华与华公司运用符号的意义服务于商业目的，而华与华艺术工作室通过取消或改变符号的意义来重新审视存在

巴尔特说，文学是"在比赛中击败所指，击败规律，击败父亲";科尔迪说，艺术是"有预谋地杀害所指"。华与华在2022年创办华与华超级符号艺术工作室时，华楠说，华与华公司运用符号的意义服务于商业目的，而华与华艺术工作室通过取消或改变符号的意义来重新审视存在。

华与华的文化母体和超级符号方法，就是运用超级符号将商品消费植入永恒的轮回，获取原力觉醒再现

皮尔斯又创造了"再现体"这个术语，他说并没有什么特别的含义，符号是一个携带着心灵解释项的再现体。这就是华与华的文化母体和超级符号方法，运用超级符号将商品消费植入永恒的轮回，获取原力觉醒再现。

华与华的品牌三角形理论：符号系统、产品结构、话语体系，也就是皮尔斯的符号、对象和解释项

皮尔斯说："符号就是某种东西A，它指称某种事实或对象B，给某个解释项思想C。"和索绪尔符号学的能指、所指二元关系不同，皮尔斯把解释项单列出来，构建了一个符号三角形。华与华的品牌三角形理论：符号系统、产品结构、话语体系，也就是皮尔斯的符号、对象和解释项。

"消费者心智"不可总结，我们以符号发动意识，直接诉诸行动

无论以任何意识模式存在于心灵的东西是什么，都必然存在一种直接意识，因此也必然存在一种感觉。假如我们认为心理学是指那种有关心灵的或有关意识的、实证的观察科学的话，那么无论在任何时

刻意识都是一种感觉。心理学不会告诉我们感觉的任何本质，我们也不会通过内省而获得任何有关感觉的知识。内省完全遮蔽了感觉，这只是因为感觉就是我们的直接意识。这种奇特的真相，很可能就是爱默生的诗："因此总是问个不停，但每个答案都是谎言。"因为问题总是提得太晚，现在已经过去，留下来的是已经大大变形的东西。

这就是为什么我说"消费者心智"不可总结，我们以符号发动意识，直接诉诸行动。皮尔斯用"直接意识"这个词，我想就包括了意识、潜意识、无意识。

华与华的全部工作，几乎就是修辞学

皮尔斯把符号学分为三科，第三科研究符号的力量（force），或者符号诉诸心灵之能力（power）的形式条件，即它处理的是符号与其解释项的一般关联问题，可以称之为形式修辞学。我想华与华的超级符号学就属于这第三科了。华与华自称为行为主义符号学，因为我们关注的是符号作为刺激信号，它的force和power给接收者带来的行为反射——具体说就是两个行动，买我产品，传我美名——force是信号的力量，power是它的能量强度。刺激信号能量越强，则行为反射越大。皮尔斯称之为形式修辞学，也很恰当。亚里士多德开创修辞学，定义为说服人相信任何东西以及促使人行动的语言艺术。华与华的全部工作，几乎就是修辞学，语言的修辞学和符号的修辞学——形式修辞学。

空间和时间的直观是先验的，从而也是根本不容感官的迷途入侵的

我们从康德这位伟大哲人那里懂得时间和空间的直观完全不同于

经验的直观，完全无待于一切感官上的印象，决定感官，而不为感官所决定，即是说空间和时间的直观是先验的，从而也是根本不容感官的迷途入侵的。

经营是实践，要用归纳法，演绎法是骗子的逻辑

为什么营销策划要用归纳法，不用演绎法？因为演绎法是必然推理，自己先断言了结论，然后组织推理。归纳法是在实践中检验假设，假设不是结论，是"近似结论"，如果我们一直坚持归纳法，则它将必然及时纠正它可能使我们陷入的任何错误。而使用演绎法的人，会让你永远坚持投资第一个结论。经营是实践，要用归纳法，演绎法是骗子的逻辑。

语言符号，是第一技术

皮尔斯关心符号如何携带信息，产生意义，以及如何作为传播工具。在华与华的超级符号方法中，我们最终关心的是符号如何影响甚至指令人们的行动，因为传播的基本原理是刺激反射，我们最终要的是购买行动和消费者的再传播行动。语法（组织语言的能力）、逻辑（推理的能力）和修辞（说动他人的能力）也是华与华方法的基本能力。"思想在思考我们，而非我们在思考思想。"这一点不是皮尔斯第一个承认的，而是所有语言哲学家的共识，或者说，只有认识到这 点，你才能被称为一个语言哲学家，一个符号学家。这是语言和符号的世界，我们只是语言符号的递质，人类是文明和技术的生殖系统。语言符号是第一技术。

营销是在实践中归纳的

"整个推理过程开始于试推，发生了一件事，摧毁了之前我们公式化的信念，新的法则还没有，我们开始新的推理。试推是科学推理的第一个步骤，而归纳是最后一个步骤。"营销是在尝试中前进，在实践中归纳的。

《符号学基础》 ［美］约翰·迪利

符号是宇宙、星球和物种的底层代码，符号将知觉结构化

符号是宇宙、星球和物种的底层代码，符号将知觉结构化。知觉结构是首要的建模系统，心智模式是次要的建模系统，知觉结构是心智模式的底层结构。

符号高于心智，高于笛卡儿"我思故我在"的"思维之物"

符号高于心智，高于笛卡儿"我思故我在"的"思维之物"。符号不仅包括心智的理性和感性，也包括不需要心智思维的直接经验对象，包括无意识之存在，是更底层的原力指令。索绪尔也谨慎地提议语言学是符号学的一部分，所以我们要运用超越语言定义的超级符号。

超级符号是内心世界对周围世界重构的对象化路线上的模型预制件

超级符号是内心世界对周围世界重构的对象化路线上的模型预制件，并携带整个周围世界共同起源的原力，是跨越和联结时空的原初

指号，能从潜意识的最底层发出行动指令，而顺从它的指令是人天命之性。

忌妒古人发疯的叙述也有，得吃药

约翰·迪利是当代北美符号学派领军人，他这书也算学术名著。不过一路看完，受不了他前中后三个章节反复贬低符号学奠基人索绪尔，甚至发明新词，说索绪尔是符号论，他才是符号学，还专门有一节解释"为什么符号论的出现早于符号学"！忌妒古人发疯的叙述也有，得吃药！

《符号理论》[德] 诺伯特·埃利亚斯

语言是人类最大的符号系统，超级符号就是营销传播的一切

传播是一种听觉现象，听觉是语言的首要属性，视觉、书写或印刷符号，都是声音模式的补充。语言并不是一种文化现象，而是人类的本能，但也不能说它是一种自然现象，姑且把语言当作联结自然与社会（或文化）的主渠道吧！语言是人类最大的符号系统，所以说超级符号就是营销传播的一切。

人们生活在一个五维的世界

"人们生活在一个不是四维，而是五维的世界，人们不仅根据对象在时空中的位置，而且也根据它们在说话者自己世界中的位置来确定交流对象，这个世界由说话人的语言中指代它们的语音方式在符号上来表明。"这么说，没有符号这个第五维，四维也无法存在了。

传播是一种听觉现象

符号学是传播学的基础，因为没有符号就没有传播。而语言学是符号学的主干，因为语言是最大的符号系统。在语言中，首先要强调语音的首要地位，因为文字系统只是语音的无声形式，用于储存、记忆和传承。无声形式降低了交流功能，强化了定向功能。但是，定向功能的最后达成，也必须以声音的回归来完成。所以，传播是一种听觉现象，即便我们使用文字这样一种无声形式，也一定要使用最接近语音的口语。

《符号学历险》［法］罗兰·巴尔特

广告的本质，是购买的指令，无可争辩的保证，并不使人信服，却可以引诱使购买完成

广告的本质，"是购买的指令，无可争辩的保证，并不使人信服，却可以引诱使购买完成。用隐喻、双关语、一切古代记号，把语言扩大至潜在的所指，赋予接受者以经验整体性的力量。商业动机不是被掩饰，而是倍增，与人类宏大主题进行沟通"。每一个字都映射着华与华方法！

巴尔特也提出"城市符号学"，他讲到河道的"想象功能"，道路和河流的关系，如果一个城市无海滨、水池、湖泊、河流、水道，这个城市从语义上是难于读解的。

《文化艺术符号治疗》 赵小明

符号治疗可瞬间激活当事人，有效化解当事人内在防御，快速高效达成治疗目标

作者实在是学贯中西的符号学大家。他将符号学用于心理治疗，正如华与华将符号学用于广告。他说符号治疗可瞬间激活当事人，有效化解当事人内在防御，快速高效达成治疗目标。正如华与华方法说，超级符号就是人们都认识的、会按它的指引行事的、没有心理防线的符号。

《符号学：原理与推演》 赵毅衡

符号学涉及语言学、逻辑学、修辞学、解释学、哲学、诗学、美学、传播学、认知理论、心理学、生理学、人工智能

赵毅衡说符号学涉及语言学、逻辑学、修辞学、解释学、哲学、诗学、美学、传播学、认知理论、心理学、生理学、人工智能。这些在华与华超级符号实践中都有涉及，我相信华与华能把符号学的研究做出有价值的学术成果。

我们的创作方法就是"编织"，拿现成的材料来组合

信息论把符号结合起来的整体称为super-sign，赵毅衡老师译为"超符号"，华与华的超级符号英文译为Super Signs。看来意思有重叠处，超级符号是比较超级的"超符号"吧。而文本text原意是编织品（something woven），也很一致，我们的创作方法就是"编织"，

拿现成的材料来组合。

超级符号的重点是传播的运用，所以建构基础在于发送者、发送的信号和接收者

在索绪尔能指、所指和皮尔斯的再现体、客体、解释项的翻译上来回推敲，得出结论：皮尔斯没有读过索绪尔的著作，他们二人是各自独立地开创了符号学研究。当然，这个领域三千年来也有无数往圣先贤耕耘过，但他们二位成体系地建构了现代符号学。我想华与华的超级符号学研究，也是之前并未接触过符号学，是在营销传播实践中先建构了方法论框架，再开始梳理前人的成果。我们一定不要受西文词汇的影响，而是以中文来重新发明，而且要尽量简单。超级符号的重点是传播的运用，所以建构基础在于发送者、发送的信号和接收者。发送者的重点在于意图，始终服务于最终目的；信号是发送者的编码；而接收者的重点不在于解释，而在于反射。因为我们发送信号的目的在于接收者的行为反射。接收者所获得的解释，也不在于信号本身，而在于接收者自身，是信号触发他的潜意识，让他不仅获得解释，而且激发情绪，触发行动。

唯有终结衍义的讨论，直接诉诸行动反射，否则永无宁日

符号由接收者解释，解释一个符号必须用另一个符号，这个符号又衍义出新的解释符号，这就是皮尔斯所说永无终结的无限衍义。对于一个广告符号的创作，当发送者们（客户和广告公司）在讨论符号编码方案的时候，每个人都有自己的解释，而且每个人都在自己经验中无限衍义，发言者会提出很多让创作者匪夷所思的意见，这些意见

大概率与我们的目的，即接收者的反射无关。所以，唯有终结衍义的讨论，直接诉诸行动反射，否则永无宁日。华与华的超级符号研究，将是行为主义的符号学，是服务于企业品牌营销部门和广告公司的符号学。

超级符号能激发接收者的潜意识，就是佛家的"六根互用"

做"能说出来的设计"，取"有画面感的名字"，只要具象，不要抽象，都是为了获得视觉和听觉两个渠道的符号反应，从而加强信号能量。使用超级符号，激发接收者的潜意识，就是佛家的"六根互用"：眼耳鼻舌身意、色声香味触法。

超级符号是一个携带强大伴随文本的超级文本

所有符号文本都是文本与伴随文本的结合体，不仅是一个符号组合，也是一个浸透着社会文化因素的复杂构造。伴随文本问题一直是符号学、解释学、传达学没有研究透彻的环节，学界至今没有给这种现象一个合适的术语，也没有一套切合实际的分类。我想这就是华与华超级符号研究的范围了。超级符号就是一个携带强大伴随文本的超级文本，又激发第二个伴随文本，这第二个被激发的伴随文本，在接收者的潜意识里，我们称之为文化母体，或者也可以叫它母本。我们发送一个父本，与接收者的母本结合，建构起整个品牌的基因序列，就是超级符号。

人们的行为，在很大程度上由原型决定

荣格认为组成集体无意识的主要是原型象征，原型是人心理经验

中先在的决定因素，促使个体按祖先的方式去行动。人们的行为，在很大程度上由原型决定。神话象征影响着我们的行为，在梦、幻想、宗教、神话、传说中，这些原型超越个体控制。这就是华与华超级符号方法所说的"文化母体"，我们把这种由原型所决定的行动，称为"母体行为"，并相信母体执行人绝对会那样去行动，所以把我们的商品放在母体执行人行动路线上顺手的地方，供他使用。

超级符号方法的两大关注点：一是传播过程中的损耗问题；二是传播到达接收者之后，将接收者"转化"为"发送者"继续传播的问题

所有的传播都是符号的编码和解码，发送者编织符号，通过媒介和渠道传送给接收者。华与华超级符号方法的重大关注在于两点：一是传播过程中的损耗问题；二是传播到达接收者之后，将接收者"转化"为"发送者"继续传播的问题。正是这两个独特的重大关注，使超级符号学成为应用符号学的新领域。

超级符号方法利用弱编码，让符码变得更强

在实用和科技的符号系统中，符码是强制性的，解释是固定的，解码必须忠实还原编码，这是"强编码"；但是，在文化、艺术、广告系统中，符号文本属于"弱编码"。发送者的编码无法强制，也就无法控制接收者的解释。所以，符码成为符号学中最复杂纠缠、最难说清的问题之一。华与华超级符号方法解决了这一问题，它利用弱编码，让符码变得更强，因为它利用接收者自身的能量，编码并不是在完成后发送，而是在接收后才完成编码。由于利用的是接收者的集体

潜意识，利用原型象征，不仅控制了解码的一致性，而且控制了行为反射。每一次接收都是一次集体的原力觉醒，这使得超级符号成为广告编码的不二法门。

在修辞学中，"使人愉悦"是说服的重要手段

人类集体拥有一个倾向，即头脑加工信息时，比起令人不愉快的信息，人对愉快的信息认知更快，识别更多，更愿意接受。加工更快，也更容易回忆起来。在语言中，"积极形容词"与"消极形容词"使用的"询问域"是不对称的，"消极词"是标出的。就像我们会问一个孩子"聪不聪明"，不会问他"笨不笨"。这个原理应用在修辞学中，把"使人愉悦"作为说服的重要手段。而在决策心理学中，就尤其要防备自己的"一厢情愿"。毕竟，培根把人"容易被正面的东西激发"称为一种"人类理解力的共性缺陷"。

《现代西方符号学纲要》郭鸿

人类的活动就是符号活动

卡西尔认为，人的正确定义应该是"符号的动物"，因为人与动物的区别就是不再单纯地生活在一个物理世界，而是给自己创造了符号文化，语言、神话、宗教、艺术、科学，都是符号的不同形式。人类的活动就是符号活动。所以，华与华以"文化母体—品牌寄生—超级符号"的方法，抓住了品牌和传播的本源。

《世界大战中的宣传技巧》 [美]哈罗德·D.拉斯韦尔

"恶魔崇拜和胜利幻想"：先树起一个恶魔，煽动仇恨，然后将群众卷入跟自己同仇敌忾的胜利幻想

通过宣传仇恨获取政治利益，在传播学里是一个经典理论模型，叫作"恶魔崇拜和胜利幻想"：先树起一个恶魔，煽动仇恨，然后将群众卷入跟自己同仇敌忾的胜利幻想。我们经常看到企业家们上纲上线的骂战，也是不自觉地运用这一理论，乔布斯更是个中高手。

拉斯韦尔24岁时写的博士学位论文，奠定了他一代宗师的地位

因为写《华与华方法》关于口号一段，今天重读了一遍《世界大战中的宣传技巧》，这是拉斯韦尔24岁时写的博士学位论文，三万多字，就奠定了他一代宗师的地位。学问不在年高啊！

《宣传：观念、话语及其正当化》 刘海龙

所有的社会科学学问都是古老的

最近集中了解了一下国内传播学领域的研究水平，看到这本《宣传：观念、话语及其正当化》，马上买来看看。我一直说广告要学"宣传"，不要讲"沟通"，所有的社会科学学问都是古老的，其学术最前沿，远的在两千多年前，近的也至少有五十年。就像马克斯·韦伯说的："要认识他们，你必须得变老！"如果说我们比前人认识更多，无非是我们认识他们，他们不认识我们。就像你认识特朗

普，特朗普不认识你。

华与华方法，就是符号学和宣传方法

毛泽东说："一个人只要他对别人讲话，他就是在做宣传工作。"再也没有比这更准确的定义了，一定不要回避"宣传"，说什么传播、沟通，都是自己混淆自己的认知。华与华说传播的关键在于传，不要传播要播传，也是宣传的意思。拉斯韦尔《世界大战中的宣传技巧》我读过三遍。乔布斯起家的《1984》广告，运用的就是拉斯韦尔的恶魔崇拜理论。今天的美国大选，是彻头彻尾的宣传战。华与华方法，就是符号学和宣传方法。

提供一个闭环的结构，不要开放性的观点

"宣传是一种认知结构，这种貌似合理的推理得出的结论让人们自以为理性，并不认为自己被控制，从而对自己的观点坚信不疑。"所以，提供一个闭环的结构，不要开放性的观点。

《管理品牌资产》[美] 戴维·阿克

品牌资产对工业品市场的重要性恐怕超过消费品市场，因为工业品买方比消费品买方在决策时要慎重得多

B2B的公司需要品牌吗？戴维·阿克说，品牌资产对工业品市场的重要性恐怕超过消费品市场，因为工业品买方比消费品买方在决策时要慎重得多！

对企业而言，最真实、最有市场前景的资产是它们建立的品牌名称

品牌延展是企业实现增长的核心策略，对企业而言，最真实、最有市场前景的资产是它们建立的品牌名称。在某些消费品市场，建立一个新名称的成本高达0.5亿～1.5亿美元，而且这样的投资水平并不能保证成功。特许品牌是零售销售额的主要推动因素。服装和饰品成本中三分之一花在名称许可上。

《传播理论：起源、方法与利用》

［美］沃纳·赛佛林　　　［美］小詹姆斯·坦卡德

因为参考的判断结构趋向于最简化模式，造成人们趋于极端判断

为什么人们在一些社会事件上的看法趋向于两极，以至于看上去撕裂了社会，因为参考的判断结构趋向于最简化模式，极端的判断远比准确的判断容易得出。所以，信息编码者也趋向于选择一种极简模式，因为这样效率最高。

填补公司的知识鸿沟是高层的责任

知识鸿沟假说：贫富差距趋向于越拉越大，越有钱的人越有办法赚钱。同样，知识的差距也是越拉越大，因为越有知识的人，接触的新知识越多，这就在人与人之间形成知识鸿沟。公司里高层和基层的知识差距也趋向拉大，因为基层接触不到高层接触的人和知识。填补公司的知识鸿沟是高层的责任。

《传媒的四种理论》 ［美］弗雷德里克·S.西伯特等

我读的关于传媒学的书，两位老师翻译得最多，一位是展江老师，一位是何道宽老师

我读的关于传播学的书，两位老师翻译得最多，一位是展江老师，从拉斯韦尔开始，都是传播学经典。还有一位是何道宽老师，从麦克卢汉开始，专攻媒介环境学派。

《当代广告学》 ［美］威廉·阿伦斯

营销首先是产品设计

这本书对营销的定义非常完整、准确："营销指对观点、商品及服务的设计、定价、分销和促销进行策划并实施的过程，其目的是引起交易，从而满足个人或组织的预定需要、欲望和目标。"所以，营销首先是产品设计。

参考阅读：《华与华方法：4P的本质是4个重大的营销战略决策》

《理解新媒介——延伸麦克卢汉》

［加拿大］罗伯特·洛根

互联网是第六种语言

言语的起因是应对信息的超载，生产生活复杂了，光靠嗷嗷叫沟

通不了了，就出现了口语，之后是文字、数学。文字和数学的信息洪流越来越大，需要组织起来，于是就有了科学，科学很快带来信息超载，出现计算，联起来就是互联网。

《普通语言学教程》［瑞士］费尔迪南·德·索绪尔

话语是有组织的思想，话语体系就是社会制度

话语是有组织的思想，话语体系就是社会制度。互联网媒体革命，赋予了每一个人话语权力，社会达到了空前的话语平等。社会不再分为说话阶级和听话阶级，人们相互说话，相互倾听。新的话语被制造出来，成为话语事实，进入话语集团，新的社会制度就这样建立起来。

研究语言，不是只看到语言的命名系统，而是要研究个人和社会的符号机制

索绪尔定义了符号学——一门研究社会范围内的"符号生命"的科学。符号学是社会心理学的一部分，而语言学是普通符号学的一部分，研究语言不是只看到语言的命名系统，而是要研究个人和社会的符号机制。这就是超级符号的学术正统。

广告和宣传必须舍弃书面语言的矫情而用口语

为什么我们反复强调广告和宣传必须舍弃书面语言的矫情而用口语？索绪尔的理论正可佐证："语言和文字是两个完全不同的符号系统，只有口语才是语言学的对象。口说的词与词的书面形式结合如此

紧密，以至于后者可能反客为主。人们会认为声音符号的书面形式比这个符号本身重要。这种错误就好比认为看一个人的照片比看本人能了解更多的情况。"最后一句比喻太精彩了！

华与华的专业是符号和语言

因为写作《华与华方法》，重读了一遍索绪尔的《普通语言学教程》。华与华的专业是符号和语言。我对同事们说，别担心什么人工智能取代人类会导致我们失业，只要人类还使用符号和语言，我们就不愁没工作。

《机器新娘——工业人的民俗》

[加拿大] 马歇尔·麦克卢汉

觉得简单明了的东西Low，是一种自卑心理

罗振宇说："什么是高级感，就是一种理解门槛，你不懂，我就高级了。"麦克卢汉说："古老的浪漫观念是：你不应该欣赏你理解的东西。"所以人们一看到自己被和简单明了的东西联系在一起，就紧张："别人会不会觉得我Low啊？"这是一种自卑心理。

我们今天的一切，都是先辈造就的，我们又在为子孙奠基未来

韦纳是控制论奠基人，"信息时代之父"，提出了机器学习、机器繁殖、人工智能等概念，并奠基了其理论基础。我们今天焦虑的"新思想"，其实是七十年前的焦虑了。所以，当你为所谓"新"知

识焦虑时，多读逝者的书。我们今天的一切，都是先辈造就的，我们又在为子孙奠基未来。

《最勾引顾客的招牌》［日］竹田阳一　［日］小山雅明

德鲁克说经营的唯一工作是"创造顾客"

德鲁克说经营的唯一工作是"创造顾客"。竹田阳一说是"培养顾客"。这"培养"二字，深有所得！

字体、箭头、粗大是基础

字体、箭头、粗大是基础！加粗加大，我们在加粗加大上还不够彻底，还缺乏想象力，为什么？还是智慧不够，还没有真正理解和掌握刺激信号的原理，没有知行合一。

重复！重复！重复！

同一商圈投放三块以上户外广告，同一商圈开多家店铺。

《技术垄断：文化向技术投降》［美］尼尔·波兹曼

统计数字制造大量信息垃圾

唯科学主义泛滥，人们喜欢精确的知识，而不是真实的知识，统计数字制造大量信息垃圾。来自稳定家庭的孩子学习成绩好，本是司空见惯之事，却成为"社会科学家"的"研究发现"！里根总统说他相信堕胎不对，但"受精卵何时进入有生命阶段要听科学家意见"。这判决权归科学家吗？

广告是口语文化，是运用人们已有的记忆来创造新的记忆

柏拉图《斐德罗篇》里埃及法老塔姆斯的故事：他的朋友特乌斯炫耀说他发明了文字，塔姆斯说："识文断字的人可能不再使用记忆，可能会成为健忘的人；他们会依赖文字，用外在的符号帮助自己回忆，而不再依靠内在的资源帮助自己回忆。你发明的是帮助回忆的担保书，而不是促进记忆力的包票。"

这个故事可以解释超级符号的文案理论，广告是口语文化，是运用人们已有的记忆来创造新的记忆，是一张促进记忆力的包票，让他一辈子忘不了。所以，它一定不是书面语的，而是口语的；不是文字的，而是语音的。舞文弄墨的广告语，不是广告，而是伪装成广告的艺术。所谓艺术，就是不屑于具备任何实效功能，而仅供欣赏，主要是供自己欣赏。

《多品牌成就王品》高端训

这本书是真正从生意思维、财务思维、老板立场去看品牌、管理品牌，形成的一套实际经验和工作方法

写的全是真经，全是细活。没有实际经验写不出来，没有实际经验也读不懂，而且不知道自己没读懂。倒不是有什么论点，而是真正

从生意思维、财务思维、老板立场去看品牌、管品牌，形成的一套实际经验和工作方法。

《软利器》 [美] 保罗·莱文森

媒介不是信息或内容的消极传输器，媒介决定世界

保罗·莱文森是媒介环境学派的代表人物，互联网的大思想家，基本观点就是媒介决定论。媒介不是信息或内容的消极传输器，媒介决定世界。互联网，就是自然界本身！

《罗兰·巴尔特文集——符号学原理》

[法] 罗兰·巴尔特

品牌要么源于符号，要么进化为符号

罗兰·巴尔特说："人类对物品的一切运用都转变成此运用的记号了。而记号一旦形成，社会就可以使其重新具有功能，把它当成一种使用的对象。"

就像你手机上的接听符号和挂机符号。手机已不再分为听筒和机座，但那符号留下来还有用。《华与华方法》里提到品牌要么源于符号，要么进化为符号。

《优衣库：经济衰退期的二十年增长奇迹》

[日] 月泉博

优衣库的服装不是时尚，是购买理由

柳井的产品观和华与华方法高度一致，优衣库的服装不是时尚，是购买理由。这是一本好书，我读过两遍。不要去买什么同款T恤衫了，去买这本书吧！

《模仿律》 [法] 加布里埃尔·塔尔德

互联网时代，模仿成本降低、速度加快、范围扩大，转变只在瞬息之间

"一切社会行为都是人与人之间的相互模仿。"互联网时代，模仿成本降低、速度加快、范围扩大，变革呈几何级数加速，转变只在瞬息之间。

《传播学概论》 [美] 威尔伯·施拉姆 [美] 威廉·波特

激动的、满意的声音信号，可能有最好的反射效果

模拟、感叹、吟唱、劳动号子，激动的、满意的声音，这样的语词，这样的声音信号，可能有最好的反射效果。

《整合行销传播》 [美]唐·E.舒尔茨等

传播是一种口语现象，一切文字或感官符号，都必须能转换为口语符号、语音符号，才能传诵

　　没有一本书像舒尔茨的《整合行销传播》集合了这么多的错误，我觉得他几乎所有的观点都是错的。在《超级符号就是超级创意》一书中，我批驳了他的4C论，正本清源回归4P。今天想接着批他的"整合"论，随手翻到一页，就是谬误："我们已从口语传播社会跨入视觉传播社会。"这是根本的语言哲学和人类学错误，传播是一种口语现象，视觉只能播，不能传。一切文字或感官符号，都必须能转换为口语符号、语音符号，才能传诵。

《口语文化与书面文化：词语的技术化》

[美]沃尔特·翁

华与华的战略方法论：把词语变成一整套的行动

　　华与华的专业是符号学和语言哲学，传播学上我们偏爱媒介环境学派。符号技术和词语技术，是华与华的核心技术。在降低传播成本、绕开心理防线、刺激行动反射上，我们有非常精准的把握。正如这本书中对《荷马史诗》的研究，我们说出的，都是伊利亚特式的"有翼飞翔的话语"。而把词语变成一整套的行动，则是华与华的战略方法论。

七

语言文学

《修辞学原理：论据化的一种一般理论》

[法] 米歇尔·梅耶

要学习"错误的逻辑"，并找到最低成本的摧毁它们的武器

华与华两大核心技术——词语技术和符号技术。如果说过去我们的技术基于经验的积累，现在就有必要建筑学术的大厦。特别是还要学习"错误的逻辑"，并找到最低成本的摧毁它们的武器，因为在实际经营中，应对谬误的工作量，远远超过创作的工作量。

要服务于最终目的，叩问最终目的，让所有人聚焦于具体的解决方案和行动

《修辞学原理》提出问题仅仅是一种表达，是在叩问领域，而非解决方案的领域。而且有负面的后果，就是把思想思维都投入"回答"的范畴，并禁止自己反思真正的问题性。而解决性回答解决问题，使问题不再提出。这就是为什么华与华方法强调始终服务于最终目的，如果要叩问，就一直叩问最终目的，让所有人聚焦于具体的解决方案和行动。对于那些"问题爱好者"，我们建议他们学会与问题共存，带着问题前进。因为他们对答案孜孜以求，却从来没有找对问题，也无益于解决。只有制止他们提出问题，才能找到解决方案。当然，当我们得到解决方案后，他们会来找解决方案的问题。

每个人通过体现自己的美德，而成为他人的榜样

"演说家的美德和诚实人的思想，把说话者的美德视为说服行为的典范和源泉，每个人通过体现自己的美德，而成为他人的榜样，没有什么比行为的榜样性及其所预设的种种风俗更有说服力了。"这就是修身、齐家、治国、平天下吧！

"华与华方法"清除修辞的虚荣迷雾和社交游戏，始终服务于最终目的

从柏拉图、亚里士多德到西塞罗建立的修辞学，用来影响他人，让他们相信，并促使他们行动。到了文艺复兴时期，修辞学更多关注形象言语、文学虚构和美的言说风格，成为一种宫廷游戏。到了20世纪，修辞学从三个维度强势回归：论证维度、文学维度和政治维度。而在我们的社会里，交际常常以自身代替了行动和目的。所以，"华与华方法"清除修辞的虚荣迷雾和社交游戏，始终服务于最终目的，落实具体行动。

修辞学的目的就是把仅仅或多少是回答的东西展现为回答

修辞学的目的就是把仅仅或多少是回答的东西展现为回答。这种行为方式源自风格效果，人们将它们称为辞格。所有的辞格在某种意义上都是隐喻，即忠实意义的种种转移。其实，比喻是一种其形式本身禁止某种忠实解读的辞格。每个时代都有一种支配性的修辞格概括其世界观，标志性的辞格支配一个时代。

品牌的策略，终极是口号的修辞的策略

"修辞学是说服的艺术，用来影响他人，促使他们行动，或者使他们相信任何东西。要把语音和语法相区别，对应的是区别口语和书面语，运用语音、韵脚和动词的音乐性，本身就是说服的策略。"所以我们平时研究品牌的策略，终极是口号的修辞的策略。

语音是语言的首要属性，口语第一

"除了押韵，建构特殊句子形式，也能强加某种回答并排除仍然具有问题性的问题，比如'吃饭是为了活着，并非活着是为了吃饭'。就有不容置疑的断言效果。不过，声音格比建构格更轻松一些。"毕竟，语音是语言的首要属性，口语第一。

情感是结论，也就是行动，不要让喜怒好恶影响你的判断和行动

"性情规定了命令式，而人们最终通过情感而结束"，情感是结论，也就是行动。为什么儒家修养强调不要让喜怒好恶影响你的判断和行动，因为实际情况总是这样，逻辑完全没有，修辞控制世界。

人类思想的著名的三大原理：统一性原理、理由原理、矛盾原理

"人类思想的著名的三大原理：统一性原理（源于性情）、理由原理（逻各斯）、矛盾（非矛盾）原理（情感）。"听起来和华与华方法的超级符号、购买理由竟是如此契合。

不管多晦涩的书，都能迅速观照出对我有用的东西，并且第二天就用上

周日在家，读完了这本《修辞学原理》，前后刚好花费三周时间。书非常好，也不容易啃，不过我似乎有一种特异的读书技术，就是不管多晦涩的书，我都能迅速观照出对我有用的东西，并且第二天就用上。

《修辞学》 ［古希腊］亚里士多德

修辞术是论辩术的对应物，主要用于政治演说和诉讼演说，现代主要用于广告文案了

开篇就说修辞术是论辩术的对应物，主要用于政治演说和诉讼演说。现代，当然主要用于广告文案了。这本书我当时做了详细的笔记，还画了一个华与华广告修辞术的四宫格，我也想写一本《广告修辞学》，不过现在还没排上时间计划。想做的事太多，得一件一件来。

《诗学》 ［古希腊］亚里士多德

"鸦片站争"国门洞开时，知识分子们面对古希腊的灿烂文明有着惊叹之情

读完了亚里士多德的《诗学》《修辞学》。今年的阅读一直集中

在古希腊和古罗马，想想"鸦片战争"国门洞开时，知识分子们面对古希腊灿烂文明的惊叹之情。

好的方案不能被客户认可，往往是因为没有驾驭修辞的艺术

为什么好的方案不能被客户认可，往往是因为你没有驾驭修辞的艺术。首先要用事实打底，然后要先让客户接受你的底层逻辑，因为接受了逻辑就接受了结论；你的提案演讲还必须有风格和风采，让他们接受你这个人，他们对人的态度，就决定了对方案的态度；最后，整个会议过程要让人感到愉悦，感到自己学到了东西。"客观"地判断一个方案是非常难的，只有极少数人有那个能力。所以，方案搞不定，回来骂客户无知，那没有用，那都是自己的失败。

修辞的目的是促使他人行动

亚里士多德说："在名词和动词中，只有普通字才能使风格显得明白清晰。"但是，人们看到普通的词，就觉得它会让自己显得太普通了，担心自己被人轻视，觉得自己Low，此时他们就忘记了修辞的目的是促使他人行动，而不是倾向于自娱自乐的自慰。

用修辞让听众愉悦，从而支持我们的意见，接受我们的建议

"修辞的整个任务在于影响听众的判断。"普通的道理、简单的字词、有节奏的句式，这些都能让听众愉悦，从而支持我们的意见，接受我们的建议。如果写文案的人觉得这样显得自己太Low，要增加理解的难度，那是愉悦自己，缓解自己的自卑焦虑，却自绝于顾客。

在广告文案中，句式的惊人影响力一直是我们所关注的

在广告文案中，句式的惊人影响力一直是我们所关注的，比如"爱干净，住汉庭"，就是亚里士多德所说的平衡句和谐音句了。不过，在长文案中尽量创造环形句，对我来说还是一个新的意识，让听众愉悦，本身就是说服。

修辞学就是我们的基础学科

古希腊的修辞学，是在公民大会的政治演说和法律诉讼，还有戏剧表演中发展起来的。我们所有的包装和广告文案，都是修辞，对客户的提案，也是修辞，都是为了影响人的判断和行动。所以，修辞学就是我们的基础学科。亚里士多德说，修辞术要靠天才，但也得力于勤学苦练。他写下的方法论，也可以说是非常完备了。

《修辞学发凡》陈望道

现代进入商业社会，做广告需要真正的修辞学

"发凡"，就是"概论"的意思，此书于1932年出版，被誉为中国第一部系统的修辞学著作，也是名著。但是读下来，发现只有枝节，没有骨架，和西方修辞学完全不是一回事。西方修辞学发端于雅典的广场政治和法庭论辩，重在说服和引人行动；中国的修辞学则局限于文学的范畴，重在审美的趣味。大概因为中国文化，不需要，不鼓励，甚至不允许你以修辞鼓动大众。修辞学是帝王术，不是民间学问，所以亚里士多德的修辞学在中国没有文化基础。现代进入商业社

会，做广告才需要真正的修辞学。

《修辞知识和运用》刘继超　　曹春霞　　刘如松

修辞是语言审美

修辞是提高语言效果的规律，是提高语言表达效果的原则、方法、规律和规则的总和，是"语言审美"，是一种动人的力量。华与华的广告语，比如"爱干净，住汉庭"，就是修辞学的技术。如果是"更干净，住汉庭"，不符合语言审美。如果用"干净酒店专家"，那是属于文盲水平。

口语是第一性的，书面语是第二性的

口语第一性原理：任何语言都是先有口语，然后才有书面语。书面语是在口语的基础上发展起来的。口语是第一性的，书面语是第二性的。书面语只有五千年历史，口语则有数万年历史。口语有自己独有的规律和特点，多用俗语、谚语、叹词、语气词、拟声词、儿化词、叠音词。为什么华与华方法把超级口号称为"品牌谚语"，因为俗语不设防，能绕开消费者的心理防线，而书面语是高度设防的。营销传播必须使用口语，也只能使用口语，因为口语才能让人行动。怀特海在《思维方式》一书中说："我们必须努力回到心理学，因为心理学造成了语言的文明。我们运用两种不同形式的语言，口语和书写语，书写语的历史不过一万年，作为一种具有广泛影响的思维的有效工具，顶多五六千年（我想汉语的白话文，只有一百年），而口语的

历史和人性本身一样悠久，是构成人性的基本因素之一。口语是人性本身。口语在它表现于动物和人类的胚胎阶段，其变化是在情感表达和信号之间发生的，它很快成为二者的混合物。在语言越来越精确的发展中，口语保留了这三个特征，即情感表达、信号及二者之间的相互结合。"

在电视广告创作中，要把体态语修辞作为创作的核心内容

体态语修辞——在电视广告创作中，体态语修辞往往发挥着决定性的作用。创意人员不能脑子里只想着文案和镜头，把表演留给导演和演员发挥，而要把体态语修辞作为创作的核心内容。最好是每一个镜头和表演，都能事先找到参考，再和导演、演员一起进行二次创作、三次创作。

《新语文读本》王尚文等

语言不只是交流与思维的工具，更是人的生存空间、生存条件与存在方式

这本书被称为"五四"以来两本最好的人文启蒙读本之一，另一本是民国时期的《开明新编国文读本》。这两本书，我也推荐各位同事和客户公司年轻人阅读。

在我们看来，语言不只是交流与思维的工具，更是人的生存空间、生存条件与存在方式。语文活动就是人的一种生命运动。离开"人"，"言"无从依附；离开"言"，"人"难以自立。人类文明

的精神成果，大都沉淀在语言文字之中；人们通过语文活动，吸收前人创造的文明结晶，使自己成为有文化修养的人。同时，语言通过交流而存在，在交流中学会使用语言，从而使自己成为"社会的人"。

——《新语文读本》编者的话

《开明国语课本》叶圣陶 编 丰子恺 绘

《开明国语课本》，几乎不用教，孩子们一读就能成诵

此书由叶圣陶编写，丰子恺插画。"几乎不用教，孩子们一读就能成诵。"一位老师佐证，如《绿衣邮差上门来》："薄薄几张纸，纸上许多黑蚂蚁。蚂蚁不作声，事事说得清。"短短几句，充满童趣，也让孩子们对信的认识变得鲜活起来。都是真情实感，没有虚情假意。

"成语故事"系列

我们对事物的认识既不完整，也不本质，但我们必须做出决策和行动

成语故事1：我们每个人每天都在盲人摸象，我们对事物的认识既不完整，也不本质，但我们必须做出决策和行动。

成语故事2：我们随时都面临小马过河的课题。我们能否过得了河，要自己试了才知道。试探河底的关键，是脚一直踩在地上。一个

计划大家常说怎么"落地"，到了河中间还谈什么"落地"？！必须脚一直踩在地上，绝不离地，只做踩得到底的事！

成语故事3：邯郸学步。能力必须是内生的，不能是嫁接的。看别人的东西总是盲人摸象，必须消化成自己完全能控制的才能拿去用。所谓"学我者生，像我者死"也是讲这个道理。

成语故事4：卖油翁为什么能做到？但手熟尔。做事要坚持按套路，按样式。要尽量只干卖油翁的事，成功才有保障。

成语故事5：庖丁解牛。吹牛的。有史以来没人达到过庖丁解牛的境界，都是不同程度的盲人摸象。

《随园诗话》〔清〕袁枚

我目前的最佳句是"一鸟撞破天，留影在云间"

袁枚说王安石会写散文，不会写诗。王安石自己最得意的一句是"青山扪虱坐，黄鸟挟书眠"。袁枚认为王安石一生巅峰是"已无船舫犹闻笛，远有楼台只见灯"。我目前的最佳句是"一鸟撞破天，留影在云间"。可惜未经专业训练，偶能得句，不能成章，还得多读多练！

好谈格调者，都是天分低拙之人

好谈格调者，都是天分低拙之人。从来天分低拙之人，好谈格调，而不解风趣。何也？格调是空架子，有腔口易描。风趣专写性灵，非天才不办。

《全唐诗（增订本）》 中华书局编辑部

李林甫算是中国历史上最坏的人之一，他留下的文化遗产是成语"口蜜腹剑"

李林甫算是中国历史上最坏的人之一，他留下的文化遗产是成语"口蜜腹剑"，这词就是为形容他而诞生的。史书说他"素寡学术"，《全唐诗》中收录他三首诗，其中几句我倒蛮喜欢："秋天碧云夜，明月悬东方。皓皓庭际色，稍稍林下光。"

第一句"董逃董逃董卓逃"，那节奏、那快感、那过街老鼠人皆喊打的感觉，全进出来了

元稹诗《董逃行》，是写董卓的。第一句"董逃董逃董卓逃"，那节奏、那快感、那过街老鼠人皆喊打的感觉，全进出来了。再来一句"董逃董逃人莫喜"，后面的坏人还多着呢，马上就上场了！

所谓一将功成万骨枯，李世民的主旋律和其他人的杂音都在诗里了

《饮马长城窟行》同名诗三首，太宗："扬麾氛雾静，纪石功名立。荒裔一戎衣，云台凯歌入。"王建："长城窟，长城窟边多马骨……征人饮马愁不回，长城变作望乡堆。"僧子兰："游客长城下，饮马长城窟。马嘶闻水腥，为浸征人骨。"所谓一将功成万骨枯，李世民的主旋律和其他人的杂音都在诗里了。

"孙武已斩吴宫女，琉璃池上佳人头。"如此咏荷花，也是惊人了

"孙武已斩吴宫女，琉璃池上佳人头。"如此咏荷花，也是惊人

了。作者是南唐中主李璟。

《唐宋词通论》吴熊和

我若养狗，我就养一条主流黄狗，有品位

李斯临刑前，对一起受死的儿子说："现在要过带着你、牵着黄狗出城打猎的小日子，已经不可能了。"苏东坡也牵黄狗："老夫聊发少年狂，左牵黄，右擎苍。锦帽貂裘，千骑卷平冈。为报倾城随太守，亲射虎，看孙郎。"我若养狗，我就养一条主流黄狗，有品位！

《全辽诗话》蒋祖怡　　张涤云　整理

"春来草色一万里，芍药牡丹相间红。"这样的景象，正是六月的呼伦贝尔大草原

今天淘得一本旧书，读契丹风土歌。有一句"春来草色一万里，芍药牡丹相间红"。我一下子想到呼伦贝尔和额尔古纳。这样的景象，正属于六月的呼伦贝尔大草原。

《蒋勋说宋词》蒋勋

蒋勋老师讲唐诗宋词，都很精彩，他的历史知识太奇特了

蒋勋老师讲唐诗宋词，都很精彩，他的历史知识太奇特了。他说李世民把他哥李建成的头砍下来，提着去见李渊说：父亲对不起，刚才跟哥哥比武，不小心把他头砍掉了。李渊当时正在洗澡！立即表态退位做太上皇。这故事，别说野史，神话都不敢这么写，这样治学也太超前了。

《诗经现场》流沙河

富而知书礼

写得真美！新闻说某地小学教材取消唐诗，觉得那是人穷志短，只关心生产，觉得"现代社会用不上"的，就不"浪费时间"了。富而知书礼，过了求发财的阶段，不再只关心生产，也关心生活，关心文化。有的人啊，是活倒退了。

《神曲》［意］但丁

产品即命名，造词即造物

"那位转动圆规，画出世界的界限，在这世界里面，又把隐晦和明显的许多东西加以分辨，他不能把他的很多威力都施加在整个宇宙

之上，为的是使他的语言不致无限度地超出造物的容量。"产品即命名，造词即造物。

要读懂《神曲》，需要对整个西方历史、宗教和神话如数家珍

这书太难啃了，我前后可能用了一年时间。如果没有注释，一句都读不懂，有注释，读懂的也不超过一半。要读懂，需要对整个西方历史、宗教和神话如数家珍。但丁写这书一定很过瘾，他做历史的终身法官，把上下几千年的所有人物，分别判决，送去各层天堂或地狱。

《一种新辞格理论》 ［法］若埃尔·加尔德·塔米讷

一切都是言语行为，一切都通过理性，并在理性基础上，通过自我的表象以及试图对他人形成的影响得以实现

若埃尔·加尔德·塔米讷把修辞定义为"围绕一定问题个体间距离的协商"，协商事实上就是提出两种相反的论点，两个矛盾，并试图让一方归服另一方，或找到双方的契合点。每次协商都会考虑另一方，去构建自我形象，至少用来引起他人注意。一切都是言语行为，一切都通过理性，并在理性基础上，通过自我的表象以及试图对他人形成的影响得以实现。

我们更应该聚焦于"说动"，直接谋求受话者的行动反射

当两人说话，实际上是四个人说话，因为人格和情感被分成两部分：现实式人格和投射式人格（受话者赋予说话者的），现实式情感和投射式情感（说话者赋予受话者的）。现实式和投射式总是错位，所以产生交流缺陷——失常、误会、谎言……

我仿照量子力学的"测不准原理"，把这命名为"说不明白原理"，既然说不明白，我们更应该聚焦于"说动"，不是协商观点的距离，而是直接谋求受话者的行动反射。

好恶本身，就是判断

人类既是感情动物又是激情动物，为了推理和决策，仅有智力是不够的，情绪是推理不可或缺的部分，没有个人情感的介入，一切决定都是不可能的。

我们常说不要让好恶影响你的判断，但是好恶本身就是判断。

广告文案，就是修辞

读完这本《一种新辞格理论》，最近读了两本修辞学的书。广告文案，就是修辞，因为目的都是说服，谋求受众的行动反射，而修辞就是通过词语布局，通过韵脚、叠词、语感、句式，形成刺激信号的节律，让受话者产生共振，随之起舞。

《语言本能》 ［加拿大］史蒂芬·平克

语言是一种本能，不是后天习得的，而是天生的

作者的核心观点是，语言是一种本能，不是后天习得的，而是先天的。甚至语法，也是基因上有"语法基因"。那么问题来了，既然

不是自己学来的，就是被给予、被创造的了。依作者的观点，所有问题走到最后，都走到上帝那里去了。

《故事思维》 ［美］安妮特·西蒙斯

人们总是坚持理性，这本身就是不理性的

人们总是坚持理性，这本身就是不理性的。事实上，人们从来都不是理性的，将来也不会是理性的。情感是人们做出决策的决定性因素。

《在通向语言的途中》 ［德］马丁·海德格尔

我最初的语言哲学思想，主要来源于这本书

我最初的语言哲学思想，主要来源于这本书。在《超级符号就是超级创意》一书中引用的"命名就是召唤""词语的动能，词语不仅说事，而且做事"，都源自海德格尔。

"话语体系"是华与华的品牌基础理论

"人说话，因为说话是我们的天性，人天生就是语言，人是会说话的生命体，唯有语言才使人能够成为人。作为说话者，人才是人。语言是最切近于人的本质的。"语言说话，语言才产生人，才给出人。我曾经想写一本《企业话语学》，现在先把其中主要内容写进新

书《华与华品牌五年计划》里。"话语体系"是华与华的品牌基础理论。国家、组织、企业、品牌，都是一套话语体系。

超级符号，就是超级召唤

"命名不是分贴标签，运用词语，而是召唤到词语当中。命名在召唤。"在《超级符号就是超级创意》一书里，我发展了这一思想，提出"命名就是召唤，命名就是成本，命名就是投资"。产品或品牌命名，都是为了召唤顾客，降低营销传播成本，并且是对品牌资产的投资。所有的命名和广告文案都是召唤，你要评估每一个词、每一句话的"召唤指数"，没有召唤、召唤不明确或召唤指数低的词或句，不要用。超级符号，就是超级召唤。

语言是存在之家，人是通过他的语言才栖居在存在之要求中

语言是存在之家，人是通过他的语言才栖居在存在之要求中，欧洲人也许与东亚人栖居在完全不同的一个家中，一种从家到家的对话几乎是不可能的。

双方都说要对话，实际上都是想要教化对方，除非一方愿意接受教化。日本接受了教化，成为一个表面上的西方社会。语言是原装的思想，祖先通过语言有意无意地控制了我们的道路，我们无法摆脱，也无法反抗，因为没有新的语言武器，不能再建设一个存在之家。日本人能够改变，可能是因为他们的语言本来就是组装的，不是原装的。

唯有词语才能让一物作为它所是的物显现出来，并因此让它在场

"词语破碎处，无物可存在"，唯有词语才能让一物作为它所是

的物显现出来，并因此让它在场。诗人持有词语，从而让一物在其存在中。诗人体验到词语的一种权能和尊严。同时，词语也是诗人以一种异乎寻常的方式信赖并照拂的财富。这样来看，连神也是一物，唯有当表示物的词语已被发现之际，物才是一物，才能存在。上帝也就存在于"上帝"这个词语里罢了。当上帝创世的时候，他用什么呢？还是用词语，靠说话。这个哲学，老子的《道德经》也说了："无名天地之始，有名万物之母。"

方法并不是一种为科学服务的单纯工具，方法使科学为它服务

科学识得获得知识的道路，并冠之以方法的称号。方法并不是一种为科学服务的单纯工具；毋宁说，方法使科学为它服务。尼采说："我们19世纪的标志并不是科学的胜利，而是科学的方法对科学的胜利……最有价值的洞见最迟被发现：而最有价值的洞见乃是方法。"不是华与华方法为华与华服务，而是华与华为华与华方法服务，华与华是华与华方法的伺服系统。

人并不是词语的主人，而是一出生就中了词语的埋伏

我们说话，并且从语言而来说话。我们所说的语言已经在我们之先了。我们只是一味地跟随语言而说。我们不断地滞后于那个必定先行超过和占领我们的东西，才能对它有所说。据此看来，说语言的我们就总是被纠缠到一种永远不充分的说话中了。

所以我说，人很少有知道自己在说什么的，因为人并不是词语的主人，而是一出生就中了词语的埋伏，在词语森林中迷失一生。语言本身，就是一个黑客帝国，我吞下了红色的药丸，既掌握了一部分词

语的权能，也承受了更多痛苦。

传播是一种口语现象，是听觉行为

亚里士多德说："有声的表达是心灵的体验的符号，而文字则是声音的符号。"所以，使用文字或书面语，始终是隔了一层，传播是一种口语现象，是听觉行为。尤其是播传，只能是以口语和听觉。

《摹仿论》 ［德］埃里希·奥尔巴赫

摹仿，就是我们的工作，也是文明进步之道

这本文学批评巨著评述了从《荷马史诗》《圣经》到莎士比亚、伏尔泰、司汤达等欧洲数千年的文学史。用作者的话说，是用文学描述对真实进行"摹仿"。摹仿，就是我们的工作，也是文明进步之道。

《文学回忆录（1989—1994）》木心 陈丹青

头脑风暴，是文盲的方法；查找资料，才是有文化的做法

希腊神话中，俄耳浦斯去地狱找欧律狄刻，地狱门口有三头犬守卫。俄耳浦斯弹琴驯服三头犬。《哈利·波特与魔法石》里的情节和这一模一样，这就是顶级创作的秘密——利用文化母体的预制件进行编织——这也是超级符号的华与华方法。头脑风暴，是文盲的方法；查找资料，才是有文化的做法。

不要飞得太高，会被太阳融化；也不要飞得太低，会掉入海中。如何飞得不高不低，就是我们的考题了

弥诺陶洛斯和儿子伊卡洛斯被困在迷楼出不来。伊卡洛斯用蜡把鹰的羽毛粘成翅膀飞出去。弥诺陶洛斯嘱咐说："不要飞得太高，会被太阳融化；也不要飞得太低，会掉入海中。要中庸。"伊卡洛斯不听，飞得太高，蜡融化，翅膀散了，摔死了。木心说，迷楼就是社会，是囚禁人的监狱。伊卡洛斯是天才，他要飞，但是太狂，飞高失翼而死。所以，如何飞得不高不低，就是我们的考题了。

人所崇拜的东西，常是他们不知道的东西

人人都知道荷马，谁读过《荷马史诗》？人所崇拜的东西，常是他们不知道的东西。人们在写作和演讲时喜欢引用一些名著名言，但是他们从来没有读过那些书，只是见过别人引用那些话。我读过《荷马史诗》，不过我也今天才知道，伊利亚特的意思是一系列的战绩，奥德赛的意思是漫长而曲折的旅程，荷马的意思是碎片集合者。我喜欢碎片集合者这个概念，因为我也是，超级符号就是记忆碎片的万花筒。

《别想那只大象》 [美] 乔治·莱考夫

现实世界，始终都是宣传战

人们没有思想，也不接受真相，甚至也没有能力做出符合自己利益的选择。一切都是跟着宣传走。而宣传家设定话语框架，就能锁定他们。现实世界，始终都是宣传战。

《五个红苹果》杨黎

词语统治世界，一切战略都是话语战略

杨黎说："词语不是沟通工具，词语就是世界。世界就是我们说出来的全部。"我们一直研究的，就是词语统治世界，一切战略都是话语战略。超越语言思考，召唤词语去征战。

《读书》杂志 生活·读书·新知三联书店 主办

6月号的《读书》杂志讲了狄更斯与美国版权法的恩怨

英国1709年就有了版权法，美国拖到1889年才制定，但是只保护首先在美国出版的作品。如果你先在英国出版了，美国照样可以合法盗版。这项歧视性条款到1976年才部分废除。

口语是整体的，文字是分割的

盛洪老师真了不起！把王阳明的"满大街都是圣人"和英国的陪审团制度联系起来。英国是很特别很重要的文明，比如英国没有成文宪法，而是习惯法。麦克卢汉说习惯法是"口语文明"，更有整体性。口语是整体的，文字是分割的。或许我们也可以是口语，更是良知本体吧！

八

经济发展／
商业发展

《经济发展理论》 [美] 约瑟夫·熊彼特

为什么我们经常以为自己发现了什么新思想，主要是因为书读得少

今天读完熊彼特这本《经济发展理论》，前后大概花了20个小时，虽然过程很费劲，但基本意思也理解了。我对德鲁克比较熟悉，并一直运用他的思想。这还是第一次读熊彼特的著作，希望像学习德鲁克一样学习他。

熊彼特这本书定义了"创新"和"企业家"两个词语，非常振聋发聩。为什么我们经常以为自己发现了什么新思想，主要是因为书读得少，一百年前人家就说透了的事，咱们不知道。

企业分为两种：赚取创新利润的，领取管理者工资的

经营的利润本身是一个例外，没利润才是正常的。年年难过年年过，赚不到钱又还倒不了，那是社会付给企业作为社会生产分工的"管理者工资"，以维持简单再生产和经济的循环流转。只有创新才能获得利润，而创新利润也是短暂的，因为别人会学习模仿，这样你的优势又没了，所以需要不断地创新。企业分为两种：赚取创新利润的，领取管理者工资的。这样你就可以做出选择了。

领导就是去做

"在路易十六时代的法国，社会和政治状况本来是可以改善，从而避免旧统治的崩溃，很多人看到了这一点，但是没有人处于'去做'的地位。"而领导的职能就是看到解决之道，说出来，再组织动员去做。"如果不去做，可能性就消失了。"

什么是企业家

1. 企业家不是享乐主义的，否则他们不会都干到精力耗竭，才退出舞台。2. 企业家有一种梦想和意志，创造一个私人王国，有权力和独立的感觉。3. 有征服的意志，战斗的冲动，证明自己比别人优越，追求成功本身，而不是成功的成果。4. 追求创造的快乐，把事情办成的快乐，或者施展个人能力和智谋的快乐。我觉得还有一种快乐：不仅是创造一个私人王国，而且是一个理想国，给大家带来幸福生活的快乐。

圣学之所以不传，就是因为后来的治学者有"胜心"

熊彼特说："我关心的是真理，而不是我的理论的独创性，我尤其愿意尽可能地把我的理论建立在庞巴维克的理论基础之上。"善哉斯言！王阳明说，圣学之所以不传，就是因为后来的治学者有"胜心"，"其说本已完备，非要另立一说以胜之"。

永远要在"人"身上挖掘潜能

"机器一旦被采用了，它就不会继续节省新的劳动，从而它就不会继续产生新的利润。"所以永远要在"人"身上挖掘潜能，因为先进的设备大家都可以用钱买，而企业与企业之间不同的是人。

只有发展，才有新的财富以供分配

熊彼特提出了"发展反应"这个词，他说利息作为一种重大的社会现象，是发展的产物。这就可以解释今天一些国家的零利率甚至负利率现象了，是因为经济没有发展。熊彼特也用发展来解释土地的价值，他说："发展使地租'资本化'，把土地'动员起来'。"这解释了中国过去二十年的土地现象。亚当·斯密在《国富论》中说过："在穷国你挣不到高收入，在富国，雇员的工资也不高，只有在高速发展的经济体中，人们才能获得高收入。"因为只有发展，才有新的财富以供分配。可见经济发展，永远是最大的政治。

一切都需要不断获取，没有什么是一劳永逸

企业的收益具有一种"暂时"的性质，想从同一企业获得持久不断的收入，那是不可能的事。有的企业似乎做到了，那是因为他们在不断地创新，它们实际上是一种持久的新企业的形式。所以，一切都是难能可贵，没有什么是理所应当；一切都需要不断获取，没有什么是一劳永逸。"苟日新，日日新，又日新。"

《经济分析史》 「美」约瑟夫·熊彼特

在自己不熟悉的领域学习，得先把必读经典过一遍再说

稀里糊涂地读完熊彼特《经济分析史》第一卷，太辛苦了。他展示分析的各方观点太多，以至于经常不知道他赞成的是哪个。在自己不熟悉的领域学习，得先把必读经典过一遍再说，跟喝酒一样，先打一圈。

越久远的事情越清楚；刚刚发生的事谁也不清楚

熊彼特说："一个时代离我们越近，我们对它的了解就越少。我们对自己时代的了解是最少的。"就是这样，我把它称为"历史老年痴呆症"，越久远的事情越清楚，记得越牢。刚刚发生的事谁也不清楚，还转头就忘。

《国富论》[英]亚当·斯密

读书，就先从经典读起

有一些人，我们时常提到他的名字、他著作的名字，时常引用他的名篇名句，个个都好像很熟悉他，没有不知道的。而实际上，几乎都没读过他的书，更不用说从头到尾读完了。读书，就先从这些经典读起。

常识问题总被乌合之众歪曲

该书说理清晰，都是常识。但常识总被野心家、既得利益者、投机分子和嫉妒他人智力水平的乌合之众联手歪曲。

要想降低成本，就要懂得把利益给别人

关于用自己人比外包更贵的问题，可以用亚当·斯密的观点补充一下——"奴隶比自由人更贵！"奴隶难道不是只要不饿死就行了吗？是啊。但是，对于奴隶来说，由于没有任何收益，偷懒就成了他唯一的利益，如果你手下全是不拿工资的奴隶，你的成本会达到最高。要想降低成本，就要懂得把利益给别人。

亚当·斯密：对外贸易的资本效率，比国内贸易的低得多

亚当·斯密说，对外贸易的资本效率，比国内贸易的低得多。因为往国外卖东西，资金周转一次的时间，在国内可以周转好几次。贸易顺差并不一定让一国富裕，逆差并不一定让一国贫穷。所以或许现在出口下滑也没什么不好，这么多钱都投到国内吧，未来五年中国经济是产品、服务和消费全面升级的时代。

亚当·斯密：我们的政策是为生产者服务的，还是为消费者服务的？生产者本身就是为消费者服务的，政策还不是服务于消费者吗？为消费者服务，就只有自由市场、自由贸易这一个政策。因为任何抑制进口的关税或鼓励出口的补贴，都是侵犯消费者利益，而补贴的钱也是消费者即纳税人出的。

原著是第一手知识，胜过五年的道听途说的知识碎片

我在飞机上读完了亚当·斯密的《国富论》，前后花了两个月。读书不要畏惧大部头，也不必日日不断，只要惦记着这本书还没读完，抽出时间就读，总会读完的。原著是第一手知识，认真读完一本，胜过五年的道听途说的知识碎片。

内卷时代怎么办？第一是创新，第二就是挣"打赏"

关于"内卷"，我想起亚当·斯密在《国富论》中的论述，他说在一个穷国，你自然是挣不到钱；在一个富裕的国家，你也挣不到钱，只有在一个经济高速增长的国家，你才能挣到钱。这就是我们正在经历的故事，经济高速增长的时候，因为有增量财富供分配，大家都拼命挣钱，几乎是属于"哄抢"，人人有份。富裕起来之后，没有增量了，人们反而没有挣钱机会了，这时候大家开始"挖潜"，就是挖自己，就内卷了。内卷时代怎么办？第一是创新，创新在什么时代都能赚钱；第二就是挣"打赏"，人家愿意把钱给你。体会一下！

《就业、利息和货币通论》 [英] 约翰·梅纳德·凯恩斯

思想家的想象力是惊人的

凯恩斯推测："把资本品充沛到资本边际效益为零的地步是容易做到的，这也许是最有意义的方式来消除资本主义的不良特点。"他感觉到："被积累起来的财富逐渐丧失它的增值力代表多大的社会变革！"我觉得他已经接近触及今天的QE和制造通胀的药方。他又说，虽然食利者消失，但仍有企业精神和经营才能发挥作用的余地来对预期收益做出"大不相同的估计"，在这里，他又遇见熊彼特了。思想家的想象力是惊人的。

危险的东西不是既得利益，而是思想

前后四个多月，终于啃完了凯恩斯的这本通论。虽然内容晦涩难

懂，但也不是全读不懂，他的观点还是鲜明的。正如他在书中所说："当权者的狂乱想法不过是从若干年前拙劣作家的作品中提炼出来的。危险的东西不是既得利益，而是思想。"所以必须了解像凯恩斯这样的思想统治者。

《经济增长理论史：从大卫·休谟至今》

［美］W. W. 罗斯托

最有助于推动物质财富快速增长的，无过于学校的进步，尤其是中等学校的进步

阿尔弗雷德·马歇尔认为"最有助于推动物质财富快速增长的，无过于学校的进步，尤其是中等学校的进步。教育支出的提高是报酬递增的投资形式。人的才能是一种生产手段，如果工薪阶层得到多些，资本家得到少些，很可能加快物质生产的增长，而不是延缓其积累。对工人阶级的教育投资具有高收益率。而维持社会'森林'活力，最重要的就是对工人阶级的后代进行投资"。还有，"同样多金钱给穷人带来的快乐多于给富人带来的快乐"。总之，多分钱给员工，多投资培训就是了。在华与华，还多一条：多打广告！所以必须多挣钱！从而形成良性循环。

《浩荡两千年：中国企业公元前7世纪——1869年》吴晓波

明清两代中国肯定已出现市场经济，但绝对没有资本主义萌芽

我们中学历史课本说，中国在明朝出现资本主义萌芽。不过顾准、黄仁宇都不同意，他们认为资本主义并不只是一种经济现象，而是一套法权体系。市场经济和资本主义的本质区别，在于有没有以私人产权为基础的法律体系。所以，明清两代中国肯定已出现市场经济，但绝对没有资本主义萌芽。

《价格游戏》［英］利·考德威尔

为即将上市的新产品做"价格测试"是没有用的

为即将上市的新产品做所谓"价格测试"是没有用的。你去问"潜在消费者"愿意为购买这产品付多少钱，事实上，顾客根本不知道自己真正愿意支付的价格是多少。

做问卷调查要注意选择合适的物理环境

做问卷调查：请问你在哪儿买茶？在有乐购超市的那条街上有60%的被访者选择回答乐购。在有星巴克的那条街上有60%的被访者回答星巴克。所以做调查要注意选择合适的物理环境。

《工业4.0：即将到来的第四次工业革命》

[德] 乌尔里希·森德勒

每家公司都需要一次物联网再造

第四次工业革命不是即将到来，而是已经到来。每家公司都需要一次物联网再造，用物联网技术革新我们的产品和服务，革新生产方式，也革新我们和顾客相处的方式。

《一本书读懂财报》 肖星

这是经理人了解财务最好的入门书

作者是清华大学经济管理学院的会计系主任肖星老师。要融资的、并购的、想上市的各种对财务头疼的老板们，估计就这本书是看得进去的。经理人了解财务，也是最好的入门书！念EMBA的，读教材不如读这本！

《金融的本质：伯南克四讲美联储》

[美] 本·伯南克

伯南克关于美联储的四次讲座，意图很明确，目标很单纯，工具很简单，原理很清晰，操作很透明

继续金融学习，读完这本《金融的本质》，其实书名应该叫《美联储的工作》，是伯南克关于美联储的四次讲座，篇幅不大，还算能读懂。因为他的意图很明确，目标很单纯，工具很简单，原理很清晰，操作很透明。读一遍，也当复习了在五道口学的知识。

《体验经济》〔美〕B.约瑟夫·派恩　〔美〕詹姆斯·H.吉尔摩

芝加哥标准停车管理公司增加了一个停车的听觉符号：一层楼反复放一首歌

在停车场，有人经常忘了自己车停哪儿了，所以停车场也想了很多办法，比如不同颜色的墙壁分区，画上不同的动物，等等。芝加哥标准停车管理公司增加了一个听觉符号：一个楼层反复放一首歌！

《清教徒的礼物》〔美〕肯尼斯·霍博　〔美〕威廉·霍博

这本《清教徒的礼物》，是一部美国企业管理史和一部管理文化论

美国管理文化的清教渊源：

1. 人生目标不管多么模糊，归根结底是创造人间天国的坚定信念。2. 拥有机械天赋，喜欢亲力亲为的精神。3. 把集体利益置于个人利益之上的道德观念。4. 能够根据大大小小的目的协调各种财力、物力和人力的组织能力。

自己动手，亲力亲为，是美国文化不同于那些建国更久的等级森严的欧洲国家的地方。温斯罗普先生不处理事务时就和用人一起

干活。

华盛顿特别擅长授权委责和解决争议，这两个都是优秀管理者的特征。

企业根本目标：质量第一，利润第二。

白痴都会削减成本。削减成本的提议一般是随意的，因此是愚蠢的，如果削减幅度为5%或者5%的几倍的话。

公司的第一要务应该是：绝不欺骗客户，绝不伤害客户。成功并不难，不做坏事就行，这就达到存天理、灭人欲的境界了。服务客户是天理，为了利益迎合、诱导、欺骗、伤害客户就是人欲。

德鲁克认为恐吓作为激励手段已经废止了，那么为什么三十年后戴明再一次提倡废止呢？20世纪80年代，通用电气推出了10%末位淘汰制，这既不讲理，也不道德。令人欣慰的是，伊梅尔特任CEO后，好像调整了这种做法。

九
小说

《1984》 ［英］乔治·奥威尔

没有村上春树的《1Q84》好看

周末读完乔治·奥维尔的《1984》，没有村上春树的《1Q84》好看。我把它当"必读书"打卡完成了。

《茶花女》 ［法］小仲马

每当我啃一本大部头的书时，我就找一本短小轻松的做"课间休息"

在车上用Kindle刷了一遍小仲马的《茶花女》。每当我啃一本大部头的书，特别是一两个星期都啃不完时，我就找一本短小轻松的做"课间休息"。

《红与黑》[法] 司汤达

年轻的于连，活得像莫泊桑的《漂亮朋友》，却死得像苏格拉底

于连代表一个阶级的尊严，拒绝了另一个阶级的虚情假意。我想在中国自秦朝之后就没有阶级鸿沟了，朝为田舍郎，暮登天子堂，阶层流动和上升通道始终保持畅通。

《战争与和平》[俄] 列夫·托尔斯泰

只要把刷手机的时间用来刷Kindle，你会发现有的是时间读书

在飞往美国的航班上，时间较多，读完了托尔斯泰的大部头巨作《战争与和平》。年轻时一直埋首于中国历史文化里，西方文化学习得太少，现在至少有一百本小说要读。时间，只要把刷手机的时间用来刷Kindle，就会发现有的是时间读书。

《大卫·科波菲尔》[英] 查尔斯·狄更斯

世界名著、小说，就是各国的文化和人格原型

用Kindle刷完了狄更斯的《大卫·科波菲尔》。类似的世界名著，就是各国的文化原型，当你有了兴趣，就觉得津津有味了。

《双城记》 ［英］查尔斯·狄更斯

"那是最美好的时代，那是最糟糕的时代。"

　　用Kindle刷完狄更斯的《双城记》，这本以法国大革命为背景的小说，最著名的是开篇的第一句话："那是最美好的时代，那是最糟糕的时代。"还有罗兰夫人的话："自由啊！多少罪恶假你的名义而行！"

《伊利亚特》 ［古希腊］荷马

很生动！仿佛在听荷马吟诵

　　读完《荷马史诗》之《伊利亚特》，很生动！仿佛在听荷马吟诵。之前看过布拉德·皮特主演的电影《特洛伊》，基本就是按《伊利亚特》的故事来编剧的，只是把神的参与部分去掉了。

《巴黎圣母院》 ［法］雨果

雨果说伏尔泰是人类中最擅长发出魔鬼般笑声的那个人，真是很形象

　　雨果说伏尔泰是人类中最擅长发出魔鬼般笑声的那个人，真是很形象！读伏尔泰的《风俗论》，对教会的冷嘲热讽和打横炮，真是魔鬼般的笑声。

文学家总是不甘心于只做文学家，而要做思想家

文学家总是不甘心于只做文学家，而要做思想家，雨果在小说中插入了大段建筑和语言哲学论述。就像罗曼·罗兰的《约翰·克里斯朵夫》大段谈论德法民族与社会，托尔斯泰的《战争与和平》对历史的解释则压倒了史学家。孔子说述而不作，但作者们总有借述而作的冲动。我也是借述而作吧。

《悲惨世界》［法］雨果

作为炮灰的人民，无比爱戴炮手

雨果《悲惨世界》：作为炮灰的人民，无比爱戴炮手。

雨果是无与伦比的，但是他的书也是超级磨叽的

上班路上刷完了《悲惨世界》，雨果是无与伦比的，但是他的书也是超级磨叽的。你读的是小说，但他的主要目的是写论文，故事只是一个托儿，要灌输给你他的思想观点和议论。我读书通常是四本同时交错着读，一本专业书，一本哲学，一本历史，一本小说。

《约翰·克里斯朵夫》 [法]罗曼·罗兰

早点多了解人间的苦难，或许视野会更开阔，格局更大，性格更坚韧，意志力更强

感叹恨不相逢少年时，早点多读这些书，多了解人间一切苦难，或许视野更开阔，格局更大，性格更坚韧，意志力更强。45岁以前都主要扎在中国传统文化里，45岁到60岁希望把西学修到和中学差不多的程度。

人不是只需要学知识和本事，更需要的是内心强大和平和

我经常推荐朋友们多读小说名著。因为读小说可以理解人间的罪恶和苦难，理解人性。这样你就会觉得自己那点挫折和心病不算啥了。人不是只需要学知识和本事，更需要的是内心强大和平和；不仅需要跟上时代，更需要理解历史。

《尤利西斯》 [爱尔兰]乔伊斯

小说和历史要交叉着读

小说和历史要交叉着读，小说是"文"，历史是"质"，两相交叉，就"文质彬彬"了，再加卜神话和宗教史，可以帮助我们理解别人的文明。

《爱弥尔》 [法]卢梭

卢梭生过五个孩子，每个都是生下来就马上送到孤儿院，卢梭拒绝养育

卢梭生过五个孩子，每一个孩子都是生下来就马上送到孤儿院，卢梭拒绝养育他们。他成名后，学生们要帮他把孩子们找回来，他也拒绝。但是，他却写出了关于儿童和青少年教育的名著《爱弥尔》，并在书中大谈父母亲自养育和教育孩子的责任，真是令我非常好奇！

《奥德赛》 [古希腊]荷马

读书要读"元文献"

这类书，属于人类文明的"元文献"，源代码、原型、原力，读起来还是很不一样。总之要读"元文献"，比如读《圣经》就要读《圣经》原文，不要只读《圣经故事》。

《三国演义》 [明]罗贯中

体会最深的一句话：河北义士，如此之多

《三国演义》读了十几遍，体会最深的一句话：河北义士，如此之多！

《刘心武续红楼梦》 <small>刘心武</small>

满纸荒唐言，一把辛酸泪。都云作者痴，谁解其中味？

今日逍遥，读完《刘心武续红楼梦》，此书写得太传奇了，妙玉奇功赛过独臂神尼，宝玉和湘云成了神丐侠侣。刘心武说他的续本才是曹雪芹原意。《石头记》云："满纸荒唐言，一把辛酸泪。都云作者痴，谁解其中味？"刘心武确实更荒唐，更痴，我喜欢！《三国》《水浒》《红楼梦》，都是越往后越无味，刘心武倒写得高潮迭起。推荐！

《白鹿原》 <small>陈忠实</small>

20世纪90年代，我每年都会买一次《收获》《小说月报》《人民文学》之类的杂志，看看我国文学发展到什么程度了

一到夏天，就总是航班延误；一航班延误，书就读得飞快。《白鹿原》居然这么快读完了。刚出来时读过，这回算读第二遍。20世纪90年代，我每年都会买一次《收获》《小说月报》《人民文学》之类的杂志，看看我国文学发展到什么程度了，好多当代小说都是在杂志上看的。这几年没这习惯了，主要是那些杂志不再随处可以买到了。

《围城》 钱锺书

书籍的错误就像程序代码的漏洞，不可避免

读钱锺书的《围城》，他说初版时有好多校对错误，给翻译者带来拦路石和陷阱。第三次修订时，还有德文版译者给他挑出错误。我深有同感，我的《华杉讲透〈孙子兵法〉》初版错误极多，韩国人第一时间翻译引进了，我想韩文版错误难以纠正了。两年后在泰国出版，我反复叮嘱编辑把勘误表发给泰国方面。今年准备在英国出版，译者是一位通晓中国历史和古文的剑桥学者。遇到困难向我"请教"某一句啥意思，我一查，是写错了一个字。书籍的错误就像程序代码的漏洞，不可避免。我写《华杉讲透〈资治通鉴〉》时，在中华书局胡三省注本的《资治通鉴》里也发现了错误。后悔当时没有记下来，应该帮人家校对一下。在此也感谢在我每天发的文稿里给我校对，以及买书后发现错误告诉我的朋友！

这段关于哲学的宏论，说的是罗素，但都是维特根斯坦的思想

书中褚慎明有一段关于哲学的宏论，说的是罗素，但都是维特根斯坦的思想，比如问题不是问题，正是维特根斯坦终结了哲学。至于"哲学家"与"哲学家学家"，也是维特根斯坦的说法，他在剑桥做哲学教授，学校要他讲哲学史，他拒绝了，他说一个哲学家不应该讲别人的哲学。而罗素呢，他写《西方哲学史》，是最大的"哲学家学家"。一本书里面有好多的梗，二十年前我读《围城》，就不知道他们在说什么。

《老实人》 ［法］伏尔泰

徐志摩译的伏尔泰《老实人》，译得太利索了

昨晚读徐志摩译的伏尔泰《老实人》，觉得译得太利索了！读得我差点不想睡觉！伏尔泰本身就是个鬼见愁！徐志摩更是译得愁见鬼！嬉笑怒骂皆成文章，我觉得我也行，但是比志摩兄差远了。唉！不服不行！

《生死场》萧红

萧红的《呼兰河传》绘本里是地主家孩子无忧无虑的童年，《生死场》则是贫农猪狗一样的生活和苦难

在车上用Kindle刷完萧红成名作《生死场》。之前没有读过她的书，最近晚上给孩子讲故事，有一个绘本叫《呼兰河传》，才知道她的文字那么美！我也是半个文艺青年，就找她的书来读。不过，《呼兰河传》绘本里是地主家孩子无忧无虑的童年，《生死场》则是贫农猪狗一样的生活和苦难。

《汤姆叔叔的小屋》 ［美］斯托夫人

奴隶制把基督教精神和道德标准都搞得混乱不堪

很难想象美国这样自由的国家，还曾经有过奴隶制这样的罪恶。

杰斐逊写下不朽的自由篇章，但他也是个奴隶主。华盛顿解放了他的奴隶，却是遵其遗嘱在他死后解放的，生前还是让奴隶为他服务。就像斯托夫人说的，奴隶制把基督教精神和道德标准都搞得混乱不堪。

《瓦尔登湖第二》 [美] B.F.斯金纳

人类的灾难源于他们要追求建设一个最好的社会

乌托邦小说，那种建设一个理想社会的狂妄。深刻体会人类的灾难源于他们要追求建设一个最好的社会，而不是一个最不坏的社会。又结合《孙子兵法》不是战胜之法，是不败之法。信哉！一体万物，一理万殊。

《三体》 刘慈欣

最有大创意的人：科幻作家

我觉得刘慈欣比阿西莫夫还厉害！如果说这世上什么人最有大创意，那一定是科幻作家。最有创意的广告人，也不如科幻作家一根小指头。

《神经漫游者》 ［美］威廉·吉布森

美国创新力的源泉之一：科幻小说

想象当每个人的身体都变成一个肉体和机器的复合体，可以增添装备和下载应用程序，这世界的生活和战斗将会怎样？一场游戏一场梦！电影《黑客帝国》是受这本书启发而成，而这本书比电影神奇一百倍。如果问美国创新力的源泉，那就是科幻小说。这书必读！

《巨人的陨落》 ［英］肯·福莱特

小说围绕"一战"的爆发和俄国十月革命，威尔逊主义的诞生，讲述了"一战"前后英国、德国、俄国、美国几个不同阶层家族的命运

美国西部时间晚上九点，我抵达华盛顿州雷尼尔雪山脚下的小旅馆，来的路上读完了这部显赫的巨著《巨人的陨落》，小说围绕"一战"的爆发和俄国十月革命，威尔逊主义的诞生，讲述了"一战"前后英国、德国、俄国、美国几个不同阶层家族的命运，从英王乔治五世要了解年轻人的想法开始，到希特勒啤酒馆政变后被捕结束，相对它宏大的叙事格局来说，58万字的篇幅不是太长，而是太短了。读完之前，读者需要对相关历史事件、人物和他们的思想有相当的了解。

《世界的凛冬》 [英]肯·福莱特

阅读小说是"消遣",不是"学习"

肯·福莱特的世纪三部曲,今天读完了其中的第二部《世界的凛冬》。《巨人的陨落》是以前读过的。第三部《永恒的边缘》以后再读。毕竟是小说,阅读是"消遣",不是"学习",花太多时间就有点不理直气壮了。

《永恒的边缘》 [英]肯·福莱特

他就像织一件毛衣,以历史为纬、情爱为经,把这一百年西方的事全织进去了

读完《永恒的边缘》,这样把肯·福莱特世纪三部曲全读完了。鸿篇巨制,从"一战""二战"、冷战一直到奥巴马当选,用几个家族的故事串起这一百年的所有世界大事和领袖人物,但是不包括中国和日本,基本是西方世界的一百年。有人说这是全球百年的《战争与和平》,不过肯·福莱特当然远远不能和托尔斯泰相提并论。我觉得他就像织一件毛衣,以历史为纬、情爱为经,把这一百年西方的事全织进去了。

十

社会科学

《水经注》 〔北魏〕郦道元

太湖古称震泽，所以被认为是5000万年前陨石撞出的大坑

"太湖中有大雷、小雷三山，亦谓之三山湖。"太湖古称震泽，所以被认为是5000万年前陨石撞出的大坑。后来南京大学的专家找到地质证据，认为太湖、阳澄湖等这一带湖都是陨石撞出的，时间在1万年内。这我信，震泽、大雷山、小雷山这些名字，1万年能传下来，5000万年，就没人知道了。

《河川廊道栖息地恢复——理论与实践》

李鸿源　　胡通哲

不要以人为本，要众生平等

这是台湾专家编著的书，起因于台湾地区河川廊道栖息地改善复育技术及对策之研究计划，以美国农业部《河川廊道恢复理论与实证》为蓝本，加入台湾地区经验改编。中国要青山绿水，青山绿水才是财富，则生态修复要成为大生意，产生大企业。

《大数据时代》

[英] 维克托·迈尔-舍恩伯格　　[英] 肯尼思·库克耶

技术完成判断力，则创造力得到极大解放

今天又被飞机关了两小时"禁闭"，加航程两小时正好读完《大数据时代》。大数据不是数据大，是全样不是抽样。是"是什么"不是"为什么"。不是盲人摸象，而是整头象前世今生全在那儿，不用分析判断而是直接看结果。而且数据是用的人越多，越用越增值。技术完成判断力，则创造力得到极大解放。

《认知盈余》[美] 克莱·舍基

当发生社会事件的时候，过去是公众等着政府提供信息得出结论，现在是公众自己掌握信息并在社交媒体上讨论得出结论

克莱·舍基认为，当发生社会事件的时候，过去是公众等着政府提供信息得出结论，现在是公众自己掌握信息并在社交媒体上讨论得出结论。所以政府的决策由过去的"我们告诉公众什么，告诉多少？"，变成了"我们赶紧表态，不要把自己装进去，成了事件的一部分"。政府这信息不对称的权势已经没了。

《失控》 [美] 凯文·凯利

《失控》真是一本神作，关于人工进化和合成生物的"新生物时代"的展望，令人战栗

这真是一本神作，让人大开眼界，回味无穷。放下顶层设计的傲慢，以自下而上控制，通过每一个单元的本能和反射，并行计算，自组织，自进化，达成系统控制和多样性的生态。关于人工进化和合成生物的"新生物时代"的展望，令人战栗。

《上帝掷骰子吗——量子物理史话》 曹天元

这本《上帝掷骰子吗——量子物理史话》可能是中国有史以来最好的科普读物

超级神作，强烈推荐。这本书可能是中国有史以来最好的科普读物，因为不管你读得懂，还是读不懂，都能读下去。了解一点量子物理的概念后，再读《银河帝国》《三体》等科幻作品，或观看《星际迷航》之类电影，你会理解更多。

《可穿戴设备》 陈根

进入物联网，所有行业都要重来一遍

这本讲可穿戴设备的书不错，把可穿戴设备发展现状整理得还蛮清晰！进入物联网，所有行业都要重来一遍，华与华也开始有相关客户，我们要学习！做咨询的好处是，你不用去追什么风口，什么风来了，自有那客户来找你。

《终极算法》 [美]佩德罗·多明戈斯

最流行的理论，则是像傻瓜相机一样的傻瓜理论

简单的理论更受欢迎，因为对于人们来说，花费的认知成本更低。最流行的理论，则是像傻瓜相机一样的傻瓜理论，似乎谁都能懂，谁都会用。但是，傻瓜相机能拍出照片，傻瓜理论却一用就错，因为盲人摸象，过分简化了。

机器学习，要早点搭建学习机器，拿数据喂它

大概理解了机器学习的逻辑，并设想明年开始投资研究创意机器人，变华与华方法为华与华算法。机器学习，要早点搭建学习机器，拿数据喂它。这项工作也能倒逼推进公司的数据整理和积累，否则一个个都忙着搞业务赚钱，抓基础工作提不起干劲。

《人有人的用处——控制论与社会》 [美] 维纳

控制论的英文是cybernetics，就是我们今天讲的"赛博"（cyber）的出处

维纳控制论奠基之作：《人有人的用处——控制论与社会》。控制论英文是cybernetics，就是我们今天讲的"赛博"（cyber）的出处，这样可以理解维纳为何被称为"信息时代之父"。他定义了目的概念和行为主义的研究方法，并且把机器和有机体放在同一概念体系来考虑，主张存在能学习的机器和自繁殖的机器。这是六十年前的思想！我们今天几乎所有最前沿的思想，都奠基于至少五十年前。所以，要理解人工智能和机器人时代、赛博时代，从维纳的cybernetics入门，就是找对人了。

维纳创立了控制论，称之为"动物和机器的控制和通信的科学"

维纳创立了控制论，称之为"动物和机器的控制和通信的科学"，他还第一个提出了机器学习和机器繁殖的概念，并且以下棋的机器为例，发展为今天的阿尔法狗。20世纪30年代，维纳曾接受梅贻琦聘请，在清华大学担任数学系和电机系教授。

《文明的进程——文明的社会发生和心理发生研究》 [德] 诺贝特·埃利亚斯

"文化"使各个民族不一样，"文明"也使各个民族越来越接近

因为这段话，想读这本书："文化"是使民族之间表现出差异性的东西，它时时表现着一个民族的自我和特色。"文明"是使各个民族差异性逐渐减少的那些东西，表现着人类的普遍的行为和成就。换句话说，就是"文化"使各个民族不一样，"文明"使各个民族越来越接近。

《图腾制度》 [法] 列维-斯特劳斯

图腾制度的意象是被投射出来的，而不是被接收到的；它的实质也不是外在的

人们所谓的图腾制度，与知性有关，而与知性相应的需求，以及知性努力满足这些需求的方式，正是心智的首要条件。在这个意义上，对图腾制度来说，任何事物都不会过时，也不会显得很遥远。图腾制度的意象是被投射出来的，而不是被接收到的；它的实质也不是外在的。如果说幻象包含真理的成分，那么这种成分并非外在于我们，而是内在于我们。（这里也解释了超级符号理论的传播模型，不是发送者发送编码，接收者接收，而是以图腾意象投射出接收者内在的潜意识。）

语言的起源并不在于需求，而在于情绪，所以，最初的语言必然是具象的

对于卢梭来说，语言的起源并不在于需求，而在于情绪，所以，最初的语言必然是具象的。在《论人类不平等的起源》中，卢梭说，由于情绪是引导人说话的第一动机，所以他最先说出的话就是比喻，最先形成的应该是具象语言，最后出现的才是确切的含义。只有当人们根据其真正的形式看待事物时，才能用真正的名称称呼事物。最早的语言都是诗；只有经过漫长的时间，人们才能想到理智。

人起初就能感觉到他自身和所有与之相似的存在之间是同一的

我们应该怎样理解从动物性到人性、从自然到文化、从感性到知性这三重过渡呢？我们又应该怎样理解把动物界和植物界应用于社会的可能性呢？卢梭的答案是，正因为人起初就能感觉到他自身和所有与之相似的存在之间是同一的，所以他可以获得既能够区别自身，也能够区别这些存在的能力。换言之，就是把物种的多样性用作社会分工的概念依据。

人类是感性的，归根结底是感性的

涂尔干认为，社会现象来源于感性。他的图腾制度理论一开始就强调诉诸情感，最后也以情感告终。对涂尔干来说，图腾的存在来源于对动物和植物形象的认识，而这些形象先前只是一些非具象的和任意的记号。可是，人们为什么会用记号将他们氏族的从属关系象征化呢？涂尔干认为，这是因为有一种"本能的倾向"可以使"文明水平较低的人们……在一种共同的生活中结合起来……在身体上涂上或

刻上能够唤起这种生存共同体的图像"。华与华在设计中避免使用抽象和任意的符号，而一定使用具象的、可描述的、有意义的形象，除了播传的言说需要，也是为了具象与情感的联系；语言上使用口语，也是因为口语的情感联系。人类是感性的，归根结底是感性的。

图腾制度必须以单系继嗣为前提，这样的体系必须求助于动物和植物的名称

图腾制度必须以单系继嗣为前提，这样的体系必须求助于动物和植物的名称。为什么动物界和植物界会提供一种特别合适的命名系统，可以用来指称社会体系，指称体系与其所指称的体制之间在逻辑上究竟是什么样的关系。动物界和植物界并不是因为它们确实存在而得到利用的，而是它们可以提供一种思维模式。博厄斯认为，人与自然之关系和社会群体之特性这两者之间的关联，是偶然的和随意的关联，它们之所以看起来这样，是因为这两种秩序之间的真实联系是以间接的方式穿过心灵的。

里弗斯把图腾制度定义为三个因素的结合体：社会因素、心理因素、仪式因素

里弗斯把图腾制度定义为三个因素的结合体：1. 社会因素。一种动物和植物物种或一种无生命物与由社会组成的群体的关联。2. 心理因素。群体人员相信他们与动物、植物或物品之间有一种亲属关系，这种信念通常可以表达为这样的观念：人类群体是他们的后代。3. 仪式因素。对动物、植物或物品的遵从，主要反映为：除特殊情况外，禁止食用某类动物或植物，禁止使用某种物品。今天各品牌纷纷以动

物和植物命名，以至于命名市场发生"动植物名称短缺"，这正是跑得太快而无暇聘请"专业"公司之后，创业者依从自己原始本能的一种"返祖现象"，回到"文化母体"的本源，从而获取了超级符号。超级符号方法本身就是向原始人学习，只是把他们无意识的行为提升为有意识的技术，这是巫师的专业技术。

品牌主要是一个产品和服务类别的信号

"一战"时美军第42师，也称为"彩虹"师，这个名称是一位长官（麦克阿瑟）随便取的（恐怕不是随便取的），可是，该师在法国登陆后，这个名称就被广泛采用。士兵们也会说："我是彩虹。"在装甲车上涂上彩虹标记，佩戴彩虹徽章。这种情形流行起来，美国远征军组成一系列既界限明确，也常会彼此产生妒忌心理的军团，每个军团都有各自的观念体系和徽章体系。林顿举出这些例子说明：1. 被划分而成的各个军团能够意识到自身的同一性；2. 每个军团都用动物、植物和自然现象的名称给自己取名；3. 与陌生人接触时，都得说出自己的名称；4. 将该标记涂在师团的武器和装甲车上，或者作为个人饰物，禁止其他军团使用该标记；5. 尊重代表该标记的"主人"和图案；6. 人们已经模模糊糊地相信，该标记既可以产生保护作用，也具有逢凶化吉的作用。

我想说的是，品牌很容易被企业自己理解为图腾，并认为它也是顾客的图腾，而对于顾客而言，它主要是一个产品和服务类别的信号，首先是一个类别信号，然后成为该类别最强的信号，就是超级符号。

图腾制度首先就是外在于我们自身世界的投射

图腾制度首先就是外在于我们自身世界的投射，仿佛是一种招魂的咒语，仿佛是一种有别于人与自然相割裂的要求所产生的心态，而基督教思想恰恰把人与自然的割裂视为根本。这样，人们就有可能通过把这种反向的要求设定为一种"第二自然"的性质，来确认上述思想的有效性，而"第二自然"，则不过是文明人在摆脱自身和自然本身的这种无望的企图中，从所谓其自身发展的"原始"或"古老"阶段中编造出来的东西。

能够最终支配心灵世界的逻辑法则原本是绝对不可变的

孔德在《实证哲学教程》中说，能够最终支配心灵世界的逻辑法则原本是绝对不可变的；无论何时何地，无论什么样的主体，它们都是相同的，甚至在我们所谓的真实和虚幻之间也毫无差别；甚至在睡梦中我们也能见到它们。

十一

艺术设计

《谈美》朱光潜

思想就是美，知识就是美，哲学就是美，读书就是美

朱光潜说："有许多思想都值得当作一个意象悬在心眼前来玩味。每个哲学家和科学家对于他自己所见到的一点真理（无论它究竟是不是真理）都觉得有趣味，都用一股热忱去欣赏它。真理在离开实用而成为情趣中心时就已经是美感的对象了。"善哉斯言！思想就是美，知识就是美，哲学就是美，读书就是美！

我们对于一棵古松的三种态度：木材商是实用的，植物学家是科学的，画家是美感的

我们对于一棵古松的三种态度：木材商是实用的，植物学家是科学的，画家是美感的。你如果想要看到美，就要把木材商的实用态度和植物学家的科学态度丢开。事物的"意义"大半都起源于实用。实用态度以善为最高目的（止于至善），科学态度以真为最高目的，美感的态度以美为最高目的。真、善、美都是人所设定的价值，不是事物本有的特质。离开人的观点而言，事物都浑然无别，善恶、真伪、美丑都没有意义。就"用"字的狭义说，美是最没有用处的。注意力

的集中、意象的孤立绝缘，是美感态度的最大特点。在实用和科学的世界中，事物都借着和其他事物发生关系而得到意义，到了孤立绝缘时就都没有意义。但是在美感的世界中它能孤立绝缘，能在本身显出价值。照这样看，我们可以说，美是事物最有价值的一面，美感的经验是人生中最有价值的一面。

人生艺术，艺术人生

朱光潜说："人生本来就是一种较广义的艺术，每个人的生命史就是他的作品。"我想，人生无论是喜是悲，正如喜剧和悲剧有同样的美，当你跳出实用的视角去看自己，就不"俗滥"了，每一幕都认真地书写，就能活出自我欣赏的美来。

凡是艺术家须有一半是诗人，一半是匠人

凡是艺术家须有一半是诗人，一半是匠人。他要有诗人的妙悟，要有匠人的手腕，只有匠人的手腕而没有诗人的妙悟，固不能有创作；只有诗人的妙悟而没有匠人的手腕，即创作亦难尽善尽美。妙悟来自性灵，手腕则可得于模仿。

创造是旧经验的综合，旧经验大半得诸模仿，新综合则必自出心裁

创造是旧经验的综合，旧经验大半得诸模仿，新综合则必自出心裁。这就是灵感，灵感有三个特征：一是突如其来的，出于自己意料之外的；二是不由自主的，有时苦心搜索而不能得的偶然在无意之中涌上心头；三是突如其来的，因为它是潜意识的活动。

美感的世界纯粹是意象世界，超乎利害关系而独立

美感的世界纯粹是意象世界，超乎利害关系而独立。在创造或是欣赏艺术时，人都是从有利害关系的实用世界进入绝无利害关系的理想世界里去。艺术的活动是"无所为而为"的。我以为无论是讲学问或是做事业的人都要抱着一种"无所为而为"的态度，把自己所做的学问事业当作一件艺术品看待，只求满足理想和情趣，不斤斤于利害得失，才可以有一番真正的成就。

《为什么设计》 ［日］原研哉　　［日］阿部雅世

很多人越设计，越创意，离本质越远

原研哉的书是一定不能错过的。

原研哉说："设计是让人认识到事物本质的工作。所谓'设计家电'的说法，透露的是非常短浅的消费主义的想法，人们总觉得设计师就是那些设计家电，设计公寓，设计杯子的人，如果这样，我都不想要设计师这个称号了。"说得太好了，很多人越设计，越创意，离本质越远。所以我要创意打假，打击伪创意。

阿部说：因为我是日本女人，活一百岁应该没有问题，想到这些我就觉得充满希望

原研哉和阿部雅世对话。阿部说："因为我是日本女人，活一百岁左右应该没有问题，想到这些，我就觉得充满希望。"这话让我很羡慕！

欧洲的设计更多是"思考的沉淀"，日本设计的特点是"不断改进"

阿部说欧洲的设计更多是"思考的沉淀"，而日本设计的特点是"不断改进"。持续改进的文化也是丰田生产方式的核心。

《设计中的设计》[日]原研哉

原研哉的《设计中的设计》又翻新出了"全本"

今天在机场买的书，是原研哉的《设计中的设计》又翻新出的"全本"，收录了更多作品。通知各位原研哉粉丝。

李·埃德尔库特评价原研哉为治疗视觉过剩的针灸师、材质的老师、触觉体验领域的领导者、色彩逃逸者、基本物品的赋形者

李·埃德尔库特评价原研哉为治疗视觉过剩的针灸师、材质的老师、触觉体验领域的领导者、色彩逃逸者、基本物品的赋形者。不断探索设计的谦和之乐，做尊严的设计，一种轻声低语的价值系统。

受众的体验不是设计的结果，而是传播的开始

原研哉说他在写书时明白了"用语言表达设计是另一种设计行为"。华与华方法恰恰将设计的可描述性作为核心。因为受众的体验不是设计的结果，而是传播的开始。他需要用语言向他的朋友描述他所体验到的设计，我们要设计好众口一词的描述。比让顾客向我们买更重要的是让顾客替我们卖。

《就是要设计！商品包装的50个畅销关键》

调研测试永远不要问消费者喜欢啥，只问他买哪个

我很惊讶研究者问了那么多问题，却没有问："你会买哪个？为什么？"那怎么研究"畅销关键"呢？他前面还问了消费者："你喜欢哪个设计？"这是做调研最忌讳的问题，但99%的调研者都这么问。记住，调研测试永远不要问消费者喜欢啥，只问他买哪个。

《字型之不思议》［日］小林章

高级品牌的商标，让人看上去就很高级，感受到执着的信念和安心，这是一种"霸气感"

高级品牌的商标，让人看上去就很高级，感受到执着的信念和安心，这是一种"霸气感"。LV的商标，直接使用Mac里面的Futura字体，但是将字母之间拉开了一点距离，就像威严地缓缓低语，显得沉稳高级。这就是设计师的鬼斧神工。

LV这种字型设计方法，2000年前罗马就总结出来了

LV这种字型设计方法，2000年前罗马就总结出来了，除了字母间距离拉开外，还有就是字母该宽的要宽，该窄的要窄，N要宽到几乎正方形，O则是正圆，而S和E要窄，是前者的一半。罗马凯旋柱上的字母，甚至还设计为上排大下排小，这样站在下面的人从仰视角度

417

看上去，正好一样大！

**很多欧洲知名品牌，几乎都是以不做任何修改的方式，来做商标的
文字设计**

很多欧洲知名品牌，几乎都是以不做任何修改的方式，来做商标
的文字设计，因为字母和字母间距是经过千年历史琢磨和佐证。要找
到符合品牌意图的字体虽然有些难度，但只要成功跨出第一步，就可
以说完成了大半工作。

"一直被使用至今"的历史记忆沉淀，是一个品牌最大的价值

报纸的商标字体都很古老，恒久不变，因为报纸讲究"一直被
阅读至今"的悠久传统，才能给人安心感和信赖感。"一直被使用至
今"的历史记忆沉淀，是一个品牌最大的价值，最大的自信，和可靠
的证据、光荣的勋章。但很多人往往看不到、不珍惜自己的价值，盲
目改商标追逐"时代"，真可叹也！

不好的设计不断被淘汰，好的设计一代代固化下来，成为样式

所谓千年审美积累就是，一代代人不断地尝试，如切如磋，如
琢如磨，不好的设计不断被淘汰，好的设计一代代固化下来，成为样
式，多一分则太肥，减一分则太瘦，你还真挑战不了它！最后不好的
设计都被淘汰光了，小孩从小就没见过粗鄙的东西，一个民族的审美
文明就建立了。这课，得补！我也要补！

不同的字要设计得不一样大，看上去才一样大

眼睛存在错觉。同样粗的线，横的看上去比竖的粗，所以E的设计，横线要比竖线细才协调。X上下线条要错开，看上去才是连通的。如果直通，看上去就错开了。O的两边不能是直线，要往外膨胀一点才"视觉柔和且安定"。这我倒晓得，陈绍华教过我，不同的字要设计得不一样大，看上去才一样大。

宝格丽的英文为什么是BVLGARI，而不是BULGARI

宝格丽的英文为什么是BVLGARI，而不是BULGARI？因为字母U是1700年以后才发明的，之前U都通用V，所有古罗马碑文中都找不到U。所以，在商标或招牌上，把U写成V，就显得格调很高！

《如何看懂书法》
《如何写书法：观念心法与技术工具》

侯吉谅

设计师应该必读

在首都机场淘到这两本书，《如何看懂书法》和《如何写书法：观念心法与技术工具》，台湾老师写的，路上读完了，非常好！尤其是前一本，所有人都叮以读，设计师应该必读！

《佐藤可士和：我的创意新规则》

[日]佐藤可士和　　[日]斋藤孝

一切都是媒体

佐藤和我思想比较接近，有些话说得都一样，比如"一切都是媒体"。一切皆媒体，全面媒体化，是华与华最重要的方法论之一。我们最大的媒体，就是我们自身。厨邦酱油最大的媒体就是酱油瓶，西贝莜面村最大的媒体就是店堂，固安工业园区最大的媒体就是园区街道。

《佐藤可士和的超整理术》[日]佐藤可士和

最伟大的创意，通过整理能让它显现出来

最近公司搞5S管理。从办公室的整理、信息的整理，到思考的整理。最伟大的创意，向来就是最简单、最显而易见的，通过整理，就能让它显现出来。早起也是对时间的整理，现在我再整理到早上5点30分起床（晚上9点30分睡觉），取消晨练，这样早上就有两个半小时的学习时间。

《雨水设计——雨水收集：贮存·中水回用》

[美] 希瑟·金凯德-莱瓦里奥

我去新西兰，见家家户户都有雨水收集系统，好多房子根本不用自来水

十一年前，我第一次去新西兰，见家家户户都有雨水收集系统，好多房子根本不用自来水，非常震惊！当时就对雨水收集有浓厚兴趣。比如我们道路两旁绿化，喜欢堆坡地再种景观树，这就需要大量浇水。如果设计成洼地，再把马路牙子开个缺口引雨水进去，就省好多水和钱！

《迪士尼的艺术：从米老鼠到魔幻王国》

[英] 克里斯托弗·芬奇

未来十年，是中国"人才爆炸"的十年

我们可以做的事太多了，但是，有主意，没手艺；有老板，没人才；满地黄金拣不起来。不过，改革开放四十多年了，接受全球化教育的"00后"都参加工作了。我又多了一个信心：未来十年，是中国"人才爆炸"的十年，而"60后""70后"老板们，可以担当起领导责任。

《艺术的起源》 [德]格罗塞

超级符号就是超级创意，我喜欢在原始艺术的符号中寻找我们的品牌图腾

超级符号就是超级创意，我喜欢在原始艺术的符号中寻找我们的品牌图腾，在5万年的时空里给品牌找一个家，找一个原力，找一块资产。所以人类学和神话学以及宗教神学的书都是我喜欢看的。

十二

宗教

《读佛即是拜佛》明一居士

凡此四相：我相、人相、众生相、寿者相，皆凡夫也，即非菩萨

所谓我相者，即恃有财产、学位、地位而轻慢他人；所谓人相者，以行仁义礼智信为资本蔑视普通人；所谓众生相者，将好事揽入自己怀抱，坏事推给别人；所谓寿者相者，以自己的好恶为标准分别取舍。凡此四相：我相、人相、众生相、寿者相，皆凡夫也，即非菩萨。

超越语言去思考，直达所指，就更能抓住本质

慧能不识字，却成为一代佛祖。他说：诸佛妙理，非关文字。这正是语言的本质。语言是表达符号，却也能禁锢思想。如何做到超越语言去思考，在符号学意义上超越能指，直达所指，就更能抓住本质。越是能超越语言，反过来你就更能驾驭语言。这也是华与华方法。

《基督教的本质》 [德] 费尔巴哈

品牌即符号

费尔巴哈说："构成宗教跟哲学的本质区别的，就是影像。宗教在本质上是戏剧性的。上帝本身就是一个戏剧性的存在者，是一个具人格的存在者。谁夺去了宗教的影像，谁就夺去了它的实物，就只剩下一个骷髅。在宗教中，影像就是实物。"将此段话之"宗教"改为"品牌"，就是华与华方法——品牌即符号。

《维摩诘的花雨满天》 南怀瑾　讲述

海面狂风暴雨，深海之心照样宁静

深心是菩萨净土。深海一样深的心，海面狂风暴雨，深海之心照样宁静。我修为浅，心有的地方深，有的地方浅。在得失方面很深，不在乎，根本不算账。但在遇到小人方面极浅，碰到恶意刁难的，就觉得他破坏我生命质量，为一只老鼠砸掉一家瓷器店，对我来说完全不是问题。

勿以凡情而卜圣量

经常看到一些名人名言或逸事，比如比尔·盖茨坐经济舱啦，麦肯锡在头等舱拉业务啦，李嘉诚说打工是最愚蠢的啦，一看就是凭空想象安上去的。今天读到南老书里两句话专说这种事。一句俗话："乡下人说朝廷，越说越像。"还有一句古话："勿以凡情而卜圣量。"说得很准确!

《神的历史》 ［英］凯伦·阿姆斯特朗

一切学科都是历史学

　　一切学科都是历史学。这本书算是把犹太教、基督教、伊斯兰教这三大一神教的前世今生写了，结合《耶路撒冷三千年》，对其又加深一层理解。不过作为一个拥有传统观念的中国人，要理解它们，还需要更多学习。

《轴心时代：人类伟大思想传统的开端》

［英］凯伦·阿姆斯特朗

这本书写得浅尝辄止，我也读得囫囵吞枣

　　之前读了作者的另一本书《神的历史》，收获很大。而这本《轴心时代：人类伟大思想传统的开端》，题目虽然很大，但作者要驾驭全世界的哲学思想起源，显然远远不如她对犹太教、基督教和伊斯兰教的宗教思想和历史那么熟悉，那么深入浅出。这本书写得浅尝辄止，我也读得囫囵吞枣。

《圣经》

慢慢读了些神话学和西方历史政治书籍，开始理解宗教的精神

每天读一段，先读《新约》。我家里有好几本《圣经》，都是若干年来忽悠我信教的几位朋友前赴后继地送的。我不认为我会信神，不过慢慢读了些神话学和西方历史政治书籍，开始理解宗教的精神。

要理解别人的文明真的很难，需要更多的阅读积累

如果不熟悉《圣经》，不熟悉希腊神话、希腊史、罗马史，西方的东西基本就读不懂。至于但丁的《神曲》，没有注释根本读不了，有注释也只是知道了原来自己读不了，信息量太大，每一句背后都有一万句。所以要理解别人的文明真的很难，需要给自己的大脑录入大量数据，这需要大量阅读几十年。

要理解当今科学技术的前沿，就要多读古人的书

《圣经》中说，我们是受造之物，不是造物者。我们是谁造的呢？康德说，我们的思维是被给予的，谁给的呢？不是来自经验，而是先验；不是理性，而是在理性之前。王阳明说，心外无物，心又是何物呢？康德说，心是何物无法证明，只有"心"对直观显像的投射是确信存在的。巴甫洛夫说，人的一切行为都是刺激反射行为。维纳说，可以把刺激反射机制从生物体中抽离出来，放到机器里去，就有了机器学习、机器繁殖，就有了人工智能，就有了赛博空间。所以，要理解当今科学技术的前沿，就要多读古人的书。

读《圣经》，不能只读《圣经故事》一类，至少《圣经》原文要通读一遍

终于完成通读一遍《圣经》，可能前后用了两年多。放在床头，有时间就翻几页。不读《圣经》，西方的东西好多看不明白，读《圣经》一定不能只读《圣经故事》什么的，至少《圣经》原文要通读一遍。今天算是完成了。

上帝创世纪的方式，并不动手，而是用言说，所以这是个语言哲学问题：词语创造事物

张婷送我一本中英文对照的《圣经》，正是我想要的。《圣经》我通读过一遍，一直想读一遍英文版的。今天第一次读，很适合朗读，可以作为朗读材料，不只是阅读材料了。And God said，And it was so，And God saw it was good，直接的断言和简单的重复，有一种让人愉悦和不容置疑的力量。上帝创世纪的方式，并不动手，而是用言说，所以这又是个语言哲学问题：词语创造事物。正如《道德经》所言："无名天地之始，有名万物之母。"上帝说："要有光。"他命名了光，于是就有了光。词语破碎处，无物可存在，没有词，就没有物。我不会信教，因为儒家血脉太深了。不过，《圣经》是西方文化母体，是学习英语国家语言和文化的基础。我读过不少基督教史的著作，当然必须熟悉《圣经》。

《基督教思想史》 [美] 胡斯都·L. 冈察雷斯

不了解宗教就没法读懂西方历史

最近一年集中学习基督教，因为不了解宗教就没法读懂西方历史。这本书很好，脉络非常清晰，虽然读完也记不住内容，但大概知道了不同的教派和教义，关心的焦点问题。

《圣经的历史》 [美] 斯蒂芬·米勒 [美] 罗伯特·休伯

挑选搭配"旁系读物"也算是我的学习经验和习惯

这种书属于"触类旁通"的"旁"。挑选搭配"旁系读物"也算是我的学习经验和习惯。

《宗教经验之种种》 [美] 威廉·詹姆士

作者威廉·詹姆士是"美国心理学之父"，一开场就表达了作为一个美国人和哈佛大学教授在欧洲文明面前的自卑

作者威廉·詹姆士是"美国心理学之父"，这本书是他1901年在英国爱丁堡大学的演讲集，一开场就表达了作为一个美国人和哈佛大学教授在欧洲文明面前的自卑，并希望有朝一日美国也能屹立于世界文明民族之林。

对任何事物的研究，都分为两类：一是存在判断，它是怎么来的？二是价值判断，它的重要性、含义和意蕴如何？

"对任何事物的研究，都分为两类：一是存在判断，它是怎么来的？二是价值判断，它的重要性、含义和意蕴如何？"信哉斯言！就像我们给客户做提案，智力正常的客户就是这两个判断，先是理解你为什么要出这个方案，然后判断这方案有什么价值。没头脑的客户则只做"问题判断"——这方案有什么问题？

人性总是倾向于把认识过分简化

"人心从事理论之时，总有把它的材料过度简化的倾向，这是一切骚扰哲学界和宗教界的一偏的独断主义的根源，引人误会的机会比启人彻悟的机会还多。"人性总是倾向于把认识过分简化，因为把事物搞明白太难，而人性又接受不了自己没搞明白，于是就匆忙选择接受一个简单的观点，并且像捍卫自己的名誉一样捍卫它。

一个人的宗教可以认为就是他对他觉得是最原始的真理的态度，无论是什么态度

"严格说，佛教是无神的。我们必须将'神圣的'这个词解释得更广，认定它为代表任何种'如神（godlike）'对象，无论它是不是具体的神。神被认为在存在和权能方面是第一的。神笼盖一切，包罗一切，他是人们所无法逃避的。关于神的，是真理的最初一句话，也是最后一句话。所以凡是最原始、最并包、最深切地真实的，在这限度内都可以认为是如神的。这样，一个人的宗教可以认为就是他对他觉得是最原始的真理的态度，无论是什么态度。"这段话于我心有戚

戚焉，在《华杉讲透〈论语〉》一书里，我说孔子不是无神论，但也不是有神论，"子不语怪力乱神"，他是"如有神论"。如神、如有神，不管有没有神，虔诚是一样的。

与悲观相处，与问题共存，避免和接受失败，完成自己作为人类繁衍和发展过程的这一段接力，就是人生

托尔斯泰讲到他在50岁时突然不知道该"怎么活"了，他正处在人生巅峰，有成功的事业、幸福的家庭、强健的体魄、不用费劲就每天增加的财富，但他就是想自杀！詹姆士说，人就跟动物一样，生活在随时被别的动物捕食的恐惧之中。所以最完备的宗教，似乎都是那些悲观的成分发展得最好的宗教。我想，与悲观相处，与问题共存，避免和接受失败，完成自己作为人类繁衍和发展过程的这一段接力，就是人生。

人的品格的常态发展，主要是内心自我的整理和统一

恶是我们所居世界的一个普遍元素。人的品格的常态发展，主要是内心自我的整理和统一。托尔斯泰的心病后来好了，他说："我放弃习俗界的生活，看破它并不是生活，只是生活的一种游戏的仿作，正是这种生活的多余事件使我不领悟生活。"这话太精确了！我们可以问自己，在我们的生活中，到底哪些部分是真正的生活，而哪些部分只是生活的"多余事件""游戏的仿作"？托尔斯泰的转机，在于他把自己的灵魂整理好，发现它真正的居处和职责，并从虚伪逃到他所认为的真理之路内。

《千面英雄》 [美] 约瑟夫·坎贝尔

坎贝尔神话学、《星球大战》与品牌文化原力

卢卡斯的《星球大战》，是受坎贝尔神话学影响而完成的。绝地武士的"原力"，"原力"这个词，就出自《千面英雄》一书。华与华的超级符号方法，就是找到文化符号，将它的原力注入品牌。厨邦酱油，就得到了餐桌布绿格子符号原力的祝福，成为超级品牌。

多读历史，找到自己的原型，就是知天命

神话原型、文化原型、品牌原型，是我们的专业研究。生活中呢，人人都有原型，好人有原型，坏人也有原型。历史上有一个原型的我，也有一个原型的他。多读历史，找到自己的原型，就是知天命。练成一双能看见原型的眼睛，就能让坏人原型毕露。

今天的世界，比任何时候都更需要英雄

今天的世界，比任何时候都更需要英雄，人的英雄。因为过去所有的英雄都死了，过去所有的神秘都不存在了。全宇宙只剩下人和人的社会，还有点神秘，或许还包括病毒。

心理医生和广告人是神话领域的当代大师，是通晓发挥潜能各种秘密方式的人

神话和仪式是使人类精神向前发展的象征。原始部落及古老文明的怪异仪式，有着具体的目的和实际效用，引导人们跨越改变意识的

艰难门槛。心理医生和广告人是神话领域的当代大师，是通晓发挥潜能各种秘密方式的人。《千面英雄》是必读书。坎贝尔老师的神话学是我们的必修课。

十三

辞典与工具书

《四书章句集注》〔宋〕朱熹

有德在于修身，有财在于能用

《大学》（发财与发身、财与用）："仁者以财发身，不仁者以身发财。""君子先慎乎德。有德此有人，有人此有土，有土此有财，有财此有用。"德为本，财为末。有德在于修身，有财在于能用。

成功来源于等待。等待，就是专注坚持

"君子居易以俟命，小人行险以徼幸。"这中庸之道和《孙子兵法》先胜后战、"胜可知而不可为"的思想，是殊途同归的。很多人都不懂得，成功来源于等待。等待，就是专注坚持。何谓中庸？"不偏之谓中，不易之谓庸"。"中者，天下之正道"，不偏不倚。"庸者，天下之定理"，就是永恒的常识。

忠恕之道

"尽己之心为忠，推己及人为恕。""己所不欲，勿施于人。""以爱己之心爱人则尽仁"，"以责人之心责己则尽道"。小孩子要是从小带他读读"四书"，他就不会上街去砸别人的车了。

如何读圣贤书

"读书者当观圣人所以作经之意，于圣人所以用心，圣人之所以至于圣人，而吾之所以未至者，所以未得者。句句而求之，昼诵而味之，中夜而思之，平其心，易其气，阙其疑，则圣人之意可见矣。""诸弟子问处作自己问，圣人答处便作今日耳闻。""且须熟读玩味，须将圣人言语切己，不可只作一场话说。"

率性中庸，是大智慧的极致

率性，不是由着自己性子来，是顺着天理来。"所谓率性，循天理是也。"中庸，不是中不溜和稀泥。"不偏之谓中，不易之谓庸。中者，天下之正道；庸者，天下之定理。"所以率性和中庸，是大智慧的极致，可惜这两个词现在都被用歪了。

孟子：知言、守志、养气、不动心

知言者，尽心知性，于凡天下之言，无不有以穷极其理，而识其是非得失。人之有言，皆本于心。其心明乎正理而无蔽，则其言平正通达，亲切有味。言之病有四：偏颇之辞，有所遮掩。放荡之辞，有所沉溺。邪辞有所叛。遁辞有困穷。

志气，志为气之帅，气为体之充。守其志，亦不可不养其气，因为志可帅气，而气亦可动志，内外本末，交相培养。养气，必以集义为事，而勿预期其效。功之未成，亦不妄有作为以助其长，为集义养气之节度。

不能养气集义，则不能免于拔苗助长之病，不能善养，而反害之。天下不拔苗助长的人太少！知言、守志、养气，则心有主。心有主，则不动矣。此则孟子之心所以未尝不动，而自然不动之大略也。拔苗助长多动症，心不安，气不壮，无为则心慌，故妄为以自慰。

诲人不倦与好为人师

子贡问孔子："夫子圣矣乎？"孔子说："圣则吾不能，我学不厌而教不倦也。"子贡说："学不厌，智也。教不倦，仁也。仁且智，夫子既圣矣！"不过孟子又说："人之患在好为人师。"王勉解释说：学问有余，人家问我，我不得已应之可以。若好为人师，就容易自满而不求进步。

孟子：王道与霸道

霸道靠实力，王道靠德行。霸必有大国，如齐桓、晋文。王道则不必大国，汤以七十里，文王以百里。以力服人者，非心服也，力不赡也。以德服人者，中心悦而诚服也，如七十子之服孔子也。以力服人者，有意于服人，而人不敢不服。以德服人者，无意于服人，而人不能不服。

孟子：射箭论

仁者如射，射者正己而后发。发而不中，不怨胜己者，反求诸己而已矣。

竞争亦如此，消费者的心就是靶心，我们射不中，不能怪别人射中了。要修正自己，而不是想着怎么打击对手。"行有不得，反求诸己"与"己所不欲，勿施于人"，是儒家自修的两条关键原则。

与人为善，不羞于与别人相同

大舜有大焉，善与人同，舍己从人，乐取于人以为善。自己的想法或做法不对，看见别人的对，则毫不犹豫抛弃自己的做法，跟别人学，一点也不觉得勉强。故君子不大乎与人为善。

与人为善，意思不是说对人要善，而是不羞于与别人相同，看见人家好的就马上跟着学，照着做。与人为善，跟学照做不修改是关键。不要觉得步人后尘没面子，或画蛇添足修改一下加上自己"特色"变成"自己的东西"，那才是真正懂得"天下之善为公"的本质，和与人为善之至善。

放心，则能少举事，少走弯路，不疾而速

学问之道无他，求其放心而已矣。理解掌握了道，则能放心，如此则志气清明，义理昭著，可以上达。不然则昏昧放逸，虽日从事于学，而终不能有所发明。

多少纠结，或妄有所为，都是因为不放心，无处放心。放心，则能少举事，少走弯路，不疾而速。

学习的意义，不在为社会，而在为自己

我学习儒家思想，并非因为我认为它是建立理想社会之良方。恰恰相反，我认为它完全不能。学习的意义，不在为社会，而在为自己，儒家是学以为己、知行合一的"学习学"；是修齐治平的领导力；是诚意正心、至诚无息的最高修养；是明哲保身的中国化生存指南；是日用常行、应事接物待人的分分秒秒自省意识。

《清代史料笔记》 中华书局

不要"管理焦虑症"

不要"管理焦虑症"。我发现很多老板有管理焦虑症，老想抓公司管理，管一大堆不该管的事，管出一大堆不该有的事，甚至制造出一些不需要的部门。今日读史，得一联，送给这类朋友："礼防于未然，惟愿人人自化；弊去其太甚，毋庸事事更新。"

中国房地产三本必读古书

中国房地产三本必读古书：清代李渔《闲情偶寄》、明代计成《园冶》、清代李斗《扬州画舫录》。《闲情偶寄》是男性时尚杂志的老祖宗。《园冶》是苏州园林设计建造说明书。《扬州画舫录》则是城市规划的世界五千年最佳典范，配有不少插图，读了此书，你会只恨自己晚生了两百五十年。

《论语译注》 中华书局

每一篇课文都是学做人做事的道理

"学而时习之，不亦说乎？"这里的"习"不是温习、复习，也不仅仅是练习，而是演习、运用。学到了道理方法，运用到做人做事上。"时"也不是时常，而是遇到那情况的时候。学了知识经常复习，这有什么不亦说乎的呢？学到了道理方法，到时候就用上了，这才不亦说乎呢！

不能把课文当课文，不能把"学而时习之"当经常复习课文，那样学就白上了。每一篇课文都是学做人做事的道理。比如"人不知而不愠"，别人不理解我，我也不怨恨，和同学相处时做到了吗？

附 录

华杉——虎嗅采访实录

1
读书的基本原则

虎嗅：今天我们要聊的内容是书。看到您的书单我很震惊，首先是您一年要读很多书，其次是您每年写的书也很多，听说快著作等身了。大量的输出就需要更大量的输入，首先想请问您现在一年要读多少书，怎么读的？

华杉：著作等身是我给自己立的一个目标，我说我要利用我的身高优势早日达到著作等身。在我公司的展厅里面，就画了一条著作等身线，地上摆着我已出版的书，现在已经到腰的位置了。

至于说一年会读多少本书，具体我也答不上来，我猜可能是30本到50本。这两年我读的哲学书比较多，读得也比较细。

读书我有一个最重要的原则，就是每读一本书，一定都要把它读完。

有些人读书是翻开就放下了，或者是前面几页还画重点做笔记，后面就跟新的一样了，不能坚持。

曾国藩说："读书，一本未完，不动下一本。"这个规矩我算是执行了一半，我读书是同时读两三本，可能是这本读一半，又拿起其他的书，像上午上语文课，下午上数学课一样。但我每一本书都一定会读完，而且是至少会读两遍半，这是我执行的那一半规矩。

我读第一遍的时候可能是一章一章地读完，第二遍的时候就会画下重点，还有半遍就是把我觉得重要的内容记下来，一般我是直接用手机写笔记，然后发在朋友圈和微博上。

2
时间管理原则

虎嗅：您不仅要读书、写书，还要管理公司，那您在读书这件事上，是怎么进行时间管理的？

华杉：世上每个人都很忙，但是很多人都是瞎忙。我能同时完成很多事，而且每件事都有成果出来，这又是我的另一个习惯，叫成果物思维。

《论语》里面曾子说："吾日三省吾身。"我每天也都会反省自己，问自己今天的成果物是什么？我做的每一件事情，一定要有成果物，没有成果物的事情，我不会去做。

曾国藩有三字经，叫"少举事"，就是你不要给自己找那么多事。我要处理的事情很多，但我一共就那些事，其他事我一概不做，所以我实际上也没有看起来那么忙，还是比较从容的。

我的时间管理方式：

第一，时间一定要固定地使用。像我一般每天早上5点起床，5—7点是我每天的写作时间，日日不断，那一年就有70万字，20年就有1400万字。在车上的时间，我通常会用来读英语。周末双休的话，我会尽量保持整整两天都在读书。

第二，对自己的时间管理，要铁石心肠，冷酷无情，绝不稀里糊涂地给别人用。对自己的时间管理要铁石心肠，你宁愿得罪人，也不要浪费自己的时间。

第三，保障休息，在疲劳感来临之前休息。时间靠什么来保障？靠休息来保障，一定要保证休息，而且要在疲劳感来临之前休息，不要累坏了才休息。

3
该不该追热点而读书

虎嗅：包括现在很多人读书都是说利用碎片时间，还有很多人喜欢追求读新书，觉得不读新书就落后于时代了，您怎么看待这个问题？

华杉：您这个问题包含了两个，首先我认为如果一个人说用碎片时间来干事，那就已经把时间用错了。时间不应该碎片化，如果你的时间是碎片化的，就证明你这个人做事情很没有规划。

其次，如果一个人认为自己不读新书，就落后于时代了，那就说明他已经远远落后于时代了。

比如他听说了"元宇宙"，然后就想着要去读元宇宙方面的书。这就证明他已经落后了，因为他居然现在才知道元宇宙。

元宇宙的理论源头，可以从唯心主义的哲学开始。康德认为人类看到的只是表象的世界，叔本华还写了一本《作为意志和表象的世界》，这些都是元宇宙的哲学基础。

后来到了巴甫洛夫，他说人的一切行为都是刺激反射行为。心理学实际上是两条线，一个就是弗洛伊德，他讲潜意识、讲精神分析。巴甫洛夫就说精神分析都是你自己在分析，你有实验吗？有数据吗？他说一切都是假的，只有肌肉和腺体的反射是真的。

所以他认为人的一切行为都是刺激反射行为，先接收刺激信号，再做出行为反射，并且刺激信号的能量越强，反射越大。华与华的品牌设计和营销传播方法，都是基于这样的原理。

20世纪40年代，美国科学家维纳开创了控制论，他被称为"信息时代之父"。他认为刺激反射的回路在生物体里面有，在植物里面也有，那么我们能不能把刺激反射的回路从生物体里面抽出来，放到机器里去呢？

于是他提出了机器学习和机器繁殖的概念，这就是人工智能的开始。在控制论里，控制不是Control，而是Cyber，Cyber就是我们今天说的赛博空间。由于有了这样一个可以被抽离出来的刺激反射回路，那我们利用机器置换掉人的视觉、嗅觉、触觉、味觉、听觉等之后，就能进入一个新的宇宙，这就是元宇宙的概念。

元宇宙的概念并不是全新的东西，而是人类几千年的探索。理论上来说没有什么东西是新的，新的是它的应用技术，但如果你不是专业的，你也追不上，你只需要看他们有什么新技术提供给我们就好了。如果是为了追寻新东西而去读书，在我看来都是一种焦虑而已，没什么意思。

读书我觉得还是要知行合一，就是王阳明说的，你要学习什么东西，就要切己体察，事上琢磨。自己今天到底在做什么事，怎么把自己手上的事情做好，学习就是你对世界、对知识的探索，它本身是几十年一以贯之的探索。

不要一出现新东西，你就想赶紧跳到里面去，其实你也跳不进去，不如把今天的事做好。就像德鲁克说的——战略不是研究我们未来做什么，而是研究我们今天做什么才有未来。

4
年轻人适不适合投身广告行业

虎嗅：现在应该有很多年轻人想投身广告行业，现在的广告行业，您觉得跟您那个时候有什么不同的地方？对于年轻人来说，他们要怎么去判断自己适不适合去做广告行业呢？

华杉：我觉得现在投身广告业，应该是最好的时候。2002年我创办华与华的时候只有5个人，当时我就对另外4个人发表了演说，提出了我们公司的纲领——重新发明广告业。

华与华做了20年，已经完成了"重新发明广告业"这个事，所以现在年轻人正好可以加入进来。

第一代广告人是从美国开始的，就是奥格威、霍普金斯、韦伯扬他们，他们的丰功伟绩成就了一个辉煌的时代，而且当时广告业也处在商业社会的最前沿，他们建立了一整套的方法论。

但是这一代人逝去之后，现在应该是他们的第三代、第四代了，遗憾的是他们的武功基本上已经失传了。我觉得最大的问题就是他们只顾着挣钱，留下的知识和书太少了，在传道授业上做得不够。

华与华作为在过去20多年里发展起来的新的"祖师爷"——我自称是祖传三代的第一代——在前人的基础上，我们应该建立了比第一代更完备的体系，在未来的20年里，华与华应该会有新的发展。

5
能不能成功是命运的安排

虎嗅：其实每个刚进入社会的年轻人，都踌躇满志，但是并不是每个人都能取得成就，您觉得是什么真正拉开了人跟人之间的差距呢？

华杉：要说到踌躇满志，我想我现在比刚走出大学校门的我更加踌躇满志，因为五十而知天命，我觉得我现在更能够去设想我能走到哪一步。

所以，志向并不是年轻人专属的东西。比如说一个已经六七十岁的领导者，实际上会有更大的志向，因为他到今天才有了这个能力和那么多的积累。

哪些人能成功，哪些人不能成功，我觉得这是命运的安排。每个人都有他的命，这个命运首先是从你的家庭开始的。

从家庭再往前，可能就是来源于你的国家和时代，如果你生在阿富汗，那你就什么也不用讲了。有了国家和时代的基础，然后我们再来看你出生于一个什么样的家庭。

比如我，出生在一个教师家庭，应该说我是我父母的一个成功的产品，我的性格、意志、学习习惯和我的志向，百分之百都来自父母的赋予和培养。

比如说从5岁开始，妈妈就会每天早上带我去跑步，跑到我们那个山村的山腰上，妈妈就会给我讲一个故事，讲武松打虎、李寄杀蛇、曹冲称象之类的。

讲完这些故事再散步回家。我这一天的任务，就是要把妈妈讲的故事写下来，不会的字就用拼音来代替。有了这样的习惯，在上小学的时候，我的作文就是班上最好的了。

每次写作文的时候，妈妈也都会帮我修改，修改之后我再誊抄一遍，交给老师。有时候在交之前，我自己也会再看看什么地方还可以改一改。有一天老师就看到我已经誊抄得很整齐了，但很明显上面又有修改，他就问我说："华杉这个是你自己改的吗？"我说："是的。"他给我的那个赞许的眼神，我到现在都还记得。

还有第二件事情，有一天我们道真县里来了一个摄影师，他还带了一块画板，上面画了一个飞机，中间抠了一个洞，小朋友们可以戴一个飞行员的帽子去拍照，拍出来就好像在飞机上一样。

后来老师让我们以这个为题写作文，其他同学都在写仿佛自己驾着飞机在蓝天翱翔，只有我一个人写的是我梦想坐着飞机出国考察。

我小学就能有这样的行为和思维，这其实都是父母的影响。从小父母就觉得，只有拿到诺贝尔奖才算是有成就的，没有拿到诺贝尔奖就属于一般人，我离这个还是太远了。

对我自己来说，影响最大的就是家庭了。当然也有很多人没有这样的家庭氛围，他也能取得很大的成就，所以我觉得每个人都有各自的命运。

可能有人会说不是命，是你自己的努力。其实你的本事，也是因为有一些人、有一些事改变了你的轨迹，然后让你进入好的轨迹，你才学到这些本事，如果不进入这个轨迹，可能一辈子还是稀里糊涂地过去了。

6
人生不能冒进，要留有余地

虎嗅：这几年因为疫情，很多企业家或个人都遇到了一些低谷和至暗时刻，也想问一下您，不管是疫情期间或者说企业发展的过程中，您的至暗时刻是什么样的？然后是怎么去度过它的呢？

华杉：我好像也没有遇到过什么挫折，从小家庭，然后到工作，到创业，到发展，我觉得都还挺顺风顺水的。

这可能跟我的心态有关，就像我写的《华杉讲透〈孙子兵法〉》里面讲的"兵法首先不是战法，而是不战之法；不是战胜之法，而是不败之法；不是战而胜之法，而是先胜后战之法"。

我从来没有绷得太紧，而且一直很本分。比如我有做咨询和做广告的天分，那我就做了20多年的广告。在这20多年里，很多人都觉得咨询是一个很小的行业，建议我换个赛道。但我从来没有换赛道的想法，我也不感兴趣，然后我也不会冒进，我永远都保持留有余地。

有些企业家为什么会遇到至暗时刻？因为他选择了负债经营。可能为了扩张，就借了很多的钱，形势一旦不好，就崩断了。

很多人有那种征服者的性格，所谓征服者就像亚历山大、成吉思汗、拿破仑这类的。征服者他的惯性就是要不断地扩张自己的范围，直到超出自己的控制能力为止。

但不管你有多大的本事，一旦它超出了你的控制能力，那你就快到至暗时刻了。我清楚自己的控制能力范围就那么多，所以我永远只在这个范围里面活动，要失败也不太可能。

打个简单的比方，华与华不投标、不比稿，给钱就干，不给钱就不干。不管是天大的客户，多大的诱惑，我绝对不会说他没付我钱，我为了得到这个项目就先给他做事。每个月我们能保持应收尽收，就没有收不回来的款。因为只要客户拖欠，我马上就给他熔断，直接不做了。

开始的时候我们公司同事不听，因为对于他来说，少一个客户，他的提成、他的收入就会少很多。有客户拖款，我们的人还使劲给他干活，希望稳住他继续付钱合作。我就告诉他们，宁愿这个客户不要了，也不许继续给他干活，如果你再继续给他干活，我就连你都不要了。

这个观念我扭转了好多年，现在他们都服了，没有人会再继续给不按时付钱的客户干活了。如果这样熔断后，小组没有客户了，那该休息的就休息，平时也挺累的，我又不会少你一分钱工资。

7
生病是上帝的礼物

虎嗅：那您这样的心态或者说哲学思维，是怎么确立下来的？

华杉：哲学家费希特说过一句话："一个人选择什么哲学，取决于这个人是什么样的人。"我有这样的哲学思维和心态，因为我本身就是这样的人。

就像华与华的核心价值观，我们叫"不骗人、不贪心、不夸大"。如果客户都不给你钱了，你还要去做工作，这是不是你的贪心？你不给我钱，我就不要了，是不是很简单的一个道理？

如果你贪心，死咬着别人的钩不放，那你只能被人拽下去了，就这么简单。都是因为你自己那么一点点贪心，然后咬人家的钩，就被人家拽下去了，就这么简单。

另外，如果非要说至暗时刻，只能说在健康上遇到过一点问题。大概在2009—2010年那段时间，创业前期太拼了，那个时候我的工作量巨大，有时候一天要飞两三个城市，一年飞200多趟，每一个客户都要自己亲自去见，去提案。

我可能早上飞哈尔滨，午饭就在飞机上吃了，然后下飞机直奔客户公司，下午2点跟老板开会，之后又直奔机场，在机场吃个晚餐，晚上9点飞回上海。第二天早上到公司给大家开完会，吃完午饭下午又要飞到贵阳去。长此以往，就把身体搞垮了。

再加上每天都在想创意，那时候我的床边都放着一个本子和笔，因为可能睡着睡着，嘣一下就想到一个创意，必须马上起来把它记下来，连做梦都在想创意。过度疲劳加上用脑过度，就造成了我整夜整

452

夜睡不着，就得了焦虑症。

刚开始一年多，我也不知道是焦虑症，因为检查身体什么毛病也没有发现，就去扎针灸、吃中药，也没效果。后来有个朋友告诉我说，你这个可能是焦虑或者抑郁，然后就看了专业医生，开始吃药，但从此这个药就不敢停了。所以要说最难的时候，可能就是那几年。

那次生病也给我敲响了警钟，对我来说生病也是上帝的礼物，促使我改变。那个时候我们公司已经做了10年，也带出了一批骨干，生病后我就开始让我们肖总做总经理，也在2014年开始搞合伙人制。

也是从这以后，公司发展得特别快，开始脱离过去那种完全由我和我弟两个人来干活，其他人只是打下手的作坊时代。那时候我不得不把事情交给下面的同事，结果发现人家干得也挺好，这就给了我新的体验，也为公司的发展打开了新的空间，所以这也是件挺好的事情。

8
学习最重要的是切己体察和知行合一

虎嗅：您写了很多关于传统著作的解析，其实关于国学，最近几年争议还挺大的，有很多人可能会说儒家的传统，可能也是我们落后的根源，您是怎么看待这种观点的？

华杉：有人认为它是我们落后的根源，我也同意。因为我们今天好的一切和坏的一切，你都可以归因于它，就是儒家思想造就了现在的我们。

我弟弟就比较反对儒家的这些东西，但是我说就算你反对，你也是儒家。他说："我知道我是儒家，但是我要敢于反抗。"我觉得他说得很准确，儒家思想是在我们血脉里，在我们的集体潜意识里，可以说我们周围的一切都是它打造的，这里也建议大家去读一下"华杉的弟"的诗集《有人写诗》。

对于学习儒家思想，我觉得最重要的是切己体察和知行合一，你还是要在行动当中去学。王阳明曾经讲过，圣人"不离日用常行内"。圣人之道就是，你在日常生活中的每一件事，都想想圣人会怎么做，你再去效仿他们。

比如渴了喝水，先想想如果是孔子会怎么喝？如果是苏格拉底会怎么喝？如果是康德、黑格尔、华盛顿，会怎么喝？你做的每一件事情，都先想一下圣人的做法，然后选择一种去知行合一。

当然你可以说这件事我不想学孔子，我就愿意像苏格拉底一样去做，或者我愿意像华盛顿一样去做，不管你学谁都可以，重要的是你要一件件地知行合一。这个在《孟子》里叫作"必有事焉"，就是说我们讨论问题，一定要有具体事，有具体事才能知行合一，如果不能知行合一，这个问题就是空谈，就没有意义。

比如学国学，其实没有一个学问叫作"国学"，所谓的国学里也有很多派别，就算是儒家思想，也都有差别。事实上你对任何一种哲学，都不是照单全收，还是得一事一议，就是每一件事，实际上你都得做出自己个人的选择。在你选择的时候，你会建立自己的哲学体系。

9

《华杉讲透〈孙子兵法〉》是一个广告

虎嗅: 接下来我们正式进入聊书的环节,第一本是您的《华杉讲透〈孙子兵法〉》,《孙子兵法》在前段时间很火的《狂飙》里,被称为高启强的人生之书。那这本书对您意味着什么?

华杉:其实《华杉讲透〈孙子兵法〉》这本书,算是华杉讲透儒家思想系列书的广告。

为什么这么说呢?因为我本来没计划写这本书,我思想的哲学底子还是儒家,所以我就想写一套"华杉讲透四书系列"。在我准备开始写的时候,我就想,如果我写了一本《华杉讲透〈论语〉》,会有人看吗?我是做企业的,好像跟《论语》八竿子都打不着,别人可能觉得你只是玩票的。

后面我又一想,我是搞战略的,那我写本关于兵法的书应该就跟我的身份比较契合。如果我先写一本《华杉讲透〈孙子兵法〉》,卖火了之后,就有了国学大师的标签,那这个国学大师再讲《论语》《孟子》《大学》《中庸》《王阳明传习录》,这就很自然了。

所以我是顺应着这样的考虑,临时决定把《论语》放下,开始写《孙子兵法》。然后大概写了183天,我就把它写完了。现在《华杉讲透〈孙子兵法〉》卖了100多万册,但《华杉讲透〈论语〉》才卖了十几万册,《华杉讲透〈王阳明传习录〉》也卖出超过10万册了。

10
按动作序列来提高转化率

虎嗅：我看到《华杉讲透〈孙子兵法〉》这本书的腰封特别有意思，只写着"先看封底"四个字，这是出于什么样的考虑？

华杉：这是我弟弟华楠的创意，是一个营销手法。"先看封底"这四个大字不是为了提醒你去看封底的内容，只是为了提高我们的销售转化率。

华与华做营销，是先把转化率按动作序列来进行分解，然后再提高每一步转化率的。

比如说一个人买书，他的具体动作是什么？是他拿出手机付钱买书，对吧？那么往前推，买书的前一个动作是他把书从书架拿到收银台这里来；再往前推一个动作是他正在翻阅这本书，看值不值得买；再往前推一个动作是他从书架上拿起这本书；再往前推一个动作是他在逛书店的时候看到这本书，然后他走到这本书的前面。这里面的每一步，其实都可以想对策提高转化。

比如我把书的封面设计成最刺眼的红黄色，是不是就提高了被看见的概率？看见之后，他得走过来，但买之前他肯定还是要把它拿起来看看。

假定一个机场的书店里有3000本书，逛书店的人最多只会拿起3本书来看看，那被人拿起来看一眼的转化率只有千分之一。我们把腰封设计成"先看封底"，就是为了引起消费者的好奇心，进而吸引他把书拿起来。

假定说我们能把拿起的转化率，从千分之一提高到千分之二，那么我们的销售概率就提高了一倍。当他拿起书来去看封底，然后封底上的每一句话的设计，也都是为了提高转化率。

我们在封底放上了"被普遍误解的兵法原意"，也是因为人性都喜欢猎奇，如果是他不知道的，有新鲜感的，他就买了。

《孙子兵法》最重要的核心思想有3条：

（1）兵法首先不是战法，是不战之法。

（2）不是战胜之法，是不败之法。

（3）不是战而胜之法，是先胜后战之法。

但如果我把这几句话写在封面或者写在封底，一般人他就理解不了，看不懂就不会买了。

你可以把这些设计都理解为佛教里面讲的"方便法门"，是为了传真经给你，先来做一些能吸引你的东西。

如果从理论的根源来看，你可以把它归根于泰勒的科学管理。泰勒的科学管理应该是一切管理的基础，它就是通过对动作的观察和测量，然后再对每一个动作进行重新设计，来提高效率。

11

《论语》近者悦，远者来

虎嗅：我看到《华杉讲透〈论语〉》应该是您写的最厚的书了，不知道这本书里华老师您切身体会最深的一句是什么？可以跟我们分享一下。

华杉：如果说我切身体会和运用最深的一句话，应该就是"悦近来远"，这个也是华与华的经营理念，叫作"悦近来远，终身服务"。

这句话出自叶公问政，叶公问孔子说："这个政治应该怎么搞？"孔子说："政治很简单，近者悦，远者来。"近悦远来就是整个王道思想的根本，近处的人喜悦了，远方的人自然就来了。

所以华与华不投标、不比稿，也没有客户部门。我们就是在外面打广告，在公司里接电话，接完电话之后还要求客户上门来谈，如果客户请我们派人去，我们也不去。

在收到钱之前，我们不会去任何客户那里，一定要他来谈。因为他没交钱就不是我的客户，属于远。如果你希望远方的人来，你要做的不是出去拓展，而是把近处的人服务好，近处的人满意了，远方的人自然就来了。

华与华在2013年之前，从来没有服务过餐饮企业。当我们服务了西贝莜面村，在西贝满意了之后，现在我们有20%的收入来自餐饮企业。2018年，我们服务了蜜雪冰城，现在光蜜雪集团跟我们签的就有4个项目，它的成功，给我们带来的客户就更多了。

所以说如果我们想要更多远方的客户来，就要在现有的客户里，创造更多像西贝和蜜雪这样成功的案例，这就是"近者悦，远者来"。

但其实有非常多的公司跟我们是相反的，很多人认为只要客户给了他钱他就搞定了，然后开始松懈对待已经给钱的客户，把更多的精力花在即将给他钱的人身上。

我认为广告公司经常去比稿，甚至参加全球大比稿，这是一种典型的自杀行为。因为你去比稿的时候，你的精锐全部都用在了比稿上，比赢了还好，如果输了又要去拼下一个。这样一来，你已经付钱的客户永远得不到最好的服务。

在我们公司，我们不仅不去追新客户，而且凡是在付款上对我们有一点拖欠或扯皮的，我们都立马熔断。

因为我觉得我们为客户服务的精力都还不够，一旦有一个客户，他还要我们在正常工作之外，去跟他扯皮的话，我们一定就不去做了，赶紧调集更多的兵力和精力，去努力服务我们现有的按时付款的好客户。

"近悦远来"，就是《论语》里面对我影响最深的也是我最根本的原则。

12
《孟子》滴水穿石，不拔苗助长

虎嗅：对于孟子，大家都知道他，但对他的思想其实了解得不是很多。您觉得孟子给您启发最大的或最值得学习的一个点是什么呢？

华杉：孟子思想给我最大的影响有两个。

第一个是滴水穿石，滴水穿石就是积累。实际上我们的一切成就，都来源于一点一滴持续不断的积累。

在《孟子》里，这叫集义而生，孟子说："我善养吾浩然之气。"这浩然之气是什么？孟子说："其为气也，配义与道；无是，馁也。是集义所生者，非义袭而取之也。行有不慊于心，则馁矣。"

浩然之气，就是天地之正气，如果我们自己不懂得养气，就气馁了，气虚了。比如不按时付款的客户我就立马熔断。为什么？因为我气壮，在给你服务的时候我尽心尽力了，那你按时付款就是应该的。

但如果我做了一件亏心的事，比如我们公司有人拖欠我们供应商的钱，那我的气就泄了，所以我在公司一再强调不能拖欠供应商的钱。

第二个，就是不要揠苗助长。孟子说："天下之不揠苗助长者寡矣。"世界上不揠苗助长的人太少了，就包括我们经常就跟客户开会，开的都是"揠苗助长会"。

所以我经常给员工讲，少干活，多挣钱。你只要别去干不该干的，不去揠苗助长，它到时候自己就长起来了，很多时候我们需要的只是等待。

克劳塞维茨在《战争论》里讲，等待本身就是一个独立的军事行动。我在《华杉讲透〈孙子兵法〉》里也是多次强调，很多的错误都是因为不能等待，一焦虑就想去拔一拔，一揠苗助长，咔嚓，就给拔断了。

有个词叫"盈科而后进"，意思是泉水遇到坑洼，充满之后才继续向前流，每一步都是积累，都很踏实。我觉得滴水穿石、不揠苗助长，这个就是我的人生写照，也是华与华的经营哲学。

13
《大学》《中庸》止定静安虑得

虎嗅：您也写了一本《华杉讲透〈大学〉〈中庸〉》，那您觉得在这本书里有什么思想是最值得推荐的？

华杉：一说儒家思想，很多人想到的第一句话可能就是"修身、齐家、治国、平天下"，这句就是出自《大学》。

"四书"的阅读顺序应该是《大学》《论语》《孟子》，最后读《中庸》，《中庸》是最难的。《大学》被叫作儒学之纲目，就是说如果你要学习儒家思想，你得先学提纲，儒家思想的提纲就在《大学》里。

《大学》中有儒家思想的"三纲八目"，三纲领是"明明德""亲民"和"止于至善"。八条目就是"格物""致知""诚意""正心""修身""齐家""治国""平天下"，这八条就是儒家思想的基本原理。

这八条之间是充分必要条件的关系，做事就是要按这八条的顺序来做。你想要平天下就必须先治国，要治国必须先齐家，要齐家必须先修身，要修身必须先正心，要正心必须先诚意，要诚意必须先致知，要致知主要是靠格物。

格物是致知的必要条件，致知是诚意的必要条件，治国是平天下的必要条件。也就是说如果上一条你没做，你就到不了下一条，所以你必须先格物，你如果没有格物，你啥都没有。所以最重要的是什么？是格物。

朱熹解释格物致知说："穷至事物之理。"后来王阳明看了说不对，如果需要我把全天下的理都穷尽了，才能打通关，那我这辈子不是永远都进不了下一关吗？

实际上朱熹是把"格"解释成了研究，王阳明认为这是不正确的。王阳明认为"格"是一个标准，是一个"格子"，是一个"是非善恶"的格子。事物来了之后，你拿这个"格子"往事物上一套，套得上就是"是"，是"善"；套不上就是"非"，就是"恶"。

如果套得上我就干，套不上我就不干。那么我致知"致"的是什么？致的是"是非善恶"，是致良知。

也就是我有一个标准的格子，事物来了之后，我拿这个格子一套，我就知道什么是对的，什么是错的。致良知就是一切只按大是大非的良知去做。

那在经历八条目之后，你就能做到"止定静安虑得"，"知止而后有定，定而后能静，静而后能安，安而后能虑，虑而后能得"。定是志有定向，当你有了志向之后，什么东西都动摇不了你，然后你就能够静下来，安心地去考虑最本质的问题，最后才能够得到成果。

"格物、致知、诚意、正心、修身、齐家、治国、平天下"再加上"止、定、静、安、虑、得"，这是我在《大学》里学到的最重要的指导。

14

《王阳明传习录》
致良知、知行合一

虎嗅：那在王阳明身上呢，您又学到了什么重要的思想？

华杉：王阳明的思想也有两个，一个是致良知，一个是知行合一。

致良知实际上也是来源于《孟子》，孟子提出了良知良能。"良知"是生而知之，"良能"就是不学而能。再浅薄一点去理解的话，良知就是常识。所以在华与华我们也经常说，用常识来判断，用常识来做事。

英国的哲学家罗素说过一句话，他说："人生而无知，但是并不愚蠢，是教育使人愚蠢。"这就像我们很多企业家，本来都会做生意，然后上了商学院，回去之后就把企业做倒闭了，这是经常发生的事情。因为他在创业的时候，他有良知良能，后来去学了一些高大上的东西，反而把自己弄垮了。

"致良知"就是要擦去蒙在你的思想上的尘埃、污垢，然后永远保持本真的判断和良能。陆九渊说过一句话，他说："我在那无事时，只是一个无知无能的人。而一旦到那有事时，我便是一个无所不知、无所不能的人。"意思就是当我保持良知的时候，物来心照，什么事来我都能处理，事不来的时候我也不用去关心。

就像前面聊到的元宇宙，到哪天元宇宙真的来了，我自然就会处理，而不是在它还没来的时候，就去天天听课学习，这就是致良知。

我觉得"知行合一"是非常重要的思想。经常有人找我要书单，恨不得照着我的书单读一遍，但实际上别人的书单对你也没什么用，你自己要读什么书，那是你自己的事。

读书最重要的就是代入自己，切己体察，事上琢磨，必有事焉，一切都是基于自己的知行合一，而不是别人说好的，就一定适合你。

王阳明最厉害的就是他的志向和不动心。他从小就立志做圣人，其实他是个杂家，他修过佛，也修过道，在他回归儒家之后，他就把佛和道都放下了，而且琴棋书画也一概不要了，甚至连诗也不写了。

他把所有的事都砍掉，就集中精力钻研儒家学问。他非常专注、坚强。由于有这样的专注，也就不会被别的事情所动心。曾经科举落第，他就说了一句话："吾不以不及第为耻，吾以不及第动吾心为耻。"这是王阳明对我的影响。

15
《资治通鉴》是中国历史的活化石

虎嗅：您最近在写的是《华杉讲透〈资治通鉴〉》，对于《资治通鉴》您推荐大家去读吗？

华杉：当然推荐大家去读《资治通鉴》，可以说《资治通鉴》就是中国历史的活化石，你可以从里面学到一切，学到中国社会的一切。

在我写完《华杉讲透"四书"》和《华杉讲透〈王阳明传习录〉》之后，我发现自己写书已经写习惯了，而且前面那些书都是短时间就写完了，这时候我就想找本大的来写，这就选择了《资治通鉴》。

历史它可以分为两个部分，一部分是战争年代，一部分是和平年代。战争年代的战争我就用《孙子兵法》来讲解，和平年代的政治我就用儒家思想来讲解，而《资治通鉴》刚好就可以作为它们的案例集。

我写《资治通鉴》应该写得比其他作家更清楚，其他人可能只是把文言文翻译成了白话，而我能够关注到这些兵法或者儒家思想背后的原理和逻辑。

《华杉讲透〈资治通鉴〉》目前已经出版了16本，写完应该一共有36本，我一边写一边出，应该会在2024年的年底写完，刚好7年，可能要写600万字左右。

16
一切传播都是符号的编码和解码

虎嗅：华杉老师的国学系列我们就讲完了，接下来是《超级符号就是超级创意》这本书。这本书的名气就很大了，可以说是华与华营销方法的精华。华老师可不可以结合蜜雪冰城的案例，来讲讲你们是如何进行营销策划的？

华杉：我们说的超级符号就是超级创意，首先它是基于一个传播最基本的原理，就是一切传播都是符号的编码和解码。

就好像现在我们进行的直播谈话，我们是在用中文语言和词语来进行编码，然后这个编码通过媒介，也就是我们的手机传送到观众的眼睛和耳朵里，然后他们接收到信息，再在脑海里进行解码，最后理解为我们说的意思，这是传播最基本的原理和过程。

其实符号并不是只有图形，最大的符号系统是语言，符号也还包括视觉符号、听觉符号、嗅觉符号、味觉符号和触觉符号，你能感知的一切，都是符号。

那在我们的营销传播中，我们就需要选择那些沟通效率最高，以及能够激发人美好情绪的符号，来进行编码，这样它才能达到最好的传播效果。

举个简单例子，在蜜雪冰城项目中，我们设计的"雪王"，是一个最直观的雪人形象，然后手拿冰激凌权杖，头戴皇冠。

这个形象随便放到哪里，都能被人快速识别出来，它是一个雪人，是卖冰激凌的。而蜜雪之前的符号，就比较抽象，抽象的符号实际上就没有商业价值，反而还会成为一个累赘。

中国95%以上的品牌符号或企业标志设计，其实都在起反作用。一个抽象的符号，只会大大增加被人记忆的成本。这么简单的道理，很多人就不愿意接受。

包括我们给蜜雪做的那首火出圈的歌，同样是基于170年前美国非常火的一首民谣《啊，苏珊娜》。蜜雪的超级符号也好，品牌歌曲也好，它们背后的文化母体都是全球文化符号，全世界的人都能够被它卷入。

虎嗅：按照这个理论，那我们这个栏目叫"虎珀拾书"，这个名字是不是也不好？

华杉：传播是一种听觉行为，就是光听到就能理解是什么意思。所以我觉得"虎珀拾书"不如叫"虎珀读书"。

我猜取名字的时候是为了显得有文化，搞得高雅一点，才用了"拾"这个字，而恰恰是这一"拾"，就没有能理解栏目的意思了。再加上这个"拾"字设计的又不好辨认，我都反复看了好几次，这就是我说的很多标志设计都属于起反作用。

虎嗅：非常感谢华老师的意见和分享，给了我们很大的惊喜。今晚一共有10.7万人看了我们的直播，由于时间关系，我们今天就先到这里，谢谢华老师给我们的陪伴。

华杉：好的，谢谢大家，再见。

后　记

行万里路，不如读万卷书

　　这本书是我过去13年的读书笔记，经常有朋友问我一年读多少本书，我借整理这本笔记的机会，做了一下统计：过去13年我读了515本书，平均一年40本。其中花时间最长的是吉本的《罗马帝国衰亡史》，387天读完；康德《纯粹理性批判》，192天读完；伏尔泰《风俗论》，223天读完；黑格尔《哲学史讲演录》，108天读完。丘吉尔《第二次世界大战回忆录》，68天读完；希罗多德《历史》，54天读完。读的遍数最多的是麦克卢汉《理解媒介》，读了5遍。2017年读书最多，78本；2010年读书最少，11本，那一年我身体不好。总的说来，平均一年读40本书比较正常。我有时听人说一年读两三百本书，我很羡慕，如果我退休了，我也可以读那么多了。

　　读书差不多是我的唯一爱好，我常想我还有没有其他爱好，比如我的第二爱好是什么？是旅游吗？不是，虽说"读万卷书，行万里路"，但是行万里路远不如读万卷书，因为旅行只是空间上的，而读书不仅可以跨越时间，还可以进入往圣先贤的脑海。康德一生没有走出他的家乡，但他是人类历史上最伟大的哲学家。

如果要再找一项爱好，那我从事得最多的休闲娱乐就是打高尔夫球了，平均一个月一次。所以打了十几年，也进不了一百杆。一定要说一个第二爱好，那就是和朋友喝酒聊天了。朋友和书一样，古人讲人的进步，就是靠两样：读书和交友，良师益友。

我读书通常是两本书同时读，一本轻松的，通常是历史；一本比较难啃的，比如是哲学。轻松的书，用来休息。难啃的书读累了，就读轻松的那本来放松休息。哲学书则一定精读，要读两遍半——一个章节一个章节地读。一个章节先通读下来，再读第二遍，把第一遍没有弄明白的地方再前后联系琢磨一下；之后是最后半遍，把前面画的重点抄录下来，有时加上自己的感想和评论。这本《华杉读书笔记》，就是这些抄录和评注的集子。

这本书的读者对象有两种，一种是关注我的朋友，喜欢读我写的其他书的人，和他们分享我的读书笔记；另一个是我自己，整理重读自己的读书笔记，也是一种复习功课。

世间之乐，读书最乐；独乐乐不如同乐乐，是为后记。

华　杉

2023年6月18日于上海